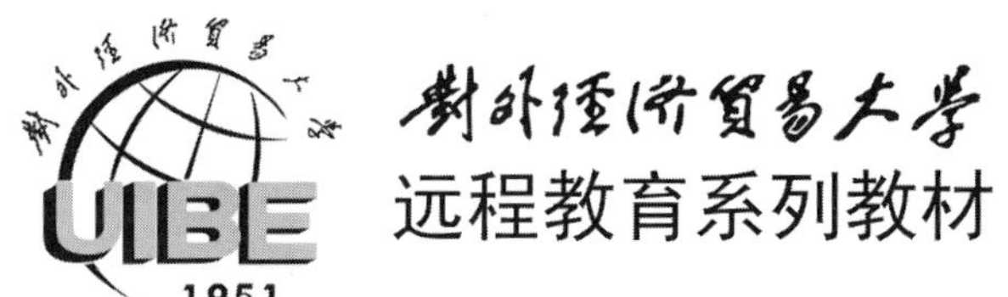

国际金融市场基础

Foundations of International Financial Markets

史燕平　编著

清华大学出版社
北 京

内容简介

作为一本定位于有关国际金融市场知识的入门性的教科书，本书的内容选取以基础、基本和完整为准则。全书的逻辑主线是从国际金融市场的一般到具体。本书的第一篇(导论)是对国际金融市场的交易主体、交易客体和交易工具(方式)的概括性的阐述，特别是对各种国际金融工具之间逻辑关系的分析，成为指导学生在学习本课程的过程中，能够系统地掌握由各种国际金融工具而构成的国际金融子市场的关键。

本书第二、三、四篇则依据国际金融客体所包括内容的不断扩展而渐进。从反映国际金融本义的国际资金融通市场到因服务国际资金融通而产生的外汇市场，最后到国际金融资产的特殊形态——国际黄金市场，对构成这些子市场的国际金融工具的基本交易方式、原理和最基本的金融效用进行了介绍。

通过本课程的学习，可为今后深化国际金融市场的学习——无论是通过国际金融市场的高级课程，还是通过以某一国际金融子市场而产生的专门课程，打下扎实的基础。

本书封面贴有清华大学出版社防伪标签，无标签者不得销售。

版权所有，侵权必究。侵权举报电话：010-62782989　13701121933

图书在版编目(CIP)数据

国际金融市场基础/史燕平编著．—北京：清华大学出版社，2007.7 (2013.11 重印)
(对外经济贸易大学远程教育系列教材)
ISBN 978-7-302-15401-3

Ⅰ．国…　Ⅱ．史…　Ⅲ．国际金融—金融市场—高等教育：远距离教育—教材　Ⅳ．F831.5

中国版本图书馆 CIP 数据核字(2007)第 084833 号

责任编辑：贺　岩
责任校对：王凤芝
责任印制：王静怡

出版发行：清华大学出版社
　网　　址：http://www.tup.com.cn，http://www.wqbook.com
　地　　址：北京清华大学学研大厦 A 座　　邮　　编：100084
　社 总 机：010-62770175　　邮　　购：010-62786544
　投稿与读者服务：010-62776969，c-service@tup.tsinghua.edu.cn
　质 量 反 馈：010-62772015，zhiliang@tup.tsinghua.edu.cn
印 装 者：清华大学印刷厂
经　　销：全国新华书店
开　　本：185mm×230mm　印　张：17.75　插　页：1　字　数：369 千字
版　　次：2007 年 7 月第 1 版　　印　　次：2013 年 11 月第5 次印刷
印　　数：10001～11000
定　　价：28.00 元

产品编号：025586-01

对外经济贸易大学远程教育系列教材

编审委员会

名誉主任　刘　亚

主　　任　谢毅斌

副 主 任　仇鸿伟　李福德

委　　员　（按姓氏笔画排序）

王立非　王丽娟　王淑霞　刘　军

刘传志　张凤茹　张新民　沈四宝

沈素萍　吴　军　邹亚生　陈　进

杨言洪　杨晓军　冷柏军　李柱国

李家强　郑俊田　胡苏薇　赵忠秀

赵雪梅　曹淑艳　韩　风　彭秀军

PREFACE

总　序

中国远程教育的发展经历了三代：第一代是函授教育；第二代是广播电视教育；20世纪90年代，随着现代信息技术的发展，以网络为基础的第三代现代远程教育应运而生。到目前为止，教育部批准开展现代远程教育试点的高校共67所。对外经济贸易大学远程教育学院（简称"贸大远程"）是在中国加入WTO后的第一年，2002年3月正式成立的。

现代远程教育作为新生事物，对传统的教学模式、学习习惯、获取新知的途径等产生了巨大的冲击。如何在网络时代打造学习型社会，构筑终身教育体系，是当今时代的重大课题，现代远程教育试点高校为此进行了许多卓有成效的探索。在网络教育的具体实践中，贸大远程始终坚持依托学校的整体优势和特色，坚持知识的内在逻辑性与职业、行业的市场需求的统一，坚持开展面向广大在职人员的现代远程教育，逐步形成了独具我校特色的"7＋1"学习模式（即网络课堂、网上答疑、课程光盘、教材资料、适量面授、网上串讲、成绩检测，以及第二课堂活动），为学生个性化学习提供了广阔的空间。自2003年起，贸大远程连续3年蝉联新浪网、择校网、搜狐网和《中国电脑教育报》联合评出的全国"十佳网络教育学院（机构）"称号。值得一提的是，"国际贸易实务"课程荣获国家级奖项，"商务英语"等7门课程荣获北京市优秀教材一等奖和精品课程称号，另有10余门课程在全国性的远程教育课程展示会上获得大奖。

几年来丰富的现代远程教育实践和教学经验积累，为我们出版成龙配套的贸大远程系列教材奠定了坚实的基础。目前，普通高等学校的现有教材并不完全适合远程教学，市面上真正用于现代远程教育的成规模的网络教材还不多见，与网络课件相配套的系列教材更是寥寥无几，因此为接受远程教育的莘莘学子专门设计符合他们需要的教材已成为现代远程教育发展的迫切需求。

基于以上原因，贸大远程按照学校一级教学管理体制，本着为社会、为学生服务的宗旨，致力于教学质量的保证和提高，特聘请了国际经济与贸易学院、金融学院、国际商学院、英语学院、公共管理学院等学院的优秀教师，以目前开设的两个学历层次的 7 个专业为依据，以现有的导学课件为基础，编写了这套远程教育系列教材。本套教材共分为外语、经济贸易、工商管理、法律、金融与会计、行政管理、综合 7 大系列，全面覆盖两个学历层次 7 个专业的上百门课程。为了打造贸大远程优质教材品牌，我们与清华大学出版社和对外经济贸易大学出版社达成协议，计划 3 年之内全部出齐。

本套教材在策划编写过程中，严格遵循现代远程教育人才培养的模式与教学客观规律，充分考虑到远程学生在职和成人继续教育业余学习的实际情况，专门为远程学生量身定制而成，具有较强的针对性、实用性和可操作性。本套教材的编写具有如下特点。

一、在教材体系和章节的安排上，严格遵循循序渐进、由浅入深的教学规律；在对内容深度的把握上，考虑远程教育教学对象的培养要求和接受基础，其专业深度比本科有所降低，基础面相对拓宽，不是盲目将内容加深、加多，而是做到深浅适中、难易适度。

二、在每章开篇给出明确的学习目标与重点难点提示，涵盖了教学大纲的重点或主要内容。相对于传统的学校教育，远程教育更倚重于学生的自学能力和自控能力。明确的教学目标有利于学生带着任务有目的地学习。同时，教材中充分考虑到了学生学习时可能遇到的问题，给他们以提示和建议。由于本套教材的作者都是经过挑选的具有长期教学经验的优秀教师，且大多数作者都来自远程教学的第一线，是远程网络课件的主讲老师，能够为学生提供比较丰富的、切中要害的问题解答，从而使远程学生在学习时少走弯路。

三、在章后和书后分别设置“同步测练与解析”和“综合测练与解析”栏目，涵盖了本章及本书的重要知识点，并给出了详尽的参考答案，对难题还进行分析点评，列出解题思路与要点，更加方便学生自学。测验是检验教学目标是否达到的有效手段。由于远程学生是在虚拟的网络课堂上课，远离教师，处于相对独立的学习环境；教师不能通过直接交流了解学生对学习内容的掌握情况；学生也由于与教师、同学之间的分离，无法判断自己的学习状况。针对这种情况，我们在教材中设置了大量自测自练题目。旨在通过这种自测自练方式，积极引导学生及时消化和吸收所学知识，不断加深对教材内容的理解，阶段性检查学习效果，全面复习和掌握所学知识，综合评判自己对知识的掌握程度，巩固最终学习成果。

四、考虑到有些专业课程具有较强的社会实践性，在教材的编写上也力争做到理论联系实际，注重案例的引入。尽可能安排一个或多个案例，并进行详细的分析讲解。旨在通过案例教学，对课程重点难点进行深化分析和实操训练，加强学生对知识点的理解和记忆，强化学生分析问题、解决问题的能力以及动手操作能力。

在本套教材的编写与出版过程中，我们得到了众多业界专家学者的真诚理解与支持，得

到了清华大学出版社与对外经济贸易大学出版社的通力合作，在此向他们一并致以衷心的感谢。在前所未有的战略机遇期和“十一五”期间，相信本套教材的出版，必将是全国远程教育界一件很有意义的事情。衷心祝愿现代远程教育在建立学习型社会、构筑终身教育体系的进程中，在推动中国教育事业向现代化大教育形态的历史转变中，迈出更大更坚实的脚步。

对外经济贸易大学远程教育学院院长

谢毅斌

2006年7月于北京

前 言

国际金融的发展历史悠久,国际金融工具(我国习惯的表述是国际金融交易的方式)层出不穷,国际金融资产的种类日臻丰富。并且,各种国际金融资产之间的关系,由最初的彼此独立到相互关联、相互依存,直至国际衍生金融市场出现后而环环相扣。

综观中外关于国际金融方面的教科书,可以发现,从认识国际金融的角度,基本可以分为三个方面:第一是从理论角度,或者说是以开放宏观经济学的角度而形成的对国际金融的认识。反映这部分内容的教材主要是国际经济学中的国际金融部分和宏观经济学中的相关内容。在西方国家的教材中,直接以 International Finance 的书名出现,其核心内容是阐述有关国际收支、汇率决定和国际资本流动的理论及相关政策。第二是从企业在国际经济交易中对国际金融工具应用的角度而形成的对国际金融的认识。反映这部分内容的教材主要是国际企业财务管理(类似的书名有 Multinational Corporate Finance)等书中的相关内容。第三则是从国际金融工具本身的角度而形成的对国际金融的认识,主要是对提供这些国际金融产品的金融机构以及这些金融产品的运作机制和相应的金融效用的认识。反映这部分内容的教材就是国际金融市场,即以 International Financial Markets 命名的教材。

《国际金融市场基础》一书,作为学习国际金融市场知识的一本入门性的教材,其基本的目的是,希望学生能够首先很好地掌握国际金融市场上各种国际金融工具之间的内在逻辑,并在此基础上,初步了解除衍生金融工具之外的、建立在国际货币资产、外汇资产和黄金资产基础上的各种国际金融工具的基本交易机制和金融效用。

本书只在国际金融市场导论部分,用一节的篇幅,对衍生金融市场的本质及其与国际金融市场上其他国际金融工具之间的关系进行了概括性的阐述，而刻意未将国际衍生金融工具的具体内容包括在本书的范围内。这样做的一个基本考虑，仍是本书的定位和衍生金融市场内容的相对复杂性。本书还有一些应该包括而未能包括的内容，如属于国际资本市场范畴的、体现着特殊的国际债权融资特征的国际金融组织贷款、政府贷款等。在内容深度的把握上，作为一本普及国际金融市场知识的教材，本书着重以介绍原理为主，没有引入模型和数量的分析。

本书的撰写曾得到许多同仁的帮助。对外经济贸易大学国际经济贸易学院金融专业的研究生董曦负责完成了全部习题的编写工作，张乐、吴月新、赵幼力、赵轩、柴洁、齐爽、安进京和何云昌等同学参与了本书部分章节资料的收集和初稿撰写。此外，有些内容的把握，还得到了中国银行国际金融研究所王元龙研究员、中国工商银行总行国际业务部秦雷总经理、中信证券有限公司资产管理部吕涛总经理和中国国际金融公司康晨的大力帮助。在此一并向他们表示衷心的感谢。

由于国际金融市场的内容浩如烟海，同时受作者学识、教育背景以及所掌握信息和资料等方面的制约，教材中的疏漏与不妥之处，恳请读者给予批评指正。

史燕平

2007年5月14日

CONTENTS

目 录

第一篇 导 论

第二篇 狭义国际金融市场

第三篇　外汇市场与外汇风险管理

第四篇 国际黄金市场

CONTENTS

Part Ⅰ Introduction

Part Ⅱ International Financing Markets

Part Ⅲ Foreign Exchange Markets and Risks Management

Part Ⅳ International Gold Markets

第一篇

导　　论

第一章
CHAPTER ONE

国际金融市场概述

学习目标

本章是本书的导论，系统地介绍了本书后续各章所介绍的各种具体国际金融市场的内在联系与相互关系，是掌握本书内容逻辑关系的基础。通过本章的学习，应该了解国际金融中心的产生、发展与作用，掌握国际金融市场的概念、构成要素及分类方法，理解国际金融市场各种不同分类方法的基本出发点及相应分类的目的、特征等内容，特别是掌握各种不同分类方法之间的内容联系以及在本书结构安排上的应用。

重点难点提示

- 金融市场从国内金融市场向国际金融市场发展的经济基础
- 国际金融市场与国内金融市场、金融中心的内在联系
- 认识国际金融市场的方法与目的
- 国际金融市场的三种基本分类方法、分类结果及相互关系

第一节 国际金融市场的要素、发展与作用

一、国际金融市场的概念及其理解

（一）国际金融市场的含义

国际金融市场是指由居民和非居民参加的，或由非居民与非居民（针对融资的货币而言）参加的，运用各种现代化的技术手段与通信工具而进行的、通过特定的交易方式（如美元国际信贷或境外美元国际信贷、国际债券等）与特定的途径（如有形的或无形的市场组织形式）而实现的资金融通和各种金融工具与金融资产的跨国买卖的行为。

（二）关于国际金融市场含义的理解

上述定义是分别从国际交易的主体、客体和实现途径等三个侧面，对国际金融市场典型特征的高度概括。为加深对国际金融市场概念的理解，我们还可以对上述三个侧面做进一步深入的分析。

1. 以国内市场为参照，按市场参与主体间居民与非居民关系的不同而定义

交易主体之间的居民与非居民关系，常常是界定国内交易和国际交易的最基本的方法。从交易主体所属国别角度来分析，站在其中一国的立场上来观察，金融交易双方均为本国居民时，二者间的交易为国内交易行为。如果交易主体的一方为本国居民（在国际金融市场上，通常以债权人为主导），另一方为外国的居民，则对本国而言为非居民，则他们之间的交易就被界定为国际金融交易。

2. 以金融交易客体中标价货币为参照而形成的非居民与非居民的交易关系

各种各样的国际金融交易，不可避免地要涉及金融资产的标价货币问题。在国际金融产生之初，国际金融交易所使用的货币，都是金融资产提供方所在国的货币。而随着“二战”后欧洲货币市场[①]的产生，一国投资人与另一国的筹资人在进行国际金融交易时，开始采用第三国的货币作为金融资产的标价货币。并且，伴随着欧洲货币市场的发展，金融资产的标价货币又进一步产生了境外货币。这样，对于国际金融交易中所使用的货币的发行国而言，交易双方均为非居民，从而也就形成了国际金融交易中的非居民与非居民的交易关系。

所以，如果将金融交易中的主体及金融交易中所可能使用的货币种类之间建立起联系，则它们之间的关系可如图 1-1 所示。

---

① 有关欧洲货币市场的详细介绍，见本书相关部分。

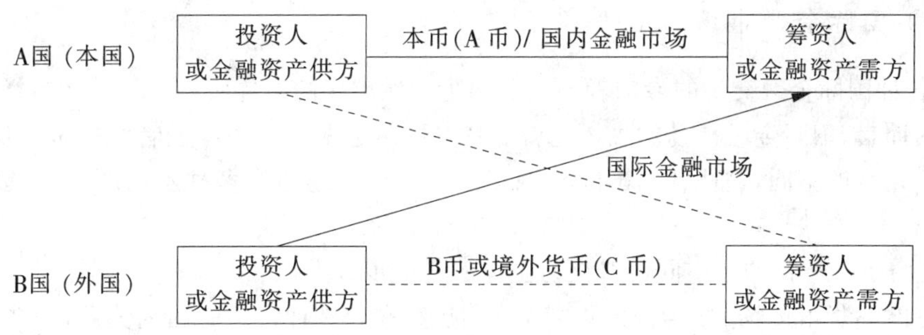

图 1-1　交易主体和客体与国内和国际金融市场的划分

通过上图，比较形象地解释了国际金融市场的定义方法，即对国际金融市场的定义，是以国内金融市场为参照而界定的。国内金融市场是指居民之间所进行的本币资金的融通和对各种用本币进行标价的金融工具的买卖。与国内金融市场相比，国际金融市场根据历史发展进程的不同，则可分成两种情况：一是反映本国居民与非居民之间所进行的、以债权国货币为标价货币的资金融通或金融工具的买卖；二是反映非居民与非居民之间所进行的、以第三国货币（严格讲应该用境外货币的概念）标价的资金融通与金融工具的买卖。此外，作为交易的货币，无论是债权国货币还是境外货币，其还需要具备一个基本特征，即这些货币通常都是国际上的自由可兑换货币。

3. 有形市场与无形市场的理解

所谓市场的有形与无形，主要是指在各种国际金融交易的实现过程中，是否在一个固定的场所，并且在这个固定的场所内，有专门的组织机构，通过规定特定的交易程序来促成并管理交易的完成。因此，我们可以将符合上述特征的，并且是服务于某种国际金融交易完成的市场称之为有形的国际金融市场；否则，那些不需要在有形的国际金融市场内，而是通过计算机通信信息网络或专门的交易网络来完成的交易，通常被界定为无形市场。

于是，综观各种类型的国际金融交易，由交易的机制所决定，受通信技术和计算机技术发展水平的制约，传统意义上的国际金融市场，许多都是有形市场。而随着通信技术和计算机技术水平的迅速发展，越来越多的国际金融交易可以完全通过专门的通信网络而实现。举例来说，最为典型的有形的国际金融市场是美国纽约股票交易所，而最为典型的无形市场是国际银行间的外汇市场和美国的纳斯达克（NASDAQ）股票交易市场。

二、国际金融市场的要素构成

与其他市场要素分析方法相同，国际金融市场的构成要素也是由市场主体和市场客体两个主要部分组成。

（一）国际金融市场的主体

1. 各种国际金融交易的参加者构成了国际金融市场的主体

概括而言，国际金融市场的主体也就是各种国际金融交易的参加者。但是，由于分析目的和分析角度的不同，这些各种国际金融交易的参加者还会有多种不同的归类及相应的具体的称谓。

（1）由于分析目的的不同而对交易主体的进一步分类

随着欧洲货币市场的产生，交易主体之间还存在着一种特殊的国别关系，即非居民与非居民之间的交易。这种非居民与非居民的区分标准是针对交易的货币而言。因为在这种非居民与非居民之间的国际金融交易中，没有一方当事人是交易货币法定发行国的居民。区分国际金融交易中居民与非居民关系的主要目的是决定交易的法律适用问题。

从交易主体的法律身份角度来分析，交易主体可分为自然人（个人）和法人。但是，由国际金融交易的特性所决定，在绝大多数的情况下，国际金融交易中的交易主体以法人为主，包括企业法人和机构法人，而鲜有自然人。

从交易主体与国际资本之间关系的角度来分析，交易主体可区分为资金提供者（即国际投资人）和资金的需求者（即国际筹资人）。

（2）由于交易方式的不同而使交易主体具有各种具体称谓

由于交易方式的不同，在每种具体交易中，根据参加者在交易中所处地位的不同，国际金融市场的交易主体又有了具体的称谓。

例如，在国际信贷方式中，交易主体被称为借款人和贷款人（通常还可称为借款企业或政府机构和贷款银行，包括国际商业银行或欧洲银行等）。在国际租赁交易中，交易主体被称为出租人和承租人。在国际股票和国际债券方式中，交易主体具体化为一国的发行人（通过在他国发行股票和在他国或国际上发行债券或其他信用凭证而筹集资金的企业和机构）和另一国购买上述信用凭证的国际股票或债券投资人。在外汇市场交易中，又根据交易当事人所处外汇市场层次的不同，在银行间外汇市场上有询价行和报价行之分，报价行又可被称为造市者。而在银行与工商企业的零售外汇市场上，有随时满足客户买卖外汇需求的外汇银行和因各种国际交易而需购买或出卖外汇的工商企业，其中以跨国公司为主。几乎每种具体的国际金融交易形式中，交易的参加者都会有不同的名称。随着本书内容的深入，我们对这一问题的认识还会更加丰富与深入。

2. 区分不同交易主体名称的目的

区分国际金融市场上交易主体因分析目的或交易形式不同而进行分类的目的在于，使读者更好地掌握交易主体之间的共性与特性。就共性而言，尽管在各种不同的交易形式下，交易主体可以有不同的称谓，但由特定交易所具有的特性所决定，这些具有不同称谓的当事人可能具有一些共同的特征。例如，国际信贷中的贷款银行和国际租赁中的出租人，从本质上讲都是向资金需要者提供资金融通，并要求筹资人到期还本付息。就差异性而言，通过上述的分类，我们已经可以看到，在每种具体的国际金融交易形式中，交易的参加者都有特定的名称。通常情况下，各种形式下的当事人的名称是不能混用的。比如，在国际证券市场中的资金筹集者的具体名称是股票或债券的发行人，而不应用借款人或承租人等其他形式下的资金需求者的称谓。

（二）国际金融市场的客体（国际金融工具或国际金融交易方式）

国际金融市场的客体是指国际金融市场的交易对象。具体而言，是指外汇和以外汇或欧洲货币表示的、由各个金融机构根据特定的交易原理与机制创造出的各种各样的金融工具(financial instruments)，也可以表述为各种各样的交易方式，也就是我们通常所说的各种金融资产。例如，欧洲票据、可转让定期存单、外国债券、欧洲债券、货币期货、利率期货和股价指数期货等。显然，在不同的国际金融市场构成中，所包含的金融工具也多种多样，并随着金融市场的发展而不断丰富。随着本书内容的不断深入，我们对这一问题的认识也会更加系统和全面。

三、国际金融中心的产生与发展

国际金融市场是国际贸易和国际借贷关系发展到一定阶段的产物。而国际金融中心是从地理概念上对国际金融市场的分析，是指具体从事国际金融业务的金融机构比较发达，进而国际金融业务比较集中、规模较大的某一地方，通常为某一城市。传统意义上的国际金融市场，是从事市场所在国货币的国际借贷并受市场所在国政策与法令管辖的金融市场。因此，这种类型的国际金融市场下的金融中心通常由一国的金融中心发展而成，大多经历了由地方性金融中心到全国性金融中心市场、最后发展为国际金融中心的历史发展过程。传统的国际金融市场上的金融中心，一般以强大的工商业、发达的对外贸易和坚实的资金实力为基础，并依靠完善发达的银行制度发展起来。例如，第一次世界大战前，由于英国强大的经济实力、发达的国际贸易、健全的银行制度所决定，英镑遂成为当时世界上最主要的国际结算货币和国际储备货币，伦敦也就率先成为世界上最大的国际金融中心。

第一次世界大战后，由于战争的破坏和20世纪30年代大危机的影响，英国经济实力不断衰落，其世界经济与贸易的霸主地位被美国所取代，英镑地位也随之下降，伦敦作为国际金融中心的作用逐步削弱。与此同时，美国经济迅速崛起。尤其是在第二次世界大战后初期，美国经济实力已居世界首位，并成为西方世界最大的资金供应者；美元地位不断上升，成为最重要的国际结算货币与国际储备货币，于是，纽约也跃为最大的国际金融中心。在此期间，由于瑞士法郎一直保持币值稳定和自由兑换，且瑞士苏黎世金融市场外汇和黄金交易十分活跃，因此，苏黎世也成为这一时期重要的国际金融中心。

与传统国际金融市场相对应的是“二战”后产生的新兴的国际金融市场，通常称为欧洲货币市场。欧洲货币市场上的金融中心被称为离岸金融中心。关于这方面的内容，我们在分析欧洲货币市场时再予以阐述。

四、国际金融市场的作用

国际金融，作为世界经济的一个重要的组成部分，二者之间常常存在着相辅相成的关系。在市场经济条件下，与其他产业经济相比较，金融往往是一国宏观经济的命脉。这一原理，同样适用于国际金融与世界经济的关系。

（一）国际金融市场促进了世界经济的发展

在第二次世界大战以前，国际贸易是世界经济的主要构成。“二战”后，国际贸易年平均增长率高于世界国民生产的年平均增长率。所以，国际贸易的迅速增长不仅在对促进世界经济的增长中，而且也在促进贸易国国内的经济增长中，都起着至关重要的作用。国际金融市场上的各种贸易融资方式，为国际贸易提供了充足的资金融通。各国经常利用国际金融市场为其外贸进行资金融通，这也是促成“二战”后国际贸易迅速增长的一个重要原因。此外，国际金融市场为资本短缺国家利用外部资本来扩大本国生产规模提供了便利。国际金融市场通过贷款、证券交易和投资基金等方式，不仅把大量闲置的货币资本转化为现实的职能资本，并且实现了世界市场范围的国际资本的流动，对提高世界范围的资源利用率、扩大本国的社会资本总额，进而可以增加投资和扩大生产规模起到了极大的作用。“二战”后，国际金融市场的发展不仅促进了一些西方国家的经济的复兴，而且也推动了一些发展中国家的经济增长。

（二）国际金融市场为生产和资本的国际化发展提供了必要的条件

“二战”后，世界经济一体化程度不断提高。通过跨国公司组织形式而实现的生产和资本的国际化，就是其中的表现之一。跨国公司的典型特征是在全球范围内实现资源配置，包括生产组织形式、经营活动方式和市场营销的国际化。而所有这些活动都要依赖于国际金融市场的存在。所以，国际金融市场是跨国公司在全球范围内获取外部资金的最重要来源。国际金融市场为跨国公司在全球范围内进行资金调拨提供了便利条件。国际金融市场也是跨国公司存放暂时闲置资金的场所。

（三）国际金融市场通过金融资产价格促进了全球资源合理配置的实现

国际金融市场上各种金融资产的价格，如利率、汇率等的形成，基于众多的交易者对未来市场走势的预期。这些价格信息不仅充分反映了金融资产的供求关系，而且也对全球真实资源的最优配置，发挥着重要的调节作用。

UIBE 1951 www.euibe.com

（四）国际金融市场为投资者提供规避风险和套期保值的场所

随着国际金融市场自由化趋势的发展，利率、汇率和股票价格的波动越来越剧烈，由此而导致各种金融资产的价格也在不断波动。国际金融市场以及实体经济市场的参与者，为了管理各种金融风险，必然寻求转嫁风险的新途径。国际金融市场中的期货、期权等衍生金融工具为投资者提供了有效的风险管理手段。

（五）有利于各国国际收支失衡的调节

国际收支既是一国经济对外开放程度的客观反映，又会反作用于一国的经济发展与稳定。而由于交易主体自发性特征所决定，各国的国际收支总是处于一种不均衡的状态。为此，世界各国就面临着国际收支的调节问题。于是，国际收支顺差的国家，可将其外汇资金盈余投放于国际金融市场，而国际收支逆差的国家，则利用国际金融市场的贷款来弥补国际收支逆差。国际金融市场的发展，对缓解一国国际收支出现的严重逆差失衡，可以起到非常积极的作用。

当然，国际金融市场对世界经济的发展也有消极作用的一面。主要表现在巨额的短期国际资本的投机性的流动，对有关国家独立地执行本国国内的货币政策产生了较大的制约作用，常常会造成一国，进而波及世界外汇市场的剧烈波动，并加剧了通货膨胀在世界范围的扩张。

第二节　国际金融市场的分类

一、研究国际金融市场分类的目的

我们可以从多个角度去认识国际金融市场。所以，国际金融市场的分类，是以各种国际金融市场上某一方面的典型特征为标准，如作为交易载体的货币、交易方式或交易方式之间的关系等作为分类的标准，而对各种国际金融市场，特别是缤纷多样的国际金融交易方式所进行的系统的归纳或相应的归类，以从中提炼出一些共性特征，并为国际金融工具的进一步创新奠定基础。由于确定分类基础的不同，从而形成了不同类型的国际金融市场的分类方法以及相应的分类结果。

不过，无论哪一种分类方法，都是对全部国际金融市场，主要是对各种国际金融方式（或称国际金融交易工具）的认识过程，是从不同的角度、层次、目的等方面而形成的对国际金融市场的更深入、更细致的认识。

如果以国际融资行为的产生为标志，国际金融市场的发展，可以追溯到 17 世纪或 18 世纪。不过,若以国际金融市场对世界经济的影响程度为标志,在第二次世界大战之后,国际金融市场才有了迅猛的发展。国际金融资产的范围,日益扩大;国际金融的交易安排,亦被称为国际金融工具(financial products),从简单到复杂;金融资产的计价货币,从投资人所在国货币发展到第三国货币及境外货币;国际金融工具之间的关系,从彼此完全独立到基础金融资产与衍生金融资产之间的相互依附。所以,建立在国际金融交易安排基础上的金融资产的范围、国际融资货币发行国与投资人所在国之间的关系和国际金融资产之间的依存关系,形成了认识国际金融市场的三个主要侧面及相应的三大分类方法,即狭义的国际金融市场与广义的国际金融市场、传统的国际金融市场与欧洲货币市场、原生金融市场与衍生金融市场及其在国际金融市场上的体现。

二、三种基本的国际金融市场分类方法

(一) 狭义的国际金融市场与广义的国际金融市场

1. 分类的基础及其相应的分类结果

这是人们最先产生的认识国际金融市场的方法,是以国际金融市场应该包括的金融工具的范围大小为分类基础而进行的分类。

由于金融概念的本意仅指资金的融通,包括以债权方式的融通和以股权方式的融通。但是,在国际资金的融通过程中,不可避免地产生债权人与债务人之间或投资人与筹资人之间在货币计价、使用和偿还等方面不一致的问题,由此而导致在国际资金融通的同时必然伴随着货币的买卖问题,即外汇买卖问题。同时,由于长期以来,黄金一直是一种主要的国际储备资产与国际支付手段,作为一种天然具有金融属性的特殊的商品,黄金的买卖也就成为一项重要的国际金融活动。

于是,关于国际金融市场应包括的范围的划分,就可分为两种情况,狭义的国际金融市场和广义国际金融市场。狭义的国际金融市场是仅包括只体现金融原意的国际金融工具的范围,通常被定义为狭义的国际金融市场;另一种是既包括体现金融原意的国际金融工具,也包括外汇买卖和黄金买卖各种交易工具在内的国际金融市场,通常被定义为广义的国际金融市场。

2. 狭义的国际金融市场的再分类

(1) 概念

狭义的国际金融市场仅仅是指国际资金融通的市场。即通过运用各种金融工具与资金融通方式的组合,实现国际资本从一国投资人到另一国筹资人的流动的行为。

(2) 狭义的国际金融市场的细分

按照金融学的一般原理,对各种资金的融通方式,通常还可按照融资期限和信用中介机构在融资过程中是否承担资金提供者与资金需求者之间的信用风险而进一步细分。于是,

金融市场还可进一步划分为货币市场与资本市场和直接融资与间接融资市场。这一原理在国际金融市场上也存在着相应的对应关系。

① 国际货币市场与国际资本市场

这是国际金融市场上最传统的一种分类方法。其划分的基础是资金融通的期限，即以一年为界限。资金融通期限在一年及一年以内的国际短期货币资金的借贷和短期金融工具的买卖称为国际货币市场(International Money Market)。按交易工具特性的不同，可进一步分为短期信贷市场、短期票据市场和贴现市场。而资金融通期限在一年以上，或者是无具体期限约定的国际中长期的融资交易称为国际资本市场(International Capital Market)。

融资期限的长短，对于债权人的头寸管理、对于债务人的财务管理以及资产流动性的管理，都曾有着重要的意义。但是，由于国际货币市场许多续短为长的金融工具的不断出现，以及可使金融资产变现的途径与安排的不断增多，使得国际资金融通过程中期限长短的概念变得越来越模糊。因此，这种分类方法在国际金融市场各种分类方法中的地位也在下降。

② 国际直接金融与间接金融市场

国际直接金融与间接金融市场，也可称为国际直接融资与国际间接融资，是国内金融市场直接金融与间接金融分类方法在国际金融市场上的延伸。国际间接金融是指在国际资金融通的过程中，由金融机构，多数情况下为国际商业银行，在一国资金提供者和另一国资金需求者之间充当着承担债务人违约信用风险的金融中介，如国际商业银行贷款、出口信贷、国际金融机构贷款和国际租赁等。国际直接金融则是指一国的资金提供者和另一国的资金需求者通过特定的金融交易形式而直接建立起资金融通的关系。尽管在这种资金融通的过程中，也需要金融机构来组织和安排交易，但其与国际间接金融最根本的区别是组织交易的金融机构并不在资金融通双方之间承担信用风险。换言之，当国际债务人违约时，由提供资金的国际投资人直接承担风险。如国际票据、国际股票和国际债券，就属于直接金融。

③ 国际股权市场与国际债务市场

这是从筹资人在运用不同的融资方式进行资金筹集时，因对其财务状况影响的不同而进行的分类。国际债务融资，是根据有借有还、不仅还本还要付息的原则，借款人要按照事先约定的计算利息的方式、水平及其偿还期限，届时还本付息的融资方式。在国际债权融资市场上，主要的方式是国际商业银行贷款(包括欧洲商业银行贷款)、国际债券，其利息的计算方式，有固定利率和浮动利率等。这类融资方式的典型特征是，借款人在借款初始就确定了今后需偿还的债务，所以形成了确定的负债，但债权人无权干预借款人的经营活动。国际股权融资，主要包括海外上市，即一国的企业到另一国家的股票市场初次上市或再上市等；同时还应包括通过合资、合作等外国直接投资方式和国际企业的兼并与收购。但由于这些直接投资的形式更多地是与企业的设立与经营联系在一起，从而未包括在本书的范围之内。

(3) 国际货币市场与国内货币市场、国际股票市场与国内股票市场的关系

现实中，国际货币市场和国际股票市场大多是以主要金融中心国内货币市场和国内股

票市场的形态出现的，如美国国库券市场、伦敦股票市场等。本书把这类市场也界定为国际金融市场的组成部分，其理由是由于国际金融一体化而导致的在这些市场上投资人和筹资人的国际化趋势的出现。例如，美国国库券市场不仅有美国投资人，甚至有更多的外国投资人；伦敦股票市场，上市的公司也不仅仅是英国本土的公司，还有外国的公司，投资人也同样，不仅有英国的投资人，也有国际上的投资人。所以，这种交易主体的国际化，使得这些本意上的国内金融市场也具有了国际性。

(4) 狭义国际金融市场各种交易方式分类之间的关系

将上述分类方法合并到一起，我们可以通过表 1-1 来归纳出它们之间的联系。

表 1-1　狭义国际金融市场各种交易方式的分类

分类基础	划分的类别		
融资时间长短	国际货币市场	国际资本市场	
信用中介在交易中的地位	国际间接金融（间接融资）	国际直接金融（直接融资）	
		国际票据市场（短期）与国际证券市场（中长期）	一级市场（发行市场）与二级市场（流通市场）
投融资双方的权利义务关系	国际债权融资	国际股权融资	

从表 1-1 可以看出，狭义国际金融市场的细分，实际是从三个不同的角度，对国际资金融通的再认识。在现实生活中，一项现实的、具体的国际资金融通交易，则可能是三个分类类别的组合。例如，一家企业选择在海外上市时，这种交易行为实际上是国际资本市场上的直接金融中的股权融资；而如果一家企业选择在海外发行债券时，实际上是国际资本市场上的直接金融中的债权融资。

3. 广义的国际金融市场

广义的国际金融市场是指各种国际金融活动的统称，除了包括上述介绍的反映着资金融通的狭义国际金融市场所包括的国际货币市场和国际资本市场外，还包括在国际资金融通过程中必然伴随的外汇买卖的外汇市场，以及作为特殊国际金融资产的黄金的国际买卖，即国际黄金市场。就外汇市场而言，从交易主体的角度再进一步细分，有银行间外汇市场，也可称为外汇的批发市场，和银行与客户间的外汇交易，即外汇零售市场。就现实国际上的银行间外汇市场而言，对自由外汇的买卖，已经是在各国银行间进行的。而从交易工具的角度划分，外汇市场还可分为即期外汇市场、远期外汇市场和包括货币期货与外币期权在内的衍生外汇市场等。而国际黄金市场是国际投资人之间对黄金这种特殊的金融商品的买卖。

（二）传统的国际金融市场与欧洲货币市场

1. 分类的基础及相应的分类

如果从历史发展的角度看，传统的国际金融市场和欧洲货币市场之间存在着非常鲜明的时间分界线。20 世纪 50 年代，欧洲货币市场产生之初曾被称为新兴的国际金融市场，也正因此，原有的国际金融市场被冠以“传统”二字。

不过，若从反映事物本质的交易的典型特征的角度分析，传统的国际金融市场与欧洲货币市场的分类基础，是由国际金融交易客体的重要组成部分——融资货币所决定的交易主体之间关系的不同而进行的分类。

传统的国际金融市场，站在交易一方所在国的立场上，通常是站在投资人所在国的立场上，而形成的以债权人所在国货币为融资货币的居民与非居民之间的交易关系。欧洲货币市场，则是以交易中投资人与所用的融资货币的关系为判定的出发点，而形成的交易中投资人与筹资人对于其所用融资货币的发行国而言，都是非居民的这种非居民与非居民之间的交易关系。

2. 欧洲货币市场与狭义国际金融市场和广义国际金融市场分类之间的关系

由于传统的国际金融市场与欧洲货币市场是建立在国际资金融通过程中融资货币与投资人所在国关系基础上而进行的分类，它们实际上只与狭义国际金融市场相关，是对狭义国际金融市场的再分类，与广义国际金融市场上外汇市场和黄金市场的分类无关，只是因欧洲货币市场在国际金融市场上的特殊重要性而独立出来。

所以，由于欧洲货币市场的出现，人们开始将上述狭义的国际金融市场冠以“传统”二字。并且，有关狭义国际金融市场的分类，事实上也都可以成为欧洲货币市场的细分，如表 1-2所示。

表 1-2　欧洲货币市场与(传统)狭义国际金融市场分类的关系

分类基础	划分的类别		
融资时间长短	国际货币市场	国际资本市场	
信用中介在交易中的地位	国际间接融资(间接金融)	国际直接融资(直接金融)	
		国际票据市场(短期)与国际证券市场(中长期)	一级市场(发行市场)与二级市场(流通市场)
投融资双方的权利义务关系	国际债权融资	国际股权融资	
类别	传统的国际金融市场	欧洲货币市场(新兴的国际金融市场)	
分类基础	融资货币与投资人的关系 (历史发展顺序)		

在广义国际金融市场和狭义国际金融市场问题的研究部分中，我们实际上是隐含地站在传统国际金融市场上所进行的结构分析。当然，在探讨传统的国际金融市场和欧洲货币市场这种分类时，我们则应主要关注欧洲货币市场，特别是从欧洲货币市场的角度对狭义国际金融市场作更进一步的认识。

（三）按金融工具之间的依存关系而划分的原生金融市场与金融衍生市场

随着西方市场经济国家国内金融市场的发展，在各种金融衍生工具出现以后，金融市场又出现了一种新的分类方法，这就是在充分认识到金融衍生产品与它的产生基础的原生金融产品之间所存在的典型差异性后，而对全部发展后的金融市场所进行的进一步的分类。

在金融衍生产品产生的同时，国际金融一体化的程度也已较高。所以，这些金融衍生产品的交易，不仅可在一国国内金融市场进行交易，同时也可进行跨国交易。于是，衍生金融市场从产生之初就同时具备了国际交易的属性。显然，在这一分类中，我们应该关注的是金融衍生市场的内容。我们将在第二章中，对金融衍生市场进行概括性的介绍。

三、三种国际金融市场分类之间的逻辑关系及本书的基本结构

（一）三种国际金融市场分类之间的逻辑关系

狭义的国际金融市场与广义的国际金融市场分类，从形式上看是根据包括范围的不同而对国际金融市场进行的分类。而实际上，则是从金融概念的原意与金融概念原意在国际金融市场上的引申，针对传统的国际金融市场，或者说是在欧洲货币市场和衍生金融市场产生之前的国际金融市场所进行的分类。因此，这种分类也是最基本的一种分类。

传统的国际金融市场与欧洲货币市场的分类，从形式上看，是从历史发展的角度对国际金融市场的分类。而实质上，这种分类更重要地是体现了两种市场的交易对象，即国际金融交易融资货币的选择上所存在的根本差异。而融资问题，仅存在于狭义的国际金融市场上。

原生金融市场与金融衍生市场的分类，是在金融衍生工具出现之后，从交易工具（或者说是金融资产）之间的依存关系上，对存在着金融衍生品的原生金融产品市场和其相对应的衍生金融产品市场的分类。

总而言之，上述三种分类方法，事实上是伴随着不同的国际金融市场发展阶段，从不同角度对不断丰富、扩大的国际金融市场的认识与再认识。于是，在国际金融市场的分类过程中，尤其是在上述三种分类方法基础之上的进一步细分，则不可避免地出现分类重叠的现象。

（二）本书内容安排的基本逻辑结构

本书采用了国际金融市场上最传统的分类方法，即广义国际金融市场的结构，作为本书内容安排的基本逻辑体系。其原因在于，广义国际金融市场的分类方法，是国际金融市场上最基本的一种分类方法，其不仅涵盖了国际金融市场的全部内容，即狭义国际金融市场和外汇与黄金市场，而且还可将国际金融发展的内容有机地融进。即在狭义国际金融市场内容的分析中，将国际金融市场发展部分的欧洲货币市场有机地融会进来。

而对于建立在狭义国际金融市场和广义国际金融市场、传统的国际金融市场和欧洲货币市场基础上的衍生金融市场的国际化问题，尽管其在当今国际金融市场上扮演着非常重

要的角色，但由于其交易结构的复杂性，而未被包括在以掌握国际金融市场初级知识的本书的体系中，而只是在第二章的内容中，对其基本知识，尤其是与其他国际金融工具之间的关系，进行了初步的介绍。

本章小结

本章是本书逻辑安排的概括性阐述。国际金融市场是处于一个不断发展的过程中，并在其发展的过程中，形成了丰富的内容，由此而促使我们可以从多个不同的角度来认识和把握国际金融市场。为此，本章的基本逻辑是在阐述了国际金融市场的基本界定之后，考察了当前人们较为普遍采用的认识国际金融市场的方法及其各种方法之间的关系，最后，明确阐述了本书所采用的方法。这一章是统领本书以后章节的概括性的阐述。所以，对本章内容的把握，是掌握全书内容的主线；同时，随着对本书内容的深入学习，也会加深对本章内容的理解。

重要概念

国际金融市场　　国际金融市场主体　　国际金融市场客体
国际金融中心　　狭义国际金融市场　　广义国际金融市场
欧洲货币市场　　传统的国际金融市场　　原生金融市场
衍生金融市场

同步测练与解析

一、名词解释

国际金融市场　　国际资本市场　　国际货币市场

二、简答题

1. 三种基本的国际金融市场分类方法是什么？
2. 简述狭义国际金融市场各种交易方式分类之间的关系。
3. 简述国际金融市场的积极作用。

三、单项选择

1. 资金融通期限在(　　)以上，或者是无具体期限约定的国际中长期的融资交易为国际资本市场。

A. 五年　　B. 三年　　C. 二年　　D. 一年

2. 下列属于国际直接融资的是(　　)。

A. 国际商业银行贷款　　B. 出口信贷

C. 国际租赁　　D. 发行国际股票

3. 根据信用中介在交易中地位的不同,狭义国际金融市场可分为(　　)。

A. 国际货币市场和国际资本市场

B. 国际直接金融市场和国际间接金融市场

C. 国际股权市场和国际债权市场

D. 传统的国际金融市场和欧洲货币市场

四、多项选择

狭义国际金融市场又可分为(　　)。

A. 国际货币市场和国际资本市场

B. 国际直接金融市场和国际间接金融市场

C. 国际股权市场和国际债权市场

D. 传统的国际金融市场和欧洲货币市场

【参考答案】

一、名词解释

国际金融市场:国际金融市场是指由居民和非居民参加的,或由非居民与非居民(针对融资的货币而言)参加的,运用各种现代化的技术手段与通信工具而进行的、通过特定的交易方式(如美元国际信贷或境外美元国际信贷、国际债券等)与特定的途径(如有形的或无形的市场组织形式)而实现的资金融通和各种金融工具与金融资产的跨国买卖的行为。

国际资本市场:资金融通期限在一年以上,或者是无具体期限约定的国际中长期的融资交易为国际资本市场。

国际货币市场:资金融通期限在一年及一年以内的国际短期货币资金的借贷和短期金融工具的买卖为国际货币市场。

二、简答题

1. 三种基本的国际金融市场分类方法是:

① 狭义的国际金融市场与广义的国际金融市场;

② 传统的国际金融市场与欧洲货币市场;

③ 按金融工具之间的依存关系而划分的原生金融市场与金融衍生市场。

2. 狭义国际金融市场各种交易方式分类之间的关系为:

<table>
<tr><th colspan="2"></th><th colspan="3">划分的类别</th></tr>
<tr><td rowspan="4">分类基础</td><td>融资时间长短</td><td>国际货币市场</td><td colspan="2">国际资本市场</td></tr>
<tr><td rowspan="2">信用中介在交易中的地位</td><td rowspan="2">国际间接金融（间接融资）</td><td colspan="2">国际直接金融（直接融资）</td></tr>
<tr><td>国际票据市场（短期）与国际证券市场（中长期）</td><td>一级市场（发行市场）与二级市场（流通市场）</td></tr>
<tr><td>投融资双方的权利义务关系</td><td>国际债权融资</td><td colspan="2">国际股权融资</td></tr>
</table>

3. 国际金融市场的积极作用表现为：国际金融市场促进了世界经济的发展，为生产和资本的国际化发展提供了必要的条件。通过金融资产价格促进了全球资源合理配置的实现，为投资者提供规避风险和套期保值的场所，有利于各国国际收支失衡的调节。

三、单项选择

1. D　　2. D　　3. B

四、多项选择

ABC

第二章

CHAPTER TWO

国际直接金融市场、欧洲货币市场和衍生金融市场的国际化

学习目标

本章是第一章中的一些重要内容的进一步深化。根据确定的分类标准，国际金融市场可以形成两种甚至两种以上的不同的分类结果。通过本章的学习，首先，要了解这三种分类结果在国际金融市场上所处的地位；其次，掌握每一种类型的国际金融市场的含义、特征等基本内容；最后，理解这三种分类与本书后续国际金融市场各章内容之间的内在联系。

重点难点提示

- 证券、国际证券的含义及与国际直接金融市场的关系
- 国际证券市场的发行市场与流通市场
- 国际证券的场外交易与场内交易及其主要区别
- 国际证券的场外交易在国际证券市场上的特殊作用
- 欧洲货币市场的概念及其与狭义国际金融市场之间的关系
- 欧洲货币市场的离岸金融中心
- 金融衍生市场的含义
- 衍生金融资产的四种类型及其与国际金融交易的相关性
- 金融衍生市场的三种基本交易方式

www.euibe.com

在第一章，我们阐述了国际金融市场的三种基本分类，以及在此基础之上的进一步分类。这种基本的分类方法告诉我们这样一个基本的事实，我们可以从多角度、多侧面、多层次等不同的方面，去认识和了解国际金融市场。例如，在狭义国际金融市场上按时间标准、信用中介机构在国际融资中的作用和投融资人权利义务关系等，我们还形成了对狭义国际金融市场的进一步分类。

不过，国际金融市场上虽然有多种分类，但每一种类型国际金融交易在国际金融市场上的作用并非等同。有的类型，因其交易结构的特征而可形成进一步的分类，如国际直接金融的进一步分类；有的分类，虽然按照分类标准，可以分成两种相对的类型，但只是其中的一种类型，在国际金融市场上更具有普遍意义，如在传统国际金融市场与欧洲货币市场的分类中，欧洲货币市场更具有普遍意义。这样的一些分类类型，通常会与国际金融市场的许多其他分类密切联系，相互交叉。因此，为了避免在本书各章的专门论述时产生重复，本章对在国际金融市场上有普遍影响的，并具有其自身典型特征的国际直接金融市场、欧洲货币市场和衍生金融市场，给予专门的阐述。这样，在本书以下其他各章的内容中，我们就可以直接运用相关的知识点，而不再重复，同时也避免了对这些知识的分散阐述。

第一节　国际直接金融市场概述

一、国际金融市场上直接金融与间接金融的变化趋势

在国际金融市场发展的过程中，最先出现的是以国际银行信贷为代表的国际间接金融(International Indirect Finance)。追溯历史，早期的国际融资与早期的跨国银行几乎同时诞生，它们的起源可以追溯到 12 世纪。国际融资伴随着国际贸易的发展而发展，和现代银行业有着同样悠久的历史。综观从 12 世纪到 18 世纪国际银行业发展的初级阶段，国际贸易与跨国银行唇齿相依，相互促进，并共同培育和壮大了国际贸易融资这一当时国际融资的主要业务。"二战"以后，以国际银行贷款为主的国际信贷和以国际债券为主的国际证券融资，都曾在国际金融市场上占有重要地位。国际银行贷款，由于从 20 世纪 80 年代中后期起，各国普遍实行了金融自由化、国际化政策，国际银行业的贷款规模大大扩展。而获得贷款的跨国公司将其所获得的贷款大多投放于股票市场、不动产市场等泡沫成分较高的行业，也给跨国公司的经营和发放贷款的债权银行带来了巨大风险。20 世纪 80 年代末开始的发达国家的经济衰退导致股市与房地产市场的投资市值的大幅下降，导致债务拖欠，银行储备短缺，严重削弱了银行的贷款能力。加上巴塞尔协议要求，到 1992 年底的中期阶段以前，所有国际性银行的资本对风险资产比率必须达到 7.25%，然后达到 8%。这一资本充足率要求使不少银行被迫撤回海外投资，国际信贷规模也随之急剧缩小。所以，自 20 世纪 90 年代以

来，以国际银行贷款为主的国际间接金融市场的地位明显衰落，特别是在国际融资增量中，国际债券融资占有相对优势。

1984 年国际证券发行额为 814 亿美元，国际贷款为 539 亿美元，国际证券发行额首次超过国际贷款额。1984 年成为国际融资发展历史上重要的一个年头。随后，国际直接金融迅速崛起，并日益成为一种主要的国际融资方式。这也是本节专门对国际直接金融进行概括性介绍的现实原因。

如果从时间的角度来观察国际直接金融，其可分为以欧洲票据为代表的国际短期票据市场和以国际债券与股票为代表的国际证券市场。如果从当事人之间的权利义务关系的角度来观察国际直接融资，国际票据和国际债券均属于债权融资的范畴，而国际股票则属于股权融资的范畴。因此，从这些分类的角度来观察国际票据、国际债券和国际股票市场时，它们都有着许多截然不同的特点。

但是，由于这些金融工具都属于直接金融的范畴，它们在市场的组织形式上又有着许多基本相同的结构，所以，为了避免重复论述，本节先将国际直接金融市场所涉及的一些共同的内容加以阐述。

二、证券、国际证券的含义及与国际直接金融市场的关系

证券（securities）是有价证券的简称，是指具有一定价格、表示某种财产所有权或债券的书面凭证，使用中只能以货币价值表现和支付，一般包括货币证券和资本证券。货币证券是指商业或金融机构的支付工具，如支票、本票和汇票等。资本证券是指表示投资及其收益的凭证，主要包括股权凭证（即股票）和债权凭证（即债券）。资本证券就是从资本市场角度考察的证券，所以，也就是资本市场上以直接融资方式而实现的各种金融活动。

国际证券（international securities）则是依托于国际金融市场而存在的各种证券的总称，其具体的形态基本与国内证券市场的金融工具相对应，主要有欧洲票据、国际债券与国际股票。

国际证券市场，实际上就是从国际直接金融市场上的交易客体的角度，对国际直接金融市场的另一种表述方式，也就是各种国际直接金融工具交易的过程与行为。

三、国际证券市场的层次

按照国际证券市场交易功能的不同，国际证券市场可分为两个层次：发行市场和流通市场。与此相对应，国际证券的发行市场是指一国以发行证券方式融资的借款人，将新发行的证券出售给另一国或几国的初始投资人（这是与二级市场买卖证券时对债券进行再投资的投资人相对应的一个概念。通常也简称为投资人，也可称为认购者）的过程，是新证券从规划到推销和承销的全部活动过程。由于这是启动证券市场的发行人与初始投资人交易的过

程,因此,也称为初级市场或一级市场。而国际证券的交易市场亦称为流通市场,是已发行的国际证券进行再转让的过程。在发行市场购买了国际证券的初始投资人或通过其他方式而持有了证券的证券持有人,可在市场上重新出售,新投资人可以随时购买。这是已发行的国际证券的所有权的转移,因此也称为次级市场或二级市场。

无论是国际证券的发行市场,还是流通市场,都是国际证券市场不可或缺的组成部分。一方面,只有有了国际证券的一级市场,国际证券的二级市场才有交易的内容;另一方面,只有有了二级市场,才有利于证券投资人随时通过证券的买卖来调整其投资资产结构,有利于增加其资产的流动性,也就更有利于吸引更多的投资人购买证券。

四、国际证券的发行方式

对于证券的发行方式,按不同的划分标准,可有多种不同的分类。如根据证券发行过程中发行人与投资人之间有无证券公司、投资银行等作为主承销商的证券承销机构介入,证券发行可分为直接发行和间接发行;再如,根据发行对象划分,可分为私募发行和公募发行。私募发行,是指发行人只面向少数特定的认购者发行证券,这种特定的认购者一般为同证券发行人具有某种密切联系的投资人,所以,也可称为定向发行。公募发行,是指发行人公开地向范围广泛的、不特定的投资人发行证券的一种方式。在公募发行方式下,从证券销售的角度,又有三种具体的发行方法:募集发行、出售发行和投标发行。

将这两种分类的发行方式联系在一起,在公募发行时,在发行人与投资人之间必然要有承销中介机构的介入。所以,公募发行必然也是间接发行。而私募方式下,既可采取间接发行方式,也有可能采取直接发行方式。但是,能够充分体现证券市场优势的国际证券的发行,无论是公募发行还是私募发行,都是采用间接发行的方式。而不通过承销商、由发行人自己直接发行的证券,毫无普遍意义。所以,本章下面探讨的债券发行,都是指有承销商介入的证券发行。

五、证券流通市场的一般结构

由于作为国际证券组成部分的国际债券和国际股票的流通各有自己的运动规律,所以,需依二者的具体内容来探讨。因此,本节只探讨作为国际债券和国际股票流通基础的证券流通市场的一般结构。又由于许多种国际证券的流通主要是依赖国内的证券流通市场而实现的,所以,这部分的内容在一定程度上又与国内证券流通市场的内容相同。

按照证券交易双方实现交易的途径不同,国际证券的流通市场可分为场内交易和场外交易。

(一) 场内交易(证券交易所交易)

场内交易是指交易双方依托证券交易所而实现的证券买卖的交易,所以又称证券交易所交易。证券交易所是依所在国的法律，经所在国证券主管当局批准设立的为已公开上市发行的各种证券进行集中竞价交易的有形的场所。证券交易所是各种已公开上市发行的各种证券进行交易的最基本的实现途径，它为证券投资人提供了一个稳定、公开、高效的交易实现方式。

证券交易所的具体形式有股票交易所和证券交易所两种称谓。但是，事实上，主要发达国家都有证券交易所的存在，如纽约股票交易所。而随着全球金融一体化程度的不断提高，越来越多的发展中国家，以及由计划经济向市场经济转变的国家，如苏联和我国等，也都先后建立了证券交易市场。此外，无论其具体的称谓如何，或者说即使是股票交易所，其交易的内容通常也是包括所有的已上市的有价证券，即包括可上市交易的证券在内。

证券交易所自身并不参与上市的证券买卖，它只是通过提供交易的场地（对现代化的证券交易所而言，用系统更贴切）和诸如集合价格、实现交割等服务而促成证券买卖交易的达成，并收取适当的费用。

（二）场外交易

场外交易是针对证券交易所交易而言的另一类证券流通市场。凡是在证券交易所之外进行的股票交易活动都可以称为场外交易。从交易完成的具体的途径区分，场外交易又可分为两种类型：一是通过作为证券交易中介的各证券商的柜台而进行的交易，因而也称为柜台交易（Over-the-Count，OTC）[①]；二是指一些大的机构投资人之间绕开通常的证券交易经纪人，彼此之间利用电脑网络直接进行的大宗证券交易[②]。

（三）场外交易与场内交易的主要区别

（1）交易者的交易成本不同。证券投资人通过交易所交易时，要向经纪人支付佣金，这笔佣金事实上包含着两种费用：经纪人的收入和支付给证券交易所的费用。而场外交易中的两种类型，都没有通过证券交易所。因此，投资人通过场外交易买卖证券时都不需要负担证券交易所的费用。但是，场外交易的这两种类型也有区别，第一种类型中的交易双方还需要向券商交纳佣金，而第二种类型的场外交易，由于是交易双方直接达成交易，所以不存在佣金费用。所以，第二种类型的场外交易，可以最大限度地降低交易费用，这对机构投资人是尤为重要的。

（2）交易的对象不同。证券交易所交易的，都是公开发行的证券。而场外市场交易的对象，既有在证券交易所公开发行的证券，也有一些是通过私募方式发行的证券。

---

① 在许多有关证券市场的教材中，将其场外交易市场等同于柜台交易，而对于本书此处界定的柜台交易的内容，称为第三市场。本书作者认为，这些分类存在着界定模糊、重叠的现象，而本书的这种界定，逻辑更清楚。

② 在许多有关证券市场的教材中，将其称为第四市场。

www.euibe.com

(3) 管制程度不同。场外交易比证券交易所上市所受的管制少，灵活方便，因而为中小公司和具有发展潜质的新公司，如许多新科技型公司所发行的证券提供二级市场。

(4) 交易的组织形式不同。证券交易所都有集中固定的交易场所。场外交易则由证券交易商来组织交易，没有固定的集中的场所，而是分散于各地，规模有大有小。场外市场不存在统一的组织，信息可能不充分或不灵通。此外，这些证券交易商还可分为两种情况：经纪人和证券交易市场上的造市商。证券经纪人主要是为客户寻找交易对手，为买方寻找卖方，或反之。而证券交易市场上的造市商是规模较大的自营商，他们通过对市场的判断，自己投入资金买入证券后再随时随地将自己的存货卖给客户，买卖差价可以看作自营商提供以上服务的价格。证券市场造市商的存在，对维持证券交易市场的流动性和连续性起到关键作用，因而被称为场外市场的组织者。

(5) 价格形成机制不同。场外交易市场无法实行公开竞价，所以，也不存在证券交易所的集合竞价机制。场外交易的价格或是交易双方通过经纪人商议达成，或是具有造市商地位的大的证券自营商同时报出的各种证券的买入或卖出价格，由交易者根据自主判断而决定交易方向。

总之，投资人需要利用二级市场，方便、迅捷地买卖证券。而二级市场的流动性越强，一级市场的有效性就越高。

六、国际证券市场迅速发展的原因及意义

20 世纪 90 年代以来，国际证券的发行总额连续大幅度增长，工业国家虽然是国际证券的主要发行者，但是发展中国家的证券发行也迅速增长。从固定利率债券到浮动利率债券，从外国债券到欧洲债券，从国际债券到国际股票，从货币证券到资本证券，发行增长速度都十分迅速。

国际证券市场迅速发展的原因，主要可归为两个方面：一是金融技术发展的层面；二是世界经济环境的层面。从金融技术层面讲，尽管国际证券的发行量很大且增长迅速，但仍被市场全部吸收了。究其原因主要是国际证券的发行者通过为其所发行的巨额证券提供一个有效的二级市场，从而普遍提高了证券的流动性。国际证券二级市场倒手率显著增加就是证明。尽管证券的发行者和投资者都仍把重点放在资本证券上，但是，欧洲中期票据则由于其具有高度弹性的结构也得到了迅速的发展。其发行弹性表现为，投资者可以将他们对欧洲中期票据的期限和面值货币的偏好以及对衍生工具的偏好告诉发行者，发行人完全可以根据这种特定需要而设计其票据并直接销售给这些投资人。并且，伴随着国际金融市场的自由化，也促进了各种类型的新的融资工具的产生，如股票及债券的异地存款证、浮动利率票据、零息债券等。从世界经济环境层面讲，全球私有化浪潮，如许多西方国营企业的私有化，发展中国家在金融改革的过程中有效地利用国际证券融资等，都导致了大量国际证券发行的产生；而伴随着金融自由化同时产生的投资人结构的全球化和资本流动的国际化，又促

进了这些证券的跨国吸收。

国际证券市场的迅速发展，是国际金融市场的一场深刻变革。

(1) 改变了国际金融市场中单一化的间接融资格局，推动直接金融的国际化。

(2) 资金的融通过程变成了资金的直接买卖关系，从而加速了资金的运转。国际证券的发行者成为国际金融商品的制造商和出售者，当其为偿还债券而在二级市场上购回时，国际证券的发行者又成为投资者。投资者最初是金融商品的选购者，当其为收回投资收益而转让证券时，又成为出售者。

(3) 直接金融的筹资条件，在许多方面大大优于间接金融的融资方式。对筹资者来说，通过发行证券融资的资本来源广泛，投资人分散，对发行人不构成任何形式的干扰，不附带任何附加条件；并且，证券融资的资金使用期限较长，国际债券偿还期一般在 10 年以上，最长可达 25 年，而股票融资则不增加筹资人的负债，无需还本；货币资产的买卖使融资活动变得十分灵活，发行者可根据自己的需要自由地选择融资市场、发行证券的币种和面值。对投资者来说，国际债券还本付息，收益稳定，股票虽有一定风险，但如果能在全球范围内选购到成长股，则可获得可观的收益；由于国际证券的流通性好，可以随时在资金市场上买卖，因此能够同时满足投资者资本获利与资金兑现便利的双重需求。

(4) 金融商品买卖的价格杠杆作用，使有限的资金及时地流向那些能够最有效地运用资本的经济主体手中，实现资本在全球范围的优化组合。

充分认识国际金融市场的这种结构性变化，对于一国及时调整吸引外资的战略具有重要意义。国际证券市场的迅速发展，为欠发达国家开辟了一条引进外资的新渠道，尤其是筹集用于发展基础设施和改造本国传统产业所需外汇资金的重要渠道。

第二节　欧洲货币市场概述

一、欧洲货币市场的概念

(一) 欧洲货币市场概念的演变过程

欧洲货币市场(Euro-currency market)，又称新型的国际金融市场或离岸市场(off-shore market)，是一个伴随着欧洲货币市场的发展而不断完善的概念。在欧洲货币市场产生之初，只有位于伦敦金融中心的银行对美元的借贷，所以，此时的欧洲货币市场被称为欧洲美元市场，即集中在伦敦的境外美元的借贷市场。随后，由于以原西德马克为代表的其他欧洲国家的货币也出现了被周边国家的银行借贷的交易，所以，从此以后，欧洲美元市场才被称为欧洲货币市场，即在伦敦及其他欧洲金融市场的境外美元与其他境外欧洲货币的借贷。再后，由于石油美元的出现，使得亚洲的巴林地区聚集了大量的石油美元，并形成了以此为

中心的石油美元的借贷。同时，由于一些拉美国家的一些优惠的税收制度，一些跨国银行出于规避税收的目的，还在这些避税地设立了许多"纸公司"(paper company)和"信箱公司"(box company)，通过在跨国银行和这些公司之间的账务划转而达到避税的目的。再有，随着以美元为主的境外货币市场的不断扩大，欧洲货币市场对国际经济的一些负面影响开始显现，从而给西方主要发达国家的中央银行提出了一个新的课题，如何加强对欧洲货币市场的监管。在这样的背景下，1982年12月3日，美国政府关于允许美国银行设立国际银行设施(International Banking Facilities)①的措施，既是对欧洲货币市场监管的一个重大里程碑，也使此时的欧洲货币市场的概念彻底演变成境外货币市场，即在一国国境以外运用该国货币进行资金融通的市场。这也是对现阶段欧洲货币市场最一般的概括。由于欧洲货币市场的客体，也就是融资时所使用的货币是境外货币，所以，欧洲货币市场又被称为离岸市场。

(二) 欧洲货币市场概念的理解

通过上述对欧洲货币市场概念的演变过程的阐述，其中还有几个重要概念需要理解。

(1) 欧洲货币也就是境外货币(off-shore currency)，但其不等于外汇(foreign exchange)的概念，也不等于外币(foreign currency)的概念。

(2) 欧洲货币市场中的欧洲已不是一个地理的概念，而是一个经济的概念，即国际金融市场发展过程中出现的一种运用境外货币进行交易的市场。

(3) 欧洲货币市场上的欧洲银行，也不是指哪一家具体的银行，而是泛指从事境外货币借贷的银行。

二、欧洲货币市场产生的原因

一个诱发欧洲货币市场产生的事件是中美在朝鲜战场上发生冲突，由此而导致美国政府在当时冻结了中国在美国的财产。于是，当时与我国关系密切的苏联，担心美国对其采取同样的手段，就将其在美国银行的美元存款转移到伦敦银行的账上。欧洲货币市场产生的直接原因是美国20世纪50年代初所采取的一些金融管制措施及美国的世界扩张政策。为逃避这些管制，大量美元资金转移到美国境外，以伦敦为中心的境外美元市场迅速发展起来。但是，欧洲货币市场能够迅速地发展为世界范围的国际金融市场，并且从交易规模上看，已经远远超过传统的国际金融市场，其根本原因在于西方主要发达国家对外汇管制的放松与国际金融一体化程度的提高。所以，随着原西德马克、瑞士法郎和日元等其他主要货币

① 国际银行设施是指美国政府允许美国的银行，包括美国本土银行和在美国注册的外国银行，可以从事吸收非居民存款(包括非居民存入的境外美元和其他欧洲货币)并且再贷放给非居民的业务。并且，这些业务可不受美国政府关于国内银行的一些管制的限制，如不受利率管制的限制，不需要交纳存款准备金等。所以，国际银行设施并不是一家具有实体的独立的银行，而是位于美国的欧洲银行在经营包括境外美元在内的欧洲货币业务时，为了单独核算这部分资产，而设立的账户体系。

境外交易的增加，战后新型的国际金融市场即欧洲货币市场得以产生。欧洲货币市场的出现标志着国际金融市场进入了一个新的历史阶段。

三、欧洲货币市场的离岸金融中心

欧洲货币市场是境外货币市场的总称。而离岸金融中心(Off-shore Center)则是欧洲货币市场上具体经营境外货币业务，并具有某一特征的一定区域或城市。于是，按照其特征的不同，离岸金融中心可分类如下。

按业务性质划分，离岸金融中心可分为功能性中心(Functioned Center)和名义中心(Paper Center)两种类型。功能性中心是指从事欧洲货币金融业务的金融中心，如吸收非居民存款，向非居民发放贷款，发行境外货币债券等。而与此相对的名义中心，则是指那些集中了为税收的目的而设置的空壳银行的所在地。由于这些银行并不具体从事银行业务，而只是被母体银行利用做一些账务上的划转，就金融交易而言是有名无实，所以被称为名义中心。

就功能性中心而言，根据位于这里的欧洲银行在具体从事的欧洲货币存贷业务时，是否对居民与非居民加以区分，还可进一步分为集中性中心(Integrated Center)和分离性中心(Segregated Center)。集中性离岸金融中心是指欧洲银行在从事欧洲货币业务时对居民与非居民不加以区分，而是可将欧洲银行所在地的居民与非居民的存款与贷款混合在一起经营。伦敦和香港金融中心就属于此类。分离性离岸金融中心是指欧洲银行在从事欧洲货币的业务时，只能和非居民进行业务往来，如吸收非居民的欧洲货币存款，然后再贷放给非居民。纽约和新加坡的国际银行设施(IBFs)就属于此类。

再就功能性中心而言，根据欧洲银行对资金集散方向的不同，离岸金融中心还可分为基金中心(Funding Center)和收放中心(Collection Center)。位于基金中心的欧洲银行主要是集中世界各地的欧洲货币国际游资，然后再贷放给本地区的资金需求者。新加坡就属于这样的中心。而位于收放中心的欧洲银行，则与基金中心的资金流向相反，它首先是吸收本地区过剩的欧洲货币，然后再贷放给世界各地的资金需求者。以吸收中东地区石油出口国巨额石油美元为代表的巴林，就属于这类中心。

与传统国际金融市场国际金融中心的形成过程相比较，欧洲货币市场上的离岸金融中心的形成，不以市场所在国强大的经济实力和巨额的资金积累为基础，而是以中心所在国家或地区政局稳定、地理位置优越、外汇管制和税收政策优惠、通信与技术发达和服务完善等制度安排为基础。因此，随着欧洲货币市场离岸金融中心的出现，国际金融中心不再限于少数发达国家，并且也向亚太、中东、拉美等地区扩展。

四、欧洲货币市场与传统的国际金融市场之间的区别与联系

从从事国际金融业务的角度讲，两种类型的国际金融市场都属于国际金融市场的范畴。

www.euibe.com

欧洲货币市场在产生之初也被称为新兴的国际金融市场，所以，欧洲货币市场和传统的国际金融市场首先是从历史发展的不同而对国际金融市场总体所进行的分类。其次，由于两种国际金融市场产生的基础不同，传统的国际金融市场是国内金融市场的自然外延，而欧洲货币市场主要是制度安排的产物。最后，由于两种市场交易对象的不同，传统国际金融市场是市场所在国货币，而欧洲货币是境外货币的原因，并由于交易对象的不同，而决定的交易主体之间是非居民与非居民的关系，使得其在外汇管制程度也显著不同。欧洲货币市场的交易活动几乎既不受货币发行国国家法规的限制，也不受交易发生地所在国国家法规的限制。从这个意义上讲，欧洲货币市场成为一个完全国际化的国际金融市场。欧洲货币市场是国际金融市场上最重要的制度性创新，它改变了传统国际金融市场的性质，成为真正意义上的国际金融市场。

第三节　金融衍生市场概述及其国际化

一、金融衍生市场的含义及其金融衍生资产与金融原生资产之间的关系

(一) 金融衍生市场的含义

金融衍生市场(Financial Derivatives Market)，从根本上讲，是指在各种原生金融资产(The Original Financial Assets)交易的基础上派生出来的，以原生金融资产本身，如外汇，或是以原生金融资产的价格(如利率、汇率、股票价格指数等)为合约的标的物，而进行的各种金融合约的买卖，也可以是对某种金融资产的选择权(Option)的买卖或者互换的行为。

(二) 金融衍生资产与金融原生资产之间的关系

金融衍生资产与金融原生资产之间存在着依附但非一一对应的关系。在金融衍生市场产生之前，金融市场上交易的各种金融资产都是独立存在的，例如外汇、欧洲债券、国库券与政府债券等。但是，由于金融衍生市场是为了增加金融市场已有各种金融资产的流动性而设立的，所以，金融衍生资产产生之初，都是对金融市场上已有金融资产所进行的标准化合约的交易。所以，相对于金融衍生资产而言，原有的金融资产就被称为原生金融资产，也可被称为基础资产、原形金融资产、原生金融工具等。

但是，并非金融市场上所有的原生金融资产都有与之相对应的衍生金融产品。一般而言，只有少数的原生金融工具，由于其交易规模较大，市场投资人对这种原生金融产品风险管理的需求较高，从而才会出现相应的衍生金融工具。

以建立在中长期利率基础之上的衍生金融工具为例。与中长期利率相关的基础金融产品不仅仅只有国际债券，还有欧洲银行的中长期贷款、出口信贷和国际租赁等，为什么只有

国际债券市场存在着与之对应的衍生金融市场，而另外的几种以中长期利率为基础的国际债权的融资形式，却没有对应的衍生金融市场呢？其简单的答案在于，一方面，只有国际债券市场具有范围广泛的、流动性极强的二级市场。而国际债券在二级市场流动的过程中，债券的价格因利率因素的不断变动而变动，这既对国际债券衍生金融工具产生了需求，也为国际债券衍生金融工具的产生奠定了基础。没有二级市场，也就不可能有相应的衍生金融产品的出现，因此，也从反面说明，同为资本市场上的债权融资工具的欧洲商业银行贷款、出口信贷和国际租赁等，由于缺乏有效的二级市场，也就不可能有相应的衍生金融产品的出现。另一方面，通过运用国际债券的衍生金融市场，对其他几种国际债权融资工具，同样可以达到套期保值的目的。因此，建立在国际债券基础上的衍生金融产品，不仅是国际债券的衍生金融市场，同时也就成为资本市场上各种债权融资工具的衍生金融产品的替代品。

（三）衍生金融资产的四种类型

任何衍生金融交易都是以原生金融资产的价格为基础而进行的。所以，从各种原生金融资产价格表示方式的不同为标准，衍生金融资产可分为四种类型。

(1) 建立在各种外汇汇率基础上的衍生金融资产。例如，对于美国投资人而言，以欧元、英镑、日元等货币对美元的汇率变动为基础的衍生金融资产。

(2) 建立在利率基础上的衍生金融资产。这是因为，所有债权融资金融资产的价格都是以利率的水平为基础的，所以，就有以欧洲票据、美国国库券、政府债券等的利率变动为基础的衍生金融资产。

(3) 建立在股票指数基础上的衍生金融资产。尽管在股票市场上，几乎每一家上市公司的股票价格时时刻刻都是在波动的，从这个道理上讲，似乎每一家上市公司的股票价格都应存在相应的衍生金融资产。但这种想法事实上是不能实现的，其主要原因是股票数量太多，分散到每只股票的投资人的数量就会减少，就会大大降低这样的衍生金融资产的流动性。事实上，对于股票投资人而言，股票价格变动的风险，主要还是集中在整体股票市场价格走势变动的系统风险上。于是，就产生了以各种各样股票价格指数为基础而设计的衍生金融资产。

(4) 由于黄金仍然具有较强的社会属性，在国际货币的支付功能中，仍然是最后的支付手段。所以，也就产生了建立在黄金价格变动基础上的衍生金融资产。

二、金融衍生市场的交易方式

（一）金融衍生市场的三种基本交易方式

1. 期货交易

期货交易(Future)是指在有形的交易所内，通过结算所(Clearing House)的下属成员清

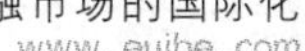

算公司(Clearing Firm)或经纪人，根据成交单位、交割时间等标准化的原则，按固定价格购买与出卖各种期货合约的一种交易。

2. 期权交易

期权交易(option)是指在各种金融资产的远期买卖中，期权合约的持有人(holder or buyer)在向期权合约的出卖者(立权人)支付一定的保险费后，所获得的在一定的时间内，按照协定价格是否买进或卖出一定数量的合约资产的选择权。

3. 互换交易

互换交易(swap)，特指金融互换(financial swap)，是指约定的两个或两个以上的当事人，按照商定的条件，在约定的时间内，交换他们之间由资产或负债而产生的现金流的流入和流出的合约。

通过这一定义可以看出，衍生金融市场上的互换交易，是负债的交换或资产的交换，其现金流的流入和流出是互为条件的，对互换当事人而言，互换业务并不改变其资产负债结构，是一种表外业务。特别需要指出的是，衍生金融市场上的互换，不同于传统外汇市场上的掉期(也译互换)交易。

(二) 金融衍生市场三种基本交易方式的再衍生

期货、期权和互换是金融衍生市场的三种基本交易方式。由于衍生金融交易在产生之初的基本目的是为已有金融市场上的各类金融资产投资人提供一类管理风险的途径，所以，此时的各种衍生金融产品都是建立在原生金融产品基础之上而设计的。然而，伴随着衍生金融市场的发展，衍生金融市场上的投资人发现，他们在投资于衍生金融产品时，面临着更大的风险，同样产生了管理风险的需求。于是，金融工程师们，可以根据客户需求，通过建立数学模型，对已有的原生金融资产、简单的衍生金融资产、衍生金融资产的衍生资产的条件的任意选定、装配或组合，而可以创造出更多的、各种各样新的衍生金融产品。不过，无论如何组合，产品怎么复杂，其基本构成元素仍是若干个简单的基础工具和普通衍生产品。

三、金融衍生市场的基本特征

(一) 交易产品设计的标准化

金融衍生交易的基本目的是通过极大地提高金融资产的流动性而分散金融市场的风险。于是，只有交易产品的标准化，才最有利于投资人的买卖。所以，以期货交易为例，无论是何种金融资产的期货合约，都要对交易单位、报价方式、最小变动单位、每日交易限价、合约月份、交易时间、最后交易日、交割日与交割方式等项目内容做标准化的规定。于是，期货交易的投资人在进行期货交易时，唯一需要讨价还价的，就是资产的价格。这种交易安排极大地有利于交易的达成，从而也就促进了金融资产流动性的提高，通过金融资产的不断流动而在众多的投资人之间有效地分散风险。

（二）建立在保证金交易基础上的杠杆效应

各种金融衍生工具的交易通常采用保证金交易方式，即交易双方只需向交易所支付一定比例的保证金就可以进行全额交易。在绝大多数情况下，各种衍生金融交易的投资人，都不以拥有合约标的资产为目的。所以，交易双方通常并不进行合约标的资产的交割。于是，交易双方只需通过差价结算方式进行或结束交易。

这种保证金的交易方式，使得衍生金融交易具有了双重的杠杆效应，融资杠杆和风险与收益杠杆。由于衍生金融交易的投资人只需持有少量的投资现金，即可对巨额的衍生金融资产进行交易。并且，只有在合约到期，投资人期望或需要进行实际交割时，才需准备足额的现金。所以，当交易所要求的保证金比例为5%时，衍生金融交易的投资人实际上是对其保证金数额20倍的原生金融资产规模进行投资。所以，融资的杠杆效应十分显著。同理，伴随着融资额的高杠杆效应，投资人投资于衍生金融资产所带来的风险与收益，也就具有了高杠杆性。衍生金融资产价格的变化幅度，对投资人风险与收益的影响，与其融资的杠杆效应是同比例的。仍以5%为例，如果某一衍生金融资产的价格上涨1%，则该衍生金融资产的买方的收益率是其保证金投资额的20%；同时，对于该衍生金融资产的卖方而言，其损失也是其保证金投资额的20%。

四、金融衍生市场的产生及其国际化的发展过程

1972年美国芝加哥国际商品交易所推出以英镑、法国法郎、日元、加元和瑞士法郎等在内的6种外汇期货合约，标志着金融衍生市场的问世。随后，建立在国库券和国债等基础资产上的利率类衍生金融工具、建立在股票资产基础上的股票指数类衍生金融工具和互换类交易相继出现。最后，还出现了建立在衍生金融资产之上的衍生工具。短短的30多年时间，衍生金融市场已经成为一个高度发达的市场。

从各个国家的衍生金融市场发展进程的角度看，在美国最先推出外汇类合约金融衍生工具之后，英国、加拿大、荷兰、澳大利亚等国也相继推出外汇类金融衍生工具。法国最先推出的是国债类衍生合约。到20世纪80年代中后期，新兴工业化国家纷纷加入建立衍生工具市场的潮流中。与发达国家有明显区别的是，新兴工业化国家和地区纷纷以股指期货作为首选的衍生工具上市。比如，新加坡率先推出了以他国股票指数为合约标的的股指期货，即以日本股票市场的股票为基础资产的日经225股指期货。跟随着新加坡金融衍生市场的这一发展思路，事实上也是在满足国际投资人规避风险的需要，其他一些国际金融中心所在国也陆续推出了以其他国家股票市场价格指数为基础资产的衍生金融资产，如美国推出的日经指数、欧洲股价指数、英国金融时报指数等。

从世界主要国际金融中心衍生金融市场的产生与发展过程中，我们还可以看出，许多金

融中心的衍生金融市场一经问世，就具有了国际化的特征。例如，最先出现衍生金融合约的外汇交易，本身就是国际金融市场的重要组成部分；而在西方国家衍生金融市场产生之际，同时也是这些国家放松本国金融管制、允许国际国内资本的相互流动的阶段，使得一国衍生金融市场的投资人不仅仅局限在本国，同时也包括外国的投资人；一国投资人所投资的金融资产，不仅仅是国内金融资产，还有国外的金融资产。而衍生金融工具的创造者，也顺应了投资人结构和投资人需求变化的需要，创造出许多适应投资人管理全球投资风险的衍生金融工具。所以，依托于各国国内金融市场的衍生金融市场，同时也在全球金融市场上发挥着重要的作用，成为国际金融市场的有机组成部分。

本章小结

在国际金融市场概论一章，我们探讨了国际金融市场的分类问题，根据每一种确定的分类标准，国际金融市场总可以形成两种甚至两种以上的不同的分类结果。但是，在现实中，每一种具体的国际金融市场类别，并非具有完全相同的地位与作用。所以，本章对三种国际金融市场分类中的更高级的，并且在后续内容学习过程中又具有普遍性的一些分类结果，即国际直接金融市场、欧洲货币市场和衍生金融市场的内容，给予了更进一步深化。同时，也避免了在后续内容中涉及这三个子市场的共性的一些内容时，重复、分散阐述的问题。

重要概念

国际直接金融市场	欧洲货币市场	衍生金融市场
离岸金融中心	集中性中心	分离性中心
收放中心	场内交易	场外交易
期货交易	期权交易	互换交易

同步测练与解析

一、名词解释

国际证券　　场内交易　　离岸金融中心　　互换交易

二、简答题

1. 按照国际证券市场交易功能的不同，国际证券市场可划分为哪两个层次？分别指什么内容？

2. 场外交易和场内交易有什么区别？

3. 衍生金融资产可以分为哪些类型？

三、单项选择

1. 名义离岸金融中心的作用是(　　)。
   A. 吸收非居民存款
   B. 向非居民发放贷款
   C. 发行境外货币债券
   D. 为避税做一些账务上的划转
2. 集中性离岸中心是指(　　)。
   A. 欧洲银行在从事欧洲货币业务时对居民不加以区分，而是将欧洲银行所在地的居民与非居民的存款与贷款混合经营
   B. 欧洲银行在从事欧洲货币业务时只与非居民进行业务往来
   C. 欧洲银行集中世界各地的欧洲货币国际游资，然后贷给本地区的资金需求者
   D. 欧洲银行吸收本地区过剩的欧洲货币，再贷给世界各地的资金需求者
3. 关于欧洲货币市场，下列叙述错误的是(　　)。
   A. 又称为离岸市场
   B. 其中的欧洲已不是一个地理概念，而是一个经济概念
   C. 市场中的交易主体对于他们所用货币的发行国而言，都是非居民
   D. 欧洲货币也就是境外货币，也就是外币

四、多项选择

1. 下列属于国际直接融资的是(　　)。
   A. 国际商业银行贷款　　B. 出口信贷
   C. 国际股票　　D. 国际债券
   E. 国际租赁
2. 在公募发行方式下，从证券销售的角度，有三种具体的发行方法，它们是(　　)。
   A. 募集发行　　B. 出售发行
   C. 投标发行　　D. 间接发行
   E. 直接发行
3. 关于欧洲货币市场与传统的国际金融市场之间的区别与联系说法正确的是(　　)。
   A. 两种国际金融市场产生的基础不同
   B. 两种市场交易对象不同
   C. 交易主体之间的关系相同
   D. 都属于国际金融市场的范畴
   E. 在外汇管制程度上相同

【参考答案】

一、名词解释

国际证券:依托于国际金融市场而存在的各种证券的总称,其具体的形态基本与国内证券市场的金融工具相对应,主要有欧洲票据、国际债券与国际股票。

场内交易:指交易双方依托证券交易所而实现的证券买卖交易,所以又称证券交易所交易。

离岸金融中心:离岸金融中心是欧洲货币市场上具体经营境外货币业务,并具有某一特征的一定区域或城市。

互换交易:特指金融互换,是指约定的两个或两个以上的当事人,按照商定的条件,在约定的时间内,交换他们之间由资产或负债而产生的现金流的流入和流出的合约。

二、简答题

1. 按照国际证券市场交易功能的不同,国际证券市场可分为两个层次:发行市场和流通市场。国际证券的发行市场是指一国以发行证券方式融资的借款人,将新发行的证券出售给另一国或几国的初始投资人(这是与二级市场买卖证券时对证券进行再投资的投资人相对应的一个概念。通常也简称为投资人,也可称为认购者)的过程,是新证券从规划到推销和承销的全部活动过程。由于这是启动证券市场的发行人与初始投资人交易的过程,因此,也称为初级市场或一级市场。而国际证券的交易市场亦称流通市场,是已发行的国际证券进行再转让的过程。在发行市场购买了国际证券的初始投资人或通过其他方式而持有了证券的证券持有人,可在市场上重新出售,新投资人可以随时购买。这是已发行的国际证券的所有权的转移,因此也称为次级市场或二级市场。

2. 第一,交易者的交易成本不同。场外交易所缴纳的佣金比场内交易要低,成本要低。第二,交易的对象不同。证券交易所交易的,都是公开发行的证券。而场外市场交易的对象,既有在证券交易所公开发行的证券,也有一些是通过私募方式发行的。

三、单项选择

1. D　2. A　3. D

四、多项选择

1. CD　2. ABC　3. ABD

第二篇

狭义国际金融市场

第三章

CHAPTER THREE

国际货币市场

学习目标

通过本章学习，要求了解本章所涉及的各种基本概念，掌握国际货币市场的构成与层次、国际货币市场的构成要素、欧洲货币短期资金融通市场上的欧洲银行同业拆借和直接融资中的欧洲大额可转让定期存单及欧洲票据等主要金融工具的运行机制。

重点难点提示

- 国际货币市场的含义、构成与层次
- 国际银行与欧洲银行
- 欧洲银行同业拆借
- 欧洲大额可转让定期存单
- 欧洲票据概念、发行与流通

国际货币市场，是在国际金融市场上的资金融通过程中，按期限所进行的分类之一。与其直接对应的分类是国际资本市场。

第一节　国际货币市场概述

一、国际货币市场的含义

国际货币市场(International Money Market)是与国内货币市场相对应的一个范畴，是指居民与非居民之间或非居民与非居民之间，按照金融市场运行机制，进行期限在1年或1年以下的短期货币资金融通交易的营运网络。

随着国际经济交往的扩大，各国经济相互渗透的加深，国际投资和融资的领域不断拓宽，国际间短期资金融通需求增加，国际货币市场应运而生。

二、国际货币市场的构成与层次

(一) 国际货币市场的类型

与狭义国际金融市场的类型相对应，一个完整的国际货币市场由传统的国际货币市场和欧洲货币短期资金融通市场组成。

传统的国际货币市场 (Traditional International Money Market) 是指市场所在地的居民，与作为交易另一方的非居民之间，从事市场所在国货币的国际短期资金融通的业务，并且受市场所在国政府政策和法令监管的金融市场。

欧洲货币短期资金融通市场(Eurocurrency Money Market)①，是欧洲货币市场按融资期限而进行的分类之一。具体而言，是指由非居民与非居民参与的、期限在1年或1年以下的各种境外货币资金融通的总称。欧洲货币短期资金融通市场，由欧洲银行同业拆借市场和欧洲定期存单与欧洲票据市场组成，前者主要指银行间的短期资金融通，交易具有金融批发业务的特性；后者指银行与客户或筹资企业与投资人之间的短期资金融通，交易具有金融零售业务的特性。

与传统国际货币市场相比较，欧洲货币短期资金融通市场具有以下不同点：

(1) 经营货币的种类多，即所有境外货币均可成为欧洲货币短期资金融通市场交易的货币；

---

① 欧洲货币短期资金融通市场对应的英文应为 Eurocurrency Money Market，即指 Eurocurrency Market 中的 Money Market。而由于 Eurocurrency 在中文中已经形成了固定的翻译用法“欧洲货币”，此处若表达成“欧洲货币的货币市场”，则显然中文不通畅，故译为欧洲货币短期资金融通市场。

(2) 资金来源更为广泛，因为其资金来源已不仅仅局限于市场所在国的资金提供者；

(3) 经营活动几乎不受市场所在国家政策和法令的管辖。

就两种国际货币市场类型的关系而言，二者的差异主要体现在经营的货币上的不同。再就交易的安排而言，有关欧洲货币市场短期资金融通工具的介绍与分析，在原理上也都适用于传统国际货币市场上的同类工具。

(二) 国际货币市场的层次

按照参与交易主体的不同，国际货币市场可分为两个层次：一是银行间同业市场(Interbank Market)，主要是指以银行为主的金融机构之间[①]，为平衡银行资金头寸(Capital Position)，调节资金的余缺而进行的资金融通活动。由于银行间在进行平衡头寸时主要采用的是信用拆借形式，所以通常又被称为银行间同业拆借市场。二是以银行为主的金融机构与一般工商客户之间，为解决企业流动资金的需要，而进行的信贷或票据发行等短期融资活动。

上述传统的国际货币市场和欧洲货币短期资金融通市场均可包含这两个层次的市场。但是，由于国际金融的风险与交易成本均比国内金融的风险与成本大，所以，在国际货币市场上，银行同业市场占了主导地位。

三、国际货币市场的产生与发展

传统的国际货币市场是由主要发达国家的国内货币市场在满足国外短期投融资需求的基础上逐步发展起来的。这是国际货币市场的最初形态。

首先，在发达国家货币市场国际化的过程中，外国银行曾发挥了重要作用。这些外国银行在从事国际银行业务和进行跨国经营过程中，不可避免地出现东道国(即市场所在国)货币和其他各种外币头寸的盈余或不足。为了保持流动性和安全性，这些外国银行主要通过东道国的国内货币市场来管理东道国货币与各种外币之间头寸的调整。当某种货币头寸盈余时，将其投入货币市场生利；在某种货币头寸不足时，以各种方式从货币市场借入短期资金，如银行同业拆借或发行货币市场工具。随着外国银行的广泛参与，这些国家货币市场的国际性大大增强。

其次，各国外汇储备管理的需要，是推动主要发达国家国内货币市场国际化的另一重要方面。在战后国际货币制度下，各国中央银行或货币当局一般以持有主要发达国家的短期金融资产作为其外汇储备，如以美元、英镑、日元、欧元产生之前的德国马克和今天的欧元政府债券、存款等，作为外汇储备。这就提高了这些发达国家货币市场的国际化程度。从外汇储备管理角度来看，外汇储备的主要作用在于弥补国际收支逆差和维持本国货币汇率稳定。

---

① 一些大的跨国公司，在进行批量资金融通时，也可进入这个市场。

因此,需要在获得一定收益的前提下保持外汇储备的高度流动性。而发达国家的货币市场正好能够满足这一要求,例如,美国国库券市场很大的份额就是由外国中央银行所持有的。所以,世界各国中央银行经常利用这些发达国家货币市场来进行本国外汇储备管理的过程,有力地推动了这些发达国家国内货币市场的国际化。

最后,主要发达国家货币市场外国债权人与外国债务人的结构的完整形成,无论在广度还是深度上,都进一步推动了发达国家货币市场的国际化进程。20世纪70年代以前,在传统的国际货币市场上,市场所在地的非居民参与者主要是以投资者身份进行货币市场交易,形成以非居民为债权人、居民为债务人的国际债权债务关系。70年代以来,随着跨国公司的跨国经营活动增加,生产国际化进一步发展,由此产生大量外国企业的短期融资需求。同时,传统的国际货币市场的技术创新,如票据发行便利(NIF)的运用,不仅使在国际货币市场融资更加灵活,而且使得通过发行货币市场工具(如商业票据)筹集中长期资金成为可能,从而吸引许多外国工商企业、金融机构甚至政府部门以借款人身份进入国际货币市场。这一发展使发达国家货币市场的国际化程度大为提高,传统国际货币市场的功能日益丰富和完善。

由以上分析可以看出,传统的国际货币市场存在于主要发达国家的货币市场之中。目前传统的国际货币市场是一个以美国纽约和英国伦敦的货币市场为中心,以其他发达国家和一些新兴市场国家货币市场为外围的市场体系。

而欧洲货币短期资金融通市场的发展是欧洲货币市场的最初的形态,所以,与欧洲货币市场的产生一致。

第二节　国际货币市场的交易主体与常见的交易形式

市场主体和市场客体是任何一种市场的两个最基本的构成要素。在国际货币市场中,各类市场参与者对各种货币市场工具所进行的连续不断的交易,形成持续不断的国际货币市场运行。

一、国际货币市场的主体

国际货币市场的市场主体即国际货币市场的参与者,是参加国际货币市场交易活动的经济单位。

由于国际货币市场主要是依托发达国家的国内货币市场而存在,所以,国际货币市场的主体与国内货币市场的主体无本质区别。然而,受交易的国际性的影响,国际货币市场与国内货币市场在两个方面有所不同。一是交易主体的规模。只有资本实力雄厚、信誉昭著的工商企业(通常为大的跨国公司)、有跨国经营能力的银行和非银行金融机构、以财政部为主的各国政府部门才有可能进入国际货币市场。二是在国际货币市场上,存在着大量外国参与者。这也是国际货币市场与纯粹国内货币市场的根本区别所在。也就是说,在国际货币市场上,交易主体不仅包含着市场所在地的企业、银行等金融机构、政府部门和其他信用中介等,也必然包括着作为交易所在地的非居民参与者的外国政府机构、金融机构和少数信誉卓著的大企业。在早期的国际货币市场上,非居民参与者主要是以投资人的身份参与市场活动。但随着市场发展,以借款人身份出现的非居民参与者越来越多。

有鉴于此,我们此处介绍的国际货币市场的主体,仍以作为国际货币市场交易中心的发达国家的国内货币市场的主体为主,兼论其国际属性。根据交易主体特性的不同,国际货币市场的参加者具体可包括商业银行、大的工商企业、金融中介机构、中央银行和政府部门。下面具体介绍主要的国际货币市场参与者。

(一) 政府部门

活跃在货币市场上的政府部门主要是指一国财政部及地方政府。但是,市场所在国的发达国家的政府部门与外国政府部门,在国际货币市场上所扮演的角色是不同的。通常,发达国家的财政部由于是货币市场主要的资金需求者,从而也就使其成为货币市场工具的提供者。这是由财政收支的时间性所决定的。一般说来,财政收入主要集中在纳税期间,而财政支出则常年不断,这种财政收支时间上的差异由财政部发行国库券来平衡。由于国库券是政府的负债,信用等级高,风险小,加之期限短,所以深受投资者欢迎。于是,也就成为外国政府作为外汇储备的主要投资对象。

(二) 国际银行与欧洲银行

货币市场最大的参与者是商业银行,它既是货币市场的信用中介,又是多种货币市场工具的直接提供者和交易者。首先,商业银行是货币市场的信用中介机构。通过运用吸收存款、发行 CD 等货币工具而成为资金的需求者,同时,又通过发放贷款、进行票据贴现等货币工具而成为资金的提供者。其次,出于业务管理的需要,商业银行也直接参与多种货币市场工具的交易,如在二级市场买卖国库券、商业票据等。一些国家的全能银行还可作为证券交易商,以中介组织的身份出现在货币市场上。

而活跃在国际货币市场上的商业银行,是以国际银行或欧洲银行的身份出现的。

在现实的国际金融市场上,并不存在一家纯粹国际银行的实体。尽管到目前为止,国际上尚不存在关于国际银行的统一的定义。但一般而言,一家商业银行只要从事了跨国银行业务,就可以被称为国际商业银行。

基于上述的定义,可从两个方面来理解国际银行的概念。

首先是从银行机构的角度理解。一家银行可以通过它在注册地的银行开展国际业务，也可以通过它的海外分支机构，包括海外代表处和分行来拓展或经营国际业务。由此而导致了关于国际银行定义的不同观点。一种观点认为，一家银行只要是开展了跨国银行业务，无论是通过其在注册地的银行，还是通过其海外分支机构，就可被认为该行已具有了国际银行的特性。另一种观点则反之，认为只有那些设有海外分支机构，并已达到一定的数量和规模时，才能被称为国际银行。以联合国跨国银行中心的观点为代表，该中心认为，一家银行至少在海外5个国家和地区设有所属分行或拥有大部分股权附属机构时，才能被称为跨国银行，即国际银行。跨国银行海外附属机构的组成有四种形式：

(1) 海外分行。这类机构在经营上有较大的独立性和决策权，其利润构成总行海外收益的主要来源。

(2) 代表处。作为与代表处所在地经济金融往来的窗口，不具体办理银行业务。

(3) 控股银行。其中由总行控制多数决定性股份的称为控股银行，控制少量股份的称为参股银行。

(4) 离岸银行，通常也被称为欧洲银行，是上述海外分行和控股银行根据设立地及业务的特殊性而进一步分类的一个概念。由于欧洲银行的特殊性，在下一段专门阐述。

其次是从跨国银行业务的角度理解。根据银行业务特性的不同，可将银行分为商业银行和投资银行两种类型，其相对应的跨国银行业务有国际结算、国际信贷与国际票据、债券的承购包销等。当一国金融市场存在分业经营的监管体制要求时，这两类业务需分别由不同类型的银行来承担；而当一国的金融市场不存在分业经营的监管体制要求时，一家国际银行既从事商业银行的业务，也从事投资银行的业务。德国的德意志银行，就属于这种类型。

欧洲银行是指国际银行中位于各离岸金融中心的、从事境外货币存储与贷放等金融业务的，且不受离岸银行所在地银行法规约束的分行或控股银行。要想较好地理解欧洲银行概念，需要明确以下几点：

(1) 欧洲银行中的“欧洲”是一经济概念，而非地理的或业务的概念。欧洲银行不是指位于欧洲的银行，也不是从交易角度的界定，而是欧洲货币市场概念的深入，是指欧洲货币市场上从事商贷的主体。

(2) 欧洲银行不是指独立的银行实体，而是建立在各国商业银行在经营欧洲货币业务时所设立的独立的账户体系基础之上的概念。在世界各地，人们并不能找到一家作为法人的又从事国际银行业务的欧洲银行。从业务角度讲，欧洲银行主要是依附于传统国际金融市场上的国际商业银行的一套独立的账务体系。一家商业银行如果从事了境外货币的存储与贷放，则该银行就被赋予了欧洲银行的内涵。也有一些设立在某些具有避税地特征的离岸金融中心的欧洲货币市场的法人实体，但这些实体却又不经营银行业务。

(3) 欧洲银行主要分布在具有不同特征的欧洲货币中心，又称离岸金融中心。

(4) 欧洲银行的资产负债构成具有不同于商业银行的特殊性。欧洲银行的资产只包括对银行的贷款与对公司和政府的贷款；欧洲银行的负债主要包括通知款项、定期存款、大额可转让定期存单(CDs)和浮动利率票据。这些资产与负债都以欧洲货币组成。确切地讲，如果以美元标价，就叫欧洲美元资产与负债。其余类同。欧洲银行没有对中央银行的资产与负债。

(三) 证券交易商

证券交易商(Security Dealer)是金融市场上服务于各种直接融资形式的信用中介组织，其存在的机构形态可以是专门的证券公司、投资银行或一些全能银行等。在国际货币市场，是那些进行国库券发行的、欧洲票据发行融资安排的证券公司或银行。由于货币市场基本上是一个场外交易市场，这使得证券交易商在货币市场中的作用比债券、股票市场上交易中介的作用更为重要。

(四) 国际金融中心所在国的中央银行

在传统国际货币市场上，中央银行作为管理者，是货币市场最重要和不同一般的特殊参与者。与上述交易主体不同，中央银行参与货币市场的目的，既不是为了筹措资金，又不是为了投资谋利，也不是为货币市场工具创造二级市场，而是为了调节和控制货币供给量，实现其货币政策目标。

中央银行用于调控本国货币供应量的三大工具——改变存款准备金比率、改变贴现率和公开市场业务，都是通过货币市场而实现的。中央银行在实施其货币政策的过程中，也就影响了货币市场。例如，中央银行需要放松银根和信用时，通过买入国库券向市场投放资金，成为货币市场的资金供给者；当需要收缩银根和信用时，中央银行便抛售国库券吸纳资金，成为货币市场的资金需求者。另外，中央银行也通过再贴现窗口操作，利用再贴现政策来影响货币市场。中央银行可以改变再贴现率和再贴现票据的合格标准，调节对商业银行的再贴现贷款，改变银行存款准备金的调整方式，进而影响货币市场。

(五) 大的跨国工商企业

一般工商企业是货币市场的基础。由于它们的资金需求或有闲置的资金，使其成为货币市场的交易主体。但是，由于国际货币市场的交易程序要比国内货币市场复杂许多，由此而导致相同交易方式下国际货币市场的融资成本要高。因此，相对于中小企业而言，只有那些实力雄厚的工商企业，特别是一些大的跨国公司或一些大型的企业，因其信用等级较高，资金需求的规模也较大，或投资能力较强，才有可能进入国际货币市场，成为国际货币市场的主体之一。

二、国际货币市场的交易形式及其对应的交易主体

（一）国际货币市场交易形式的含义

国际货币市场上的交易形式，也可称为国际货币市场工具，是国际货币市场的市场研究的客体，也就是国际货币市场的交易主体之间，亦即资金需求者与资金提供者之间，进行资金融通时所采用的各种具体交易安排。

在现代通信与计算机技术产生之前，这些货币市场的短期信用工具是以具有法律效力的契约凭证的形式作为交易的载体，一般是在凭证上注明交易数量和偿还债务的具体条件等。今天，许多国家把不用出具有形凭证，通过银行电子计算机系统进行交易、转移资金所有权的交易方式也划入短期信用工具的范畴，如银行同业拆借和回购协议等。

（二）国际货币市场上的各种交易形式

1. 国际银行间的同业拆借

银行同业拆借是指各商业银行为弥补货币头寸或存款准备金的不足而相互之间进行的短期资金借贷。其在整个短期信贷市场中占主导地位。

银行同业拆借产生于存款准备金(Reserve against Deposit)制度。将存款准备金存放在中央银行源于18世纪的英国，而以法律形式规定商业银行必须向中央银行交纳存款准备金则始于1913年的美国联邦储备法。于是，各商业银行在每一营业日终了或票据交换清算时，总会产生一部分银行准备金头寸不足而另一部分银行准备金头寸多余的情况，并且在中央银行的超额准备金是不支付利息的。这样就产生了供求关系，银行同业拆借应运而生。

国际银行间的同业拆借，则是指各国商业银行，特别是经营欧洲货币业务的欧洲银行，在其国际化经营的过程中为解决其外币或欧洲货币的头寸调整的需要而与其他国家商业银行所进行的短期资金的拆入或拆出。

2. 国库券

国库券 (Treasury Bill) 是各国政府财政部发行的、期限在1年以内，通常为3个月、6个月和1年的、借以应付国库季节性财政支出需要的短期债务凭证。

国库券由信誉最高的政府发行，并以短期内的预算收入作为保证，而不是用来弥补长期的财政赤字，一般不会出现拒付问题，所以信用风险最低；同时，国库券有发达的二级市场，具有高度的流动性，投资者可以随时而稳定地将其变现。正是由于上述特征，国库券现在已发展成为重要的货币市场工具，并引来众多的投资者。商业银行更是持有大量国库券作为二级准备金。

国库券一般以贴现方式发行和买卖。为了有利于国库券的发行，在确定国库券的发行价格时，一般使其收益率高于同期银行存款利率。但由于其信用等级较高，从而其收益率低

www.euibe.com

于其他票据的收益率。国库券投资者的收益是国库券卖出价格和买入价格之差，或国库券面值和买入价格之差。国库券交易的数额较大，基本上是一个批发性市场。由于国库券的发行必然与一个主权国家相关，因此，在多数情况下，国库券主要是一国国内货币市场上的金融工具。只有少数发达国家政府发行的国库券，具有国际投资的价值，并成为传统国际货币市场上的金融工具。

3. 回购协议

回购协议（Repurchase Agreement，RA）是指证券交易双方以协议的方式约定，在买卖证券时，出售者在出售证券的同时，向购买者承诺在一定期限后按预定的价格如数购回该证券的交易。对于证券购买者来说，被称为逆回购协议（Reverse RA）。所以，一笔回购协议交易包含着同笔证券方向相反的两次买卖，实质上就是以证券作担保的短期借贷。

大多数回购协议的期限为 1 天，是隔夜资金融通的一种票据融资形式。也有一些期限较长的，如 1 周或 2 周，近年来还出现了 1～3 个月甚至更长的交易。回购协议中交易的证券，多是政府发行的中长期债券，故安全性强。所以，中央银行经常利用回购协议和逆回购协议方式进行公开市场业务，以实施其货币政策，进而对其所在的货币市场以及相应的国际货币市场产生影响。

4. 国际短期贷款

短期贷款（Short Term Loan）是指一国贷款人向另一国非银行类的借款人提供的贷款期限为 1 年及 1 年以下时的贷款安排。能够成为国际银行短期信贷借款人的非银行类客户主要指大的跨国公司企业和政府机构。银行在向非银行类客户提供贷款时一般也不限定用途，可由借款人自主安排。政府机构借入国际短期资金的主要目的是弥补本国国际收支的短期逆差；公司企业借入短期国际资金的主要目的是满足其跨国经营中对营运资金的需要，特别是进口支付时的需要；公司企业中的一类特殊的公司——各类基金公司，常常以投机者的角色借入国际短期资金，通过进行套汇、套利及期货期权等投机活动，以获取利润。

5. 外国 CDs 与欧洲 CDs

CDs 是大额可转让存单（Certificate of Deposits）的英文缩写，是指商业银行为吸收资金而开出的具有可转让性质的定期存款凭证。它注明存款货币、金额、期限和利率，持有人在到期时向银行提取本息等事项，但不记名。

大额可转让存单是从普通的银行定期存单发展而来的。银行吸收客户的定期存款，通常向其提供存单作为凭证。在 20 世纪 60 年代以前，这种银行存单主要由中小银行发行，规模有限，并且采取记名形式，存单的期限、面值也不统一，难以转让，所以不能进入货币市场交易。随着银行负债管理的发展以及市场利率的变化，美国花旗银行于 1961 年 2 月率先发行大额可转让存单。随后，这一金融工具被欧洲银行普遍采用，而成为其在定期存款方式之外来解决资金来源的一项重要的途径。

所以，外国 CDs 是指由外国发行银行在本国面向本国投资人而发行的、以发行市场所在国(即本国)货币为票面货币的大额可转让定期存单;欧洲 CDs 则是指外国发行银行在本国面向本国投资人而发行的、以境外货币(通常是第三国货币)为票面货币的大额可转让定期存单。在国际货币市场上,根据大额可转让存单具体的发行市场或计价货币的不同,又分别有其专门的名称。如由外国银行在美国发行的面向美国的机构投资人的 CDs 被称为扬基 CDs (Yankee CDs);而在欧洲货币短期资金融通市场上,总称为欧洲大额可转让定期存单。但根据具体货币的不同,又可细分为欧洲美元 CDs (Euro-dollar CDs)、欧洲英镑 CDs(Euro-sterling CDs)等。

6. 欧洲票据

欧洲票据(Euro-note)是在货币市场上的商业票据的基础之上发展起来的。

商业票据 (Commercial Paper,CP) 是指信誉卓好的大企业为筹措营运资金而通过直接融资的方式发行的、短期无担保的商业期票。商业票据是由商业本票(Promissory Note)演变而来的。商业本票是商业信用的债权债务凭证。在商品赊购交易方式下,由购货方向售货方出具一张票据,承诺在约定期限到期时按确定的条件付款。商业本票是双名票据,即票面上列明收款人和付款人的名称。只要付款人信誉好,付款有保证,收款人是乐于接受商业本票的,并且可以向商业银行和贴现公司办理贴现获得资金融通,从而使其具有一定的流动性。由于商业本票的这一特点,一些大公司开始脱离商品交易过程而只凭自己的信誉来签发商业本票,以筹集短期资金。这时的商业本票已不再体现商品交易关系,没有确定的收款人,变成了单名票据(Single-name Paper),直接向货币市场的投资者发行,并允许转让。这就是现代意义上的商业票据,并逐步发展成为重要的货币市场工具。商业票据的主要特点有:发行人信誉等级较高。由于商业票据是一种无担保的短期债务凭证,发行者没有对投资者提供任何担保品作为违约事件的保护,因此,只有信誉很高的大企业才能发行商业票据。票据利率低于银行贷款。票据面额较大,且为整数;期限通常不超过 270 天。

欧洲票据则是指在欧洲货币市场上,主要为其他借款人提供银团贷款的银行和信誉程度较高的大型企业,为筹措所需资金而发行的以短期为主的、仅以发行人信誉为保证的本票(bearer promissory note)。此时,欧洲票据本身构成了发行人对投资人无条件和无抵押的债务责任。

(三) 各种交易形式在国际货币市场上的地位

无论是否具有有形凭证,就国际货币市场的基本交易形式而言,这些主要的国际货币市场工具可分为属于间接融资范畴的银行同业拆借、大额可转让存单和属于直接融资范畴的国库券、回购协议和欧洲票据等。每一种货币市场工具的买卖交易,均构成各个单一的市场,并成为国际货币市场的重要组成部分。

但是,由于欧洲货币短期资金融通市场存在着货币种类选择多和管制较松等方面的优势,使其在国际货币市场上占有更为重要的地位。本章第三节和第四节将予以重点阐述,

www.euibe.com UIBE 1951

而不再专门地介绍传统的国际货币市场上的相关工具。但是，这种安排并不排斥传统国际货币市场存在的客观性。

第三节　欧洲银行同业拆借市场

一、国际银行同业拆借的重要性及基本特点

（一）国际银行同业拆借是国际货币市场最重要的组成部分

由交易主体的需求所决定，在国际货币市场上，银行对客户的短期信贷，受交易风险管理成本的制约，只占有较小的份额。而国际银行同业之间的拆借总额，在全球国际银行信贷总额中，却始终占有较大的比重。这是因为，伴随着国际银行业全球化经营程度的不断提高，特别是商业银行在对本国客户进行远期外汇交易时而产生的外汇头寸调整的需要，使得各国商业银行间的短期融资需求变得规模巨大，且十分经常。于是，国际银行同业拆借市场，特别是其中的欧洲货币银行间同业拆借业务，为各国以商业银行为主的金融机构的资金融通提供了一条最为重要的融通渠道。由于银行之间，特别是跨国银行之间，彼此便于了解，其交易风险管理的成本就大大低于对一般工商客户的管理成本；加之其交易的规模都很大，交易的速度也非常快，所以，国际银行同业拆借就成为国际货币市场最重要的组成部分。

（二）国际银行同业拆借的基本特点

银行同业拆借的特点是：

(1) 交易对象主要以在中央银行的存款准备金这种即时可用资金为主。

(2) 从期限角度分析，由于借款银行拆入短期资金的主要目的是弥补其头寸周转的需要，因此，最短的期限可为1天（即隔夜拆借），一般不超过6个月。

(3) 从数量角度分析，每笔交易的数额也比较大，至少在10万美元以上，典型的银行间借贷以100万美元为一个交易单位。因此，从数量的角度出发，这种银行间拆借的交易又被称为批发业务。

(4) 从利率角度分析，由于银行类借款人的信誉一般而言高于其他类型借款人的信誉，并且其每笔交易的数量较大，因此，各个银行间各种期限的借贷所形成的利率水平往往就成为这种货币相应期限的基础利率。例如，由英国伦敦的银行间各种短期拆借而形成的相应期限的伦敦银行同业拆放利率（London Inter-Bank Offered Rate，LIBOR），如7天期LIBOR、3月期LIBOR等。除此之外，在国际金融市场上较有影响的同业拆放利率还有：香港银行同业拆放利率（Hong Kong Inter-Bank Offered Rate，HIBOR），新加坡银行同业拆放利率（Singapore Inter-Bank Offered Rate，SIBOR），巴林银行同业拆放利率（Bahrain Inter-

Bank Offered Rate,BIBOR),科威特银行同业拆放利率(Kuwait Inter-Bank Offered Rate,KIBOR),欧元的同业拆放利率EURIBOR。

(5)从交易手续角度分析,基于上述同样的原因,作为借款人的借款银行一般无需交纳抵押品,借贷双方甚至可以不签订书面的贷款协议,只是通过电话或电传就能达成协议,所以手续十分简便。

二、欧洲银行同业拆借在国际银行同业拆借市场上的特殊地位

与国内银行间同业拆借市场主要的不同点是,国际银行间同业拆借市场上的银行,主要是以国际银行,特别是欧洲银行的身份而出现的。

欧洲银行同业拆借市场由来自于50多个国家的1 000多家银行,主要通过其银行总部或在其他国家注册的分支机构之间的借贷安排而组成。目前,欧洲银行间同业拆借业务呈工业化国家集中的趋势,尤其是集中于十国集团国家和瑞士的银行。据国际清算银行的统计,在美国与加拿大、法国、德国、日本以及英国间发生的同业拆借业务约占整个银行间同业拆借市场业务总额的50%以上。与此相对应,欧洲银行同业拆借市场的主要交易币种为美元、日元、英镑、瑞士法郎和欧元(在欧元产生之前,为欧元区国家的德国马克、法国法郎以及荷兰盾)。

由于欧洲货币的特殊性所决定,与仅以债权国货币为交易货币的外国货币市场的银行同业拆借相比较,在金融市场高度全球化的今天,欧洲货币的跨国拆借,为国际商业银行全球化经营提供了更广泛的货币选择性、更大的便利性,使得国际商业银行对其流动性的管理更加便捷。所以,以欧洲货币作为国际货币市场交易客体的货币工具,在国际货币市场上占有主导地位。所以,欧洲银行同业拆借在国际银行同业拆借市场上占有了特殊的地位。所以,本节对欧洲银行同业拆借的相关内容,给予了更详细的分析。

三、欧洲银行同业拆借市场的运行机制①

(一)交易主体与交易实现形式

就具体的当事人而言,银行同业拆借市场的参与者包括银行、货币经纪人、中央银行或者货币管理机构以及大的公司。但是,出于风险管理的考虑,欧洲银行同业拆借交易通常限制在信用级别较高的,同时也是相互了解熟悉的银行或者大的企业间进行。

这些位于世界各国的银行,与位于欧洲货币交易中心的银行,主要是伦敦、东京、中国香港、新加坡、纽约以及苏黎世等地的银行进行交易时,主要是通过两种途径实现交易。一种是通过国际货币经纪人来完成的,因为他们掌握着更多的业内信息能够提供专业的服务。

① 这部分内容所阐述的原理,同样适用于传统国际金融市场上银行间同业拆借。

另一种通过电话或者传真等电信系统网络或互联网技术而达成的。现在，越来越多的银行逐渐摆脱货币经纪人的途径，更多地采取直接接触的方式进行同业拆借业务。银行同业交易的完成，并不需要特定的程序。

由于交易主体间的这种特性，交易可以在几分钟之内完成。由于交易双方交往有素，均明晰各种条件和法律责任，通过电信联系即可确定贷款金额和主要贷款条件。所以，通常无须签订专门的书面贷款协议。银行间同业拆借业务通常由银行的财务部门来完成。

（二）交易规模与期限

欧洲银行同业拆借交易的起点较高，一般为 100 万美元。通常的金额在 500 万～1 000 万美元之间，有时还可能达到 5 000 万美元。

欧洲银行同业拆借交易的期限较短，一般为 1 天、7 天、30 天或 90 天，基本都不超过 3 个月，6 个月或者 1 年的拆借安排就已少见。

（三）利率水平与利率形式

在欧洲银行间同业拆借市场上，利率的高低是一关键因素。欧洲银行间同业拆借市场上的利率，有两个特征：一是欧洲货币存贷利差小。由于欧洲货币市场的经营成本较低，同时也是因为经营欧洲货币的银行为了提高其竞争力，欧洲银行同业拆借市场的利率具有存贷利差小的特性。其基本规律是，欧洲货币存款利率一般略高于同币种国内市场的存款利率，而欧洲货币的贷款利率则低于同币种国内市场的贷款利率。欧洲银行同业拆借的存贷利差一般仅为 0.25％～0.5％。二是各欧洲银行拆借利率间的差别几乎不存在。由于信息技术和网络技术的发展，在各个不同金融中心之间、国内与国外之间以及各个不同离岸金融中心之间的利差在很短时间内就会由于套利活动的进行而消失。

欧洲货币市场上的利率，也采用的是双报价形式。一些具有造市商地位的银行，同时对外公布其拆入(bid rate)与拆出 (offer rate) 资金时的利率水平。

此外，欧洲银行同业拆借业务通常都是采用固定利率的形式。于是，欧洲银行同业拆借的利率，也就成为国际金融市场上的基础利率。

（四）条件灵活

与传统国际货币市场相比较，欧洲银行同业拆借市场的显著优势就是其信贷条件灵活。这种优势是由欧洲货币市场的内在特征所决定的。这种条件的灵活性首先表现在可供选择的币种多，有欧洲美元、欧洲英镑、欧洲日元及欧元等；其次是拆借的期限、金额和交割地点等，均可由拆借双方协商确定。

（五）货币市场业务与外汇市场业务紧密相连

这个特征也是由欧洲货币市场的内在特征所决定的。由于欧洲货币市场可经营货币的多样性，使得欧洲银行的不同币种的头寸经常不一致。有时是需要一种货币，而银行拥有的却是另一种货币，或有的时候持有一种货币的资金却没有相应的客户需求。此时，跨国银行就需要在外汇市场上，通过外汇的互换业务获得所需要的币种资金或调整其币种头寸。

下面，我们通过举例来说明跨国银行是如何利用两种不同的货币在外汇市场上，通过互换业务来进行头寸管理的。

一个伦敦银行客户欲存入10%利率、3个月的英镑存款，但是该银行没有合适的资产业务。于是，该银行可以先接受该存款业务，再将英镑卖出，买入美元，将换得的美元在美国货币市场上进行为期3个月的投资，并以购买远期合约。在伦敦外汇市场上的信息显示英镑对美元的即期汇率是1.567 5美元买入价，90天远期的卖出价为1.576 0美元。同时，银行在美国市场上以12.5%的利率借出3个月的美元。

由于银行可以以12.5%的利率进行投资，所以该银行投资总收益为1.567 5×(12.5%×90÷365＋1)÷1.576 0＝1.025 26，那么利润率为1.025 26－(1＋10%×90÷365)＝0.06%。如果该英镑存款金额为100万的话，那么该银行就可以获得600英镑的收益。

（六）没有二级市场

银行同业拆借既是欧洲货币银行间市场上一种非常普遍的交易方式，又是一种非常例外的货币市场工具。因为同业拆借资金本身并无有形的货币市场工具在交易双方之间转手，只不过是一笔资金从一家银行账户转到另一家银行的账户上，到期再随同利息一并转回去。所以，银行同业拆借可称之为是无形的。加之，拆借资金的期限极为短暂，基本上不存在对二级市场的需求。所以，欧洲银行同业拆借市场只是一级市场业务，而没有二级市场的存在。

四、欧洲货币银行间同业拆借的市场风险和管理

欧洲货币银行间同业拆借主要存在着以下几种风险：信用风险、市场风险、国别风险、外汇风险、流动性风险以及政治风险。

(1) 信用风险(违约风险)：由于银行同业拆借业务是无抵押的放款，当借款银行无法偿还拆入款项时，放款银行就遭遇信用风险。

(2) 市场风险：预期不到的利率波动有可能造成银行资金获得困难。借款人也有可能无力偿还贷款，因为同业拆借市场的利率基于LIBOR或者其他主要同业拆放利率，而这些利率又是不断变化的。

(3) 国别风险(政治风险)：当拆入银行所在国家遇到一些较为严重的政治、经济危机时，如一国家国际收支状况严重恶化时，该国政府制定有可能禁止本国银行偿付外国银行借款，或者禁止本国银行从别国银行获得存款时，相关国家的银行就遇到了国别风险。如美国政府曾经分别在1979年和1985年冻结了伊朗和利比亚在美国银行的存款。

(4) 外汇风险:由于现行的浮动汇率制度,外汇汇率的剧烈变动可能使得银行的同业间资产负债管理变得极为困难。当管理失败时,即遭受了汇率风险。例如,在1985—1987年间美元对日元的大幅贬值造成了许多跨国银行资产负债的不匹配,导致这些银行的利润大大减少了。

(5) 流动性风险:当一家银行遇到突然大规模挤提,而没有足够的流动性资产予以变现,为保障银行信誉,而不得不低价处理其资产时所遭受的风险。

针对上述各种风险内容的不同,国际银行通常可采用两类不同的风险控制与管理手段。对于信用风险、外汇风险和流动性风险,主要采取利用国际金融工具的方式来管理,如外汇交易、货币互换、利率期货等;而对于国别风险,主要采用的是国际银行内部风险评估的制度管理。

国际银行内部进行风险评估时,首先必须建立一个风险评估的系统,使信息流和决策程序化、规范化。图3-1是某国际银行的风险评估系统。

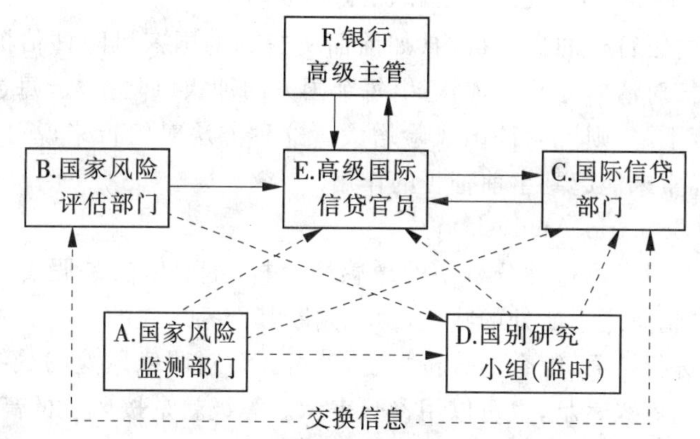

图3-1 某国际银行的风险评估系统

实线表示报告关系,虚线表示信息流向

其决策过程如下。

(1) 由A部门收集并提供国家风险信息。

(2) 国家风险评估部门B与业务部门C相互交换信息。

(3) 若国家风险管理限额有必要调整,可组成临时性国别研究小组D由高级信贷官员负责。

(4) 最后决策由E作出,E则向银行高级主管F报告。

其次,各部门在评估国家风险时,可采用的方法较多,较为常用的方法有:

(1) 核对清单式(Check-list Method)

这种形式将有关的各方面指标系统地排列成清单,各个项目还可根据其重要性加以权数，然后进行比较、分析、评定分数。这种方法简单易行，可以长期按一定标准和系统积累资料，但必须与其他形式结合使用。

(2) 德尔菲法(Delphi Method)

这种方法召集各方面专家，由各个专家分别独立地对一国风险作出评估，评估汇总后又发回给各专家，由其修正原评估。经过这样的程序(也可以进行多次)，评估差距不断缩小，最后达成比较一致的评估。这种方法集中了专家的智慧，减少了因专家相互间影响所产生的偏差，但其精确程度仍然是有限的。

(3) 结构化的定性分析系统(Structured Qualitative System)

这种系统综合了政治社会的定性分析和一定程度上结构化了的指标定量分析。指标分析只是为该系统提供参考。这种系统比较全面地分析国家风险，所得出的结论一般也比较合理，但这种系统十分复杂，形成一个有效的系统并不容易，因此只有实力十分雄厚的大银行才可能运用。

(4) 政治经济风险指数(The Political Risk Index)

这种指数通常由银行外的咨询机构(如前面所提到的国家风险评估机构)提供，这种机构雇用一批专家以核对清单为基础，制订出每个国家的加权风险指数，每过一段时期修正一次，一旦指数大幅度下降，则说明该国风险增大。这种方法对银行来说可一目了然，但精确度仍有问题，而且经常未能起到事前警告的作用。

(5) 情景分析(Scenario Analysis)

这种方法类似于投资可行性分析中的敏感性分析，主要做法是假设各种可能出现的情景，然后分析在各种情景之下所处的状况，由此判断其国家风险的大小。

在对各种因素进行全面、综合的分析之后，就可获得对国家风险的最终评价。一般对国家风险的评价可以用等级表示，也可以用参数表示。等级就是按风险的高低分成若干等，类似于证券市场的分级。参数就是按风险高低给出每个国家的风险数值。两种评价方法目的都是一样的，都是为控制和管理国家风险提供依据。

五、欧洲货币银行间同业拆借市场的结构和功能

欧洲银行同业拆借市场至少具有以下四种功能：

(1) 分配功能。一个国家的银行在吸纳存款后很可能将该资金提供给其他的银行进行贷款或者投资。特别是对于欧洲银行来说，它实现了面向全球的吸收存款与发放贷款，从而使其可充分发挥资源的全球范围的再分配。

(2) 套期保值功能。国际银行可利用欧洲银行同业拆借市场购买不同到期日、不同币种的合约以进行套期保值，从而能够帮助银行规避由于保持某种货币敞口而承受的利率和汇率风险。

(3) 这个市场为各个银行保持资产和负债的平衡提供了简单易行的方法。

（4）通过欧洲银行间拆借业务，能够规避严格的监管以及存款保险费用，能够降低运营成本。在从事向外借贷业务的时候，欧洲银行在很大程度上依赖于同业拆借市场。例如，银行可以通过同业拆借业务来规避高额税率。在一个高税率国家的银行提供信贷时，可以先通过银行间拆借业务将资金划至低税率国家，再向外借贷，这样就能够保持较低的税款缴纳水平了。

第四节　欧洲大额可转让定期存单与欧洲票据市场

欧洲大额可转让定期存单与欧洲票据，是欧洲货币短期资金融通市场两种主要的直接融资方式。前者是欧洲银行筹集资金来源的基本途径，后者是企业以直接融资的方式在欧洲货币市场上寻求短期或中短期资金的基本途径。

一、欧洲大额可转让定期存单

（一）欧洲大额可转让定期存单的产生背景

1. 欧洲定期存单的含义及缺陷

欧洲定期存单（Term Deposit），就是欧洲银行所吸收的定期存款的凭证，即存款人将欧洲货币款项存入银行，在存单到期前，存款人不得提取该款项，在约定的时期届满后，存款人获得本金及一定利率水平下的利息收入。

欧洲定期存单的发行条件有：

（1）票面记名，不可转让。与一般存单一样，存款人的名称要体现在存单的票面上。由于其是记名存单，不适宜转让，所以，存款人无法在到期前在市场上再出售。

（2）面额无统一要求。

（3）存款期限。大多数欧洲货币定期存单都有固定的到期日，且期限都在1年以内。具体的期限可包括：通知存单、隔夜存单、1个月、3个月、6个月、12个月等。期限在1年以上的欧洲货币定期存单在市场中只占一小部分。

（4）利率水平。同欧洲银行同业拆借市场的利率相似，欧洲货币存单的利率随着期限和货币种类的不同而不同。

（5）生效。欧洲货币定期存单的生效方式有即时生效、隔夜生效和合同签订后2个营业日。最后一种是最为通行的。

（6）到期还本付息。在约定的期限届满时为到期。在到期日，本息偿付通常以在面值货币发行国进行转账的方式实现。所以，欧洲定期存单与商业银行的定期存款在交易的安排上是一样的。

由于欧洲货币市场基本上是一个批发市场，在这个市场中是没有活期存款、支票账户等业务的。所以，欧洲定期存单曾经是欧洲银行的欧洲货币存款的主要来源。但是，通过欧洲定期存单的发行条件可以看出，由于其实行的是记名制，并明确规定不可转让。同时，其在票面额和存单期限的设计上，也没有统一的规定，所以，也不适宜转让。这样，对投资人的流动性管理非常不利，同时也就制约着欧洲资金规模的扩大。而欧洲大额可转让定期存单，正是在这样的背景下得到广泛采用的，并成为欧洲银行最重要的货币存款来源。

2. 欧洲大额可转让定期存单发行市场

与欧洲定期存款单相比，欧洲大额可转让定期存单，或简称欧洲 CDs(Euro CDs)的发行，有效地解决了投资人资产的流动性问题，进而也就有效地解决了欧洲银行的资金来源问题。因此，自其问世后，倍受投资人的推崇，并成为一些银行管理头寸的工具。

欧洲大额可转让定期存单的发行条件有：

(1) 不记名发行。即与一般欧洲定期存单不同，在欧洲 CDs 的票面上，不反映持票人的任何信息。于是，有利于存单在到期日之前，在二级市场上的投资人之间进行转让和流通。

(2) 发行额。欧洲 CDs 产生之初，均系大额存单，面值最少为 10 万美元，最多达 100 万美元。从 20 世纪 60 年代末开始，为吸收更多的资金，银行也发行面值为数十、数百美元的存单。

(3) 发行币种。欧洲 CDs 的主要货币是欧洲美元 CDs，此外，也有欧洲英镑 CDs、欧洲日元 CDs 和欧元 CDs 等。

(4) 期限。欧洲 CDs 的期限一般在 1～12 个月间，其中以 3～6 个月的居多。

(5) 利率。欧洲 CDs 所采用的利率形式，既有固定利率，也有浮动利率。利率的水平与欧洲定期存单相似，是由市场中供求双方的力量对比决定的。此外，在存单上标明的利率是存单发行时的票面利率，也称之为一级市场利率。而在各种金融媒体上披露的关于欧洲 CDs 的信息，则是欧洲 CDs 二级市场上的利率。

(6) 欧洲 CDs 按照发行方式分为不同的种类。①直接发行(tap issue)，其对应的存单为开发存单(tap CDs)。这种发行方式，是欧洲 CDs 产生之初时的、也是最简单的发行安排。传统的开发存单通常面额都在 100 万美元以上。其投资者多为大型的国际投资者。②分档发行，其对应的存单为存档存单(tranche CDs)。这种发行方式，是对一份存单分割成若干份后出售，以方便小规模投资者通过经纪人和投资银行购买。③可循环发行，其对应的存单为可展期存单，又称为滚动存单(rollover CDs)。这种发行方式，发行人在发行存单时就与投资者约定，当存单到期时，如果筹资人还需要资金，可以通过发新债换旧债的方式对原有存单进行滚动展期。可展期存单通常采用浮动利率，即在展期时根据市场利率的变化幅度进行调整。

概括而言，欧洲 CDs 的特点是：面额大，期限固定，利率高于同期普通定期存款，不记名，在存单到期前持有人可以自由转让。并且,一般而言,存单面额越大,利率越高。所以,对投资者而言,这种存单提供了近似活期存款的流动性,有吸引力。投资人投资于欧洲 CDs,当其资金充足时,可通过持有而获得定期存款利息,而当其需要现金时,又可通过随时转让而变现。所以,欧洲 CDs 对投资者的吸引力大为增加,很受投资人的欢迎。而对于欧洲银行来说,又由于欧洲 CDs 的利率低于银行同业拆借利率而对发行银行有利,通过发行欧洲 CDs,特别是发行可展期欧洲 CDs,成为欧洲银行获取短期到中期资金的稳定来源。

因此,欧洲 CDs 凭借着其在二级市场的良好的流通性而在欧洲货币市场占据了重要的地位。因深受市场欢迎,很快成为一种重要的货币市场工具。

二、欧洲票据市场

(一) 欧洲票据市场概述

通过发行欧洲票据来进行融资,是 20 世纪 80 年代初产生的一种金融工具创新。当时,由于国际信贷危机的出现,银行大幅度减少了银团贷款的发放规模,导致企业等借款人所需长期资金来源的短缺。在此背景下,一些银行,运用将其银行信用与票据发行人信用相组合来提升整个交易信用的原理,设计出以发行人信用为基础,以承销银行的循环包销或信贷支持等银行信用为保障的欧洲票据融资工具。这种票据期限虽短,但是到期后可续发新债,偿还旧债,并能够滚动发行,从而实现了短期资金融通,但可长期使用的目的。由于这种融资安排有效地将货币市场的灵活性和国际资本市场的长期资金融通有机地结合在一起,所以,深受交易各方的青睐。

欧洲票据市场(Euro-note market),就是运用发行欧洲票据融资(Euro-note issuance facilities)时,各种不同融资安排方式的总称。

(二) 欧洲票据融资安排[①]的主要当事人及基本流程

欧洲票据融资安排的基本流程由票据的发行、流通和偿付三个环节所组成,如图 3-2 所示。

1. 票据发行

票据发行环节是欧洲票据融资安排中最重要的环节。由于欧洲票据发行属于直接融资的范畴,所以,利用发行票据融资时,通常采用证券发行方式。即票据承销商作为票据融资的信用中介,通过票据承销商从承销到推销票据的活动,为发行人和投资人建立起资金融通的渠道。

---

① 欧洲票据融资安排所对应的英文是 Euro-note issuance facilities,国内多将这一术语翻译成欧洲票据发行便利。本书认为,这种译法未能贴切地反映出该概念的准确含义,而本书的译法更准确,也符合中文习惯。

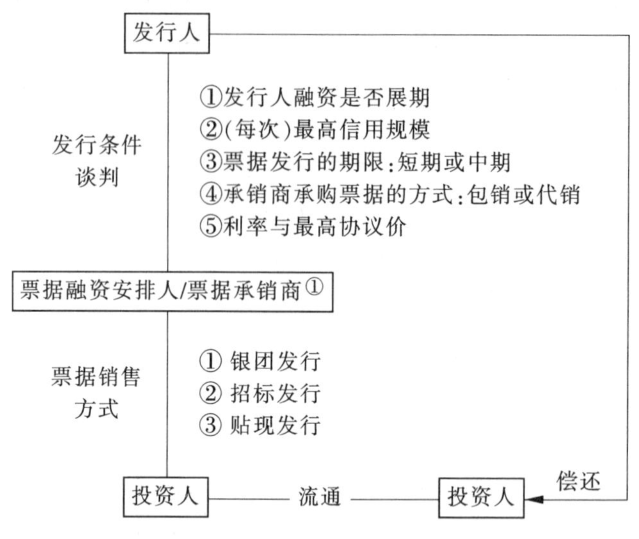

图 3-2　欧洲票据融资安排的基本流程

欧洲票据的发行人是通过发行欧洲票据来筹集资金的一国政府、金融机构或大公司企业。而票据的安排人(arranger),是由发行人选定的交易的组织者,通常由投资银行、证券公司担任。安排人除具有交易组织者的身份外,还可同时成为承销票据的承销人,并根据承销方式的不同,或者是全部承销票据的单个承销银行,或者因是组织承销银团,而成为其中的牵头行等。本书将其统一称为承销商。通过购买欧洲票据而为票据发行人提供资金融通的机构投资者,主要是企业、政府机构、投资基金、投资公司等。

如图 3-2 所示,欧洲票据的发行可分为两个基本步骤:第一步是发行人与票据承销商就票据发行的期限、发行人融资是否展期、(每次)最高信用规模、承销商承购票据的方式及票面利率等票据发行条件进行磋商,并在双方达成共识之后签署发行协议。而票据发行条件第二步是票据的推销,也就是票据承销商寻找投资人,并通过适当的方式,如直销、招标发行或贴现发行等,将票据卖出,以期取得投资人资金的过程。

由于每一发行条件都可有不同的安排,并由此构成了欧洲票据融资安排的各种类型。所以,本书将在欧洲票据融资安排的主要类型问题中,进一步阐述各种可能的发行条件的具体安排。

2. 票据流通

票据流通是指票据发行之后,票据的原始投资人出于各种需要,在票据到期之前,在二级市场上向其他投资人转让其欧洲票据债权的行为。欧洲票据的二级市场并不发达。这也

---

① 实际交易中,融资安排人与承销人可以是两部分独立当事人,也可以是一个当事人具有双重身份。为简便,本书将其统一为承销商。

有利于票据发行市场的价格稳定。

3. 偿付机制

欧洲票据的偿付机制是指欧洲票据到期之后交易如何处置的问题。按照一般的原理，债务到期之后应该是债务人偿还债权人本金。而在欧洲票据融资方式下，由于发行人对发行票据有展期与不展期的选择。于是，其对应的偿还方式有发新债还旧债的偿还方式，或者是直接偿付债权人本息。

（三）欧洲票据融资安排的主要类型

欧洲票据融资安排的主要类型，是根据欧洲票据各个发行条件而进行的分类。从交易结果的角度讲，也可以看作是欧洲票据的分类。

1. 根据票据发行期限不同的分类

根据发行票据期限的不同，欧洲票据可分为欧洲短期票据(Euro-Short-Term Notes)和欧洲中期票据(Euro-Medium-Term Notes)。欧洲短期票据是指票面期限在1年以内的票据，通常为3个月到6个月。而欧洲中期票据是指期限从9个月到10年不等的票据。欧洲中期票据是在原有的欧洲短期票据概念基础之上而产生的欧洲票据的最新的形式。

按照金融学的一般概念，票据融资均属于短期融资。而欧洲中期票据的期限可长达10年。但是，由于欧洲中期票据更多地具有票据融资的特征，因此，还是将其归类为欧洲票据融资的范畴，而不属于本书在以后章节中所论述的欧洲债券。

2. 根据发行人是否要求融资展期不同的分类

这是对欧洲短期票据融资的进一步分类。票据发行人实际的资金需求期限有长有短。如果票据发行人仅是利用发行欧洲票据满足其短期资金需求，只需发行与其资金需求期限相匹配的票据，或者能够直接发行较长期限的票据来满足其长期的资金需求。此时，这种在一项票据融资的安排中只需进行一次票据发行的欧洲票据融资安排被称为一般票据发行，还可译为票据发行便利(note issuance facilities)。然而，当票据发行人希望通过发行欧洲短期票据来满足其较长期限的，如5～7年的资金需求时，则可通过要求承销商提供循环发行票据(revolving issuance facilities)的方式而实现。即在每期短期的票据到期后，发行人可根据需要，决定是否需要继续融资。如果需要，承销人有义务通过发行新债来还旧债的方式，即通过发行新的欧洲票据来偿还到期票据的方式，满足发行人继续融资的需求。

3. 根据承销商承销方式不同的分类

承销商承销票据发行时，根据承销商在既定的价格下无法按预期向市场卖出全部票据时，是否对发行人承担融资责任的不同，可分为承购包销(underwritten facilities)和非包销的承销 (non underwritten facilities)两种方式，这也是欧洲票据发行安排中最基本的分类。在承购包销方式下，票据承销商对发行人做出承诺，如果在约定的最高利率下，票据未能全部售出时，承销人则通过按预先约定的利率购买未售出票据的方式，或通过提供差额信贷的方式，来向发行人提供资金融通，以此来保证发行人能筹集到预先约定的融资规模。而在非包销的承销方式下，承销商则无此义务。如果票据发行不顺利，也就意味着发行人没能筹集到全部所需资金。

4. 欧洲商业票据与其他欧洲短期票据

这是对欧洲短期票据融资的另一种进一步分类。欧洲商业票据（Euro-commercial Paper，ECP）是欧洲票据中在承销方式、发行期限、发行方式等方面有固定组合的一种欧洲票据。欧洲商业票据的承销方式为非包销的方式。所以，承销商是以代理商的身份出现。欧洲商业票据发行期限主要集中在1个月、3个月和6个月。发行方式多采用贴现发行的方式。因此，这种非包销的，发行期限为1个月、3个月和6个月的，贴现发行的欧洲票据被专门称为欧洲商业票据。除此之外的欧洲短期票据被归类为其他欧洲短期票据（Other Short-Term Euro-Notes）。

5. 根据票据销售方式不同的分类

票据的销售，是指将拟发行的票据最终出售给投资人，由投资人通过购买票据而向发行人提供资金的过程。欧洲票据销售时，可采用的方式有：银团发行、招标发行或贴现发行。[①]

在现实的欧洲票据市场上，较为常见的欧洲票据发行融资安排组合有：循环式包销安排（revolving underwriting facilities，RUFs）、票据发行安排（note issuance facilities，NIFs）、银团承销票据（grantor underwritten notes）、欧洲商业票据（ECP）和多选择融资安排（multi-option financing facility）等。这些安排的具体内容，实际上就是上述欧洲票据发行条件的具体组合。

本章小结

本章从狭义的国际金融市场角度考察国际金融市场的组成部分之一，是狭义国际金融市场按融资期限长短划分时的短期资金融通部分。就本章内容的逻辑安排，本章首先阐述的是国际货币市场的一般原理与构成要素；其次，就国际货币市场的金融工具而言，重点阐述了在国际货币市场上占主导地位的欧洲银行同业拆借市场（这是国际金融市场发展角度考察的分类之一）和欧洲票据市场。

重要概念

国际货币市场	国际银行与欧洲银行	外国 CDs 与欧洲 CDs
欧洲票据及欧洲商业票据	欧洲大额可转让定期存单	短期利率期货
欧洲银行同业拆借市场	回购协议	

① 由于发行方式是债券市场的核心内容，且短期票据发行与债券发行的原理相同。所以，详见国际债券一章。

同步测练与解析

一、名词解释

欧洲货币短期资金融通市场　　回购协议　　商业票据　　流动性风险　　票据发行便利　　承购包销

二、简答题

1. 跨国银行海外附属机构的组成有哪几种形式？
2. 国际银行同业拆借有什么特点？
3. 欧洲银行间同业拆借市场的功能主要有哪些？
4. 欧洲 CDs 有哪些特点？

三、单项选择

1. 下列不属于欧洲货币短期资金融通市场的特点的是（　　）。
   A. 经营货币的种类多
   B. 资金来源广泛
   C. 交易在非居民和非居民之间展开
   D. 经营活动受市场所在国政府政策和法令的严格监管
2. 下列选项中，国库券的特点不包括（　　）。
   A. 信用等级高　　B. 风险小
   C. 收益高　　D. 期限短
3. 下列说法中，对欧洲银行不正确的评价是（　　）。
   A. 欧洲银行中的“欧洲”是一个经济概念，而非地理概念
   B. 欧洲银行的概念不是建立在独立的银行实体之上，而是以独立的账户体系为基础
   C. 欧洲银行主要分布于具有不同特征的欧洲货币中心，又称为离岸金融中心
   D. 欧洲银行的资产负债构成与商业银行相同
4. 关于回购协议说法错误的是（　　）。
   A. 一笔回购协议交易包含着同笔证券方向相反的两次买卖
   B. 实质上是以证券作担保的短期借贷
   C. 大多数回购协议的期限为一天
   D. 回购协议中交易的证券安全性不高
5. 关于银行同业拆借，下列选项中，表述错误的是（　　）。
   A. 属于长期资金借贷
   B. 在整个短期信贷市场中占有主导地位

C. 产生于存款准备金制度

D. 是短期资金借贷

6. 关于商业票据的主要特点叙述不正确的是(　　)。

A. 发行人信誉等级较高　　B. 票据面额较大且为整数

C. 票据利率高于银行贷款　　D. 期限通常不超过 270 天

四、多项选择

1. 银行同业拆借的特点有(　　)。

A. 交易对象主要是以中央银行的存款准备金这种即时可用资金为主

B. 最短的期限可为 1 天,一般不超过 6 个月

C. 每笔交易的数额比较大

D. 其形成的利率水平往往成为这种货币相应期限的基础

E. 交易手续十分繁琐

2. 欧洲 CDs 的发行方式有(　　)。

A. 直接发行　　B. 分档发行

C. 可循环发行　　D. 折价发行

E. 溢价发行

3. CDs 的特点包括(　　)。

A. 面额大

B. 期限固定

C. 利率低于同期普通定期存款

D. 不记名

E. 可自由转让

4. 关于欧洲票据说法正确的有(　　)。

A. 发行人一般为一国政府,银行或者大型企业

B. 发行人的信誉程度都很低

C. 以短期为主

D. 是仅以发行人信誉为保证的本票

E. 发行人对投资者无条件和无抵押的债务责任

5. 国库券的特点有(　　)。

A. 信用风险高

B. 流动性高

C. 是短期债务凭证

D. 一般以贴现方式发行和买卖

E. 可作为商业银行的二级准备金

【参考答案】

一、名词解释

欧洲货币短期资金融通市场:是欧洲货币市场按融资期限而进行的分类之一。具体而言,是指由非居民与非居民参与的、期限在一年或一年以下的各种境外货币资金融通的总称。

回购协议:是指证券交易双方以协议的方式约定,在买卖证券时,出售者在出售证券的同时,向购买者承诺在一定期限后按预定的价格如数购回该证券的交易。

商业票据:是指信誉卓好的大企业为筹措营运资金而通过直接融资的方式发行的、短期无担保的商业期票。

流动性风险:当一家银行遇到突然大规模挤提,而没有足够的流动性资产予以变现,为保障银行信誉,而不得不低价处理其资产时所遭受的风险。

票据发行便利:在一项票据融资的安排中只需进行一次票据发行的欧洲票据融资安排。

承购包销:票据承销商对发行人作出承诺,如果在约定的最高利率下,票据未能全部售出时,承销人则通过按预先约定的利率购买未售出票据的方式,或通过提供差额信贷的方式,来向发行人提供资金融通,以此来保证发行人能筹集到预先约定的融资规模。

二、简答题

1. 跨国银行海外附属机构的组成有四种形式:

(1) 海外分行。这类机构在经营上有较大的独立性和决策权,其利润构成总行海外收益的主要来源。

(2) 代表处。作为与代表处所在地经济金融往来的窗口,不具体办理银行业务。

(3) 控股银行。其中由总行控制多数决定性股份的称为控股银行,控制少量股份的称为参股银行。

(4) 离岸银行,通常也被称为欧洲银行,是上述海外分行和控股银行根据设立地及业务的特殊性而进一步分类的一个概念。

2. 国际银行同业拆借的特点有:

(1) 交易对象主要以在中央银行的存款准备金这种即时可用资金为主。

(2) 从期限角度分析,由于借款银行拆入短期资金的主要目的是弥补其头寸周转的需要,因此,最短的期限可为1天(即隔夜拆借),一般不超过6个月。

(3) 从数量角度分析,每笔交易的数额也比较大,至少在10万美元以上,典型的银行间借贷以100万美元为一个交易单位。因此,从数量的角度出发,这种银行间拆借的交易又被称为批发业务。

(4) 从利率角度分析,由于银行类借款人的信誉一般而言高于其他类型借款人的信誉,并且其每笔交易的数量较大,因此,各个银行间各种期限的借贷所形成的利率水平往往就成为这种货币相应期限的基础利率。

(5) 从交易手续角度分析，基于上述同样的原因，作为借款人的借款银行一般无需交纳抵押品，借贷双方甚至可以不签订书面的贷款协议，只是通过电话或电传就能达成协议，所以手续十分简便。

3. 欧洲银行间同业拆借市场的功能有：

(1) 分配功能。一个国家的银行在吸纳存款后很可能将该资金提供给其他的银行进行贷款或者投资。特别是对于欧洲银行来说，它实现了面向全球的吸收存款与发放贷款，从而使其可充分发挥资源的全球范围的再分配。

(2) 套期保值功能。国际银行可利用欧洲银行同业拆借市场购买不同到期日、不同币种的合约以进行套期保值，从而能够帮助银行规避由于保持某种货币敞口而承受的利率和汇率风险。

(3) 这个市场为各个银行保持资产和负债的平衡提供了简单易行的方法。

(4) 通过欧洲银行间拆借业务，能够规避严格的监管以及存款保险费用，能够降低运营成本。

4. 欧洲 CDs 的特点是：面额大，期限固定，利率高于同期普通定期存款，不记名，在存单到期前持有人可以自由转让。并且，一般而言，存单面额越大，利率越高。

三、单项选择

1. D　2. C　3. D　4. D　5. A　6. C

四、多项选择

1. ABCD　2. ABC　3. ABDE　4. ACDE　5. BCDE

第四章
CHAPTER FOUR

国际资本市场之一
——国际商业银行中长期贷款

学习目标

国际资本市场是与国际货币市场相对应的一种分类。而由于国际资本市场内容非常丰富，从本章起，本书再从国际直接金融和国际间接金融的角度，对国际资本市场细分后，分别阐述。本章是国际间接金融中的重要组成部分。通过本章学习，掌握国际商业银行中长期贷款的特点、类型与形式，掌握国际商贷的基本程序，理解国际商业银行中长期贷款信贷条件的各种要素，能够运用贷款货币的选择原则，学会计算贷款的实际期限。

重点难点提示

- 国际商业银行中长期贷款的特点、类型与形式
- 国际商贷的基本程序
- 国际商业银行中长期贷款信贷条件的各种要素
- 贷款货币的选择原则
- 贷款实际期限的计算

国际资本市场(international capital market),是国际金融市场上内容最丰富的组成部分。关于资本市场的概念有广义和狭义之分。狭义的资本市场,仅指那些属于直接融资范畴的各种融资形式,如票据融资、债券和股票。而本书采用的是广义资本市场的概念,即无论是通过直接融资渠道,还是通过间接融资渠道,只要是期限在1年以上的融资形式,均归为资本市场的范畴。

从国际资本市场历史发展进程的角度看,国际商业银行中长期信贷市场(international debt market),亦称国际商业银行中长期贷款(international bank loan),曾经是国际资本市场上最早出现的、迄今也是国际资本市场上最重要的间接融资渠道。所以,国际商业银行中长期信贷市场,成为本书关于国际资本市场内容的开篇部分。

第一节　国际商业银行中长期贷款概述

一、国际商业银行中长期贷款的概念

国际商业银行中长期贷款,是与政策性银行贷款相对应的一个概念,是指由一国的某一家商业银行,或由一国(多国)的多家商业银行组成的贷款银团,按市场的价格水平向另一国银行、政府或企业等借款人提供的、不限定用途的、期限在1年以上的贷款。

此处的国际商业银行贷款,也就是指国际银行的贷款业务。之所以要加进"商业"二字,其目的是为了与那些在贷款中存在着某种优惠程度的政府贷款、出口信贷或国际金融机构贷款相区分。由于政策性银行业务的相对局限性,在国际金融市场上占有主导地位的银行贷款是国际商业银行贷款。

中长期贷款的期限在1年以上,一般为2、3、5、7、10年,甚至10年以上。第二次世界大战以前,国际上习惯将贷款期限在1～5年的归为中期贷款,5年期以上的为长期贷款。"二战"以后,习惯上不再区分中期与长期,凡1年期以上的贷款统称为中长期贷款。从借款人举借国际商业银行中长期借款的目的的角度分析,政府和企业借款人主要是为了满足大型建设项目的需要;而银行借款人则是将举借国际商业银行贷款作为扩大其外汇资金来源的途径之一,特别是作为国内借款人国际债务人的身份的需要。

二、国际商业银行中长期贷款的特点

与国际信贷的其他类型相比较,国际商业银行中长期贷款具有如下特点。

(一) 贷款用途由借款人自己决定,贷款银行一般不加以限制

国际商业银行在提供贷款时,一般要审查借款人的贷款使用方向,其目的是从贷款回收

www.euibe.com

的角度进行贷款的可行性分析。但借款人对所借款项的使用方向，则完全由借款人自己所决定，贷款银行不对其进行干预，一般也不附加任何条件。这是国际商业银行贷款区别于其他国际信贷形式，如国际金融机构贷款、政府贷款、出口信贷和项目贷款等形式的一个最为显著的特征。

（二）信贷资金供应较为充足，借款人筹资比较容易

国际商业银行信贷资金的供应，特别是欧洲货币市场商业银行的信贷资金供应，一直呈增长的势头。其主要标志是欧洲银行的各项存款科目总额，当然，并非全部欧洲银行存款都会形成对企业的信贷资金供应，因为其中还包含了欧洲货币市场银行同业拆借部分。按历史数据分析，二者的比例约为1:2。与此同时，由于欧洲货币市场管制较松，借款手续较为简便，每笔贷款资金的数额都非常大，如独家银行贷款中的中长期贷款每笔的额度可达数千万美元，银团贷款中每笔数额可达5亿～10亿美元，这些因素对借款人筹集大额、长期资金较为有利。

（三）贷款条件由市场决定，借款人的筹资负担相对较重

贷款的利率水平、贷款的偿还方式及其相对应的贷款实际期限和由贷款货币选择而决定的贷款汇率风险等，是决定借款人筹资成本高低的较为主要的因素。与其他国际信贷形式相比，国际商业银行贷款在这些方面一般都没有优势，由此决定借款人的筹资成本是较高的。

国际金融机构贷款，尽管不同的国际金融机构提供的贷款成本是不同的，但由于国际金融机构提供的贷款在较大程度上体现着国际间的合作，因此，或是利率水平较低，或是偿还方式比较优惠，如世界银行提供的项目贷款，期限一般在15～20年，或是二者兼而有之。政府间贷款，较为明显地体现着贷款国对借款国的援助性质，因此，利率最低，偿还方式较为优惠，借款人实际借款期限也较长，从而有利于借款人的资金周转。出口信贷，由于体现着政府对扩大本国出口的官方支持，或是利息贴补，或是提供国家信用担保，也有利于减轻借款人的筹资负担。国际商贷，是银行在国际金融市场上的以获取利润为目的的一种经营行为，因此，就贷款利率水平而言，与其他国际信贷形式相比较，国际商贷的利率是没有任何优惠因素的市场水平，因此是最高的。就贷款的偿还方式及其相对应的贷款实际期限而言，独家银行提供的中长期贷款一般为3～5年，银团贷款的名义期限一般为5～10年，又由于银团贷款多采用有宽限期的分次等额偿还办法来偿还贷款，即边用边还，使得借款人的借款实际期限短于名义期限，还款压力较大。

三、国际商业银行贷款的类型与形式

在金融业务不断创新的今天，贷款的形式也在不断地花样翻新。除了科学技术进步，计

算机与通信技术为金融业务的创新提供了技术支持外，从市场的角度分析，竞争的激烈，贷款银行外部经营环境的变化，借款人筹资需求的多样性，都迫使贷款银行也不得不对其传统的贷款形式进行不断地调整，由此相应地出现了种种新的贷款形式。这种现象给非金融专业人员准确地掌握各种贷款形式的内涵带来了一定的困难。

事实上，许多贷款形式的创新，往往是根据借款人的需要，或是外部经营环境变化的需要，在传统贷款形式的基础上，对某一信贷条件进行了调整。于是，就这一信贷条件的传统的和新的不同的安排，就派生出一组新的信贷款形式。每一信贷条件的变化，都可派生出一组新的信贷形式。而各种不同信贷条件的不同安排之间的各种组合，就形成了多种多样的新的信贷形式。并且，随着国际金融市场环境、法律环境、技术水平及用户需求的不断变化，贷款的形式还会层出不穷。但是，只要掌握了每一信贷条件的基本原理，我们就不仅掌握了理解各种已有的信贷形式的能力，同时还掌握了创造新的信贷形式的能力。

（一）国际商业银行贷款的类型

只有在国际金融市场实现的商业银行借贷活动，才属于国际商业银行的贷款行为。从国际金融市场发展的角度分析，根据其经营的货币的不同特征，国际金融市场可分为传统的国际金融市场和新型的国际金融市场，后者更多地被称为欧洲货币市场。

根据从事国际商业银行贷款主体所处市场的不同，国际商业银行贷款可分为两大类型：传统的国际金融市场的国际商业银行贷款和欧洲货币市场的商业银行贷款。

在传统的国际金融市场的国际商业银行贷款，是指由市场所在国的银行直接或通过其海外分行将本国货币（即贷款银行所在国货币）贷放给境外借款人的国际交易安排。此时，作为国际商贷业务的主体——国际商业银行和客体——贷款货币，都要受到市场所在国法律及政府的管辖。于是，并非所有国家的货币都可成为国际商贷的客体，也并非所有国家的商业银行都可从事这种业务。事实上，只有在少数经济实力比较强的国家，其货币成为国际支付和储备货币时，在这些国家中具有较强实力的银行才有可能开展国际商贷业务。

欧洲货币市场的商业银行贷款是指欧洲银行所从事的境外货币的存储与贷放业务。理解这一概念的关键在两点：欧洲银行与境外货币。对于这两个概念，我们已经在本书第一章对境外货币的概念进行了阐述，在第三章对欧洲银行的概念进行了阐述。由欧洲货币市场经营货币的特殊性所决定的外汇管制程度较低、货币选择余地大、结算方便及汇率、利率风险管理手段灵活多样，使其在国际商业银行中长期贷款中的地位远远超过了传统国际金融市场的商贷。

（二）国际商业银行中长期贷款的形式

国际商业银行贷款的形式，是指在上述两种类型中都有可能出现的，但在某一信贷条件方面又有截然相反特征的贷款交易的安排。在下面的分析中，我们分别就每一个信贷条件

来进行分析，而现实的融资形式则可能是各种具体的信贷条件的不同组合。

1. 独家银行贷款与银团贷款

(1) 概念

根据一笔贷款交易中参与银行数量的不同来划分，国际商业银行贷款可分为独家银行贷款和银团贷款。独家银行贷款(Sole Bank Loan)，是指在一笔贷款交易中，一国的一家贷款银行向另一国的政府、银行或企业等借款人提供的贷款。银团贷款(Consortium Loan)，是指在一笔贷款交易中，由本国或其他几国的数家，甚至数十家银行组成贷款银团，共同向另一国的政府、银行或企业等借款人提供的长期巨额贷款。根据贷款银团组织形式的不同，银团贷款包括辛迪加贷款和联合贷放两种主要形式。辛迪加贷款(Syndicated Loan)，是指在一笔贷款交易中，由一家银行牵头，与本国或其他几国的数家，甚至数十家银行，按照严格的法律程序组成的贷款银团所发放的贷款。联合贷方(Club Loan)则仅指在一笔贷款交易中有两家以上的银行，或银行与国际金融机构联合共同提供贷款，贷款人之间并未形成一种严谨的法律关系。

(2) 银团贷款迅速发展的原因

目前，国际商业银行的中长期贷款，尤其是欧洲货币市场的商业银行中长期贷款，多采用银团贷款的方式。其原因主要有以下几个方面。

① 分散风险

保证信贷资产的安全性是商业银行在经营过程中所遵循的安全性、流动性与盈利性三原则中应首要考虑的原则之一。特别是在世界性金融危机一次次爆发的今天，防范与化解金融风险已成为各国中央银行管理本国金融体系、各个商业金融机构管理自身的金融资产的重要的主题。一般而言，分散贷款可以起到分散风险的效果。所谓分散贷款，就是指借款人的分散，即一家贷款银行应将其吸收的各类存款分散地贷给许多借款人使用，使得每一借款人从一家银行所获得的贷款数额都是有限的。这一目的可以通过两个途径来实现。一是通过中央银行的监管来实现。许多国家的中央银行为了保障本国社会金融体系的安全与稳定，保护众多存款人存款的安全，都从制度或法律上对本国商业银行对一家借款人的贷款规模作出了上限的规定。例如，日本大藏省 1982 年 9 月就作出规定，一家日本商业银行对一个国家的短期和中长期贷款总额不得超过该银行资本的 30%；瑞士金融当局规定，瑞士商业银行对每一笔超过 1 000 万瑞士法郎的，或贷款期限在 1 年以上的海外贷款，都要经过瑞士中央银行的批准。商业银行在经营境外货币借贷时，虽然可不受本国金融当局关于本币贷款的有关法令或制度的制约，但还是要遵守本国金融当局有关商业银行安全运营的一般性规定。二是通过商业银行自律的经营管理来实现。在即使没有中央银行的相关规定情况下，各个商业银行在经营过程中，也尽可能地避免单独向一个外国借款人提供长期巨额贷款，以避免遭受一旦借款人经营不善或其他原因造成资金周转失灵，甚至破产倒闭，而使银行贷款成为呆账的巨大损失。所以，分散风险是银团贷款产生的最根本的原因。

② 克服有限资金来源的制约

当前，随着科学技术的不断进步，导致项目投资的规模日益增大，由此而造成借款人对借款数额的需求也随之增大。在这种情况下，对借款人的借款需求完全由一家贷款银行来满足，贷款银行若要满足大量借款人的借款需求，就必然受到其资金来源的制约。

③ 扩大客户范围，带动银行其他业务的发展

任何一家银行都希望与更多的借款客户建立起贷款关系，并通过这种联系，扩大客户资源，并带动其他业务经营范围的扩大。因此，贷款银行即使有能力为少数单个借款人提供长期、巨额的贷款资金，也不愿意将其只贷给少数的借款人。而是希望通过参与银团贷款，与更多的借款人建立起业务联系，提高银行的知名度，发展更多的潜在客户，并带动银行其他业务的扩大。

2. 定期贷款与可展期信贷或循环信贷

(1) 概念

在贷款协议生效后，根据借款人何时和怎样取得贷款中的资金，以及在贷款协议到期后，除对必要信贷条件进行调整后，借款人可否重新执行该贷款协议，国际商业银行贷款可以分为定期贷款(Term Loan)、循环信贷(Revolving Credit)和可展期信贷(Rollover Credit)等形式。

定期贷款，是国际商贷中传统的资金贷放安排形式，是指在贷款协议签订时，贷款银行就对借款人贷款资金的总额、贷款资金的提取和贷款本息的偿还确定了一个固定的时间表，一般是在贷款协议生效后的若干个工作日内完成贷款资金的提取，若借款人超过该期限后仍有尚未提取的本金，则按自动注销处理；因此，贷款人对借款人的实际贷款数额不可能超过贷款协议所约定的数额，有时还有可能小于贷款协议所约定的数额，即取决于借款人的提款情况。对于贷款本息的偿还，同样要按照约定的时间表来进行。事实上，在循环信贷产生之前，银行贷款都是以定期贷款的形式出现的。在国际商业银行贷款中，这种形式不仅适用于欧洲货币市场，同样适用于传统的国际金融市场。

循环信贷是指在贷款协议签订时，在约定的贷款期限内，贷款银行对借款人提供了一个最大的信用限额(Maximum Facility)，只要是在该信用限额规定的幅度内，借款人可根据需要，自行决定是否使用这一额度以及实际使用这一额度的频率。当借款人可以在信用限额幅度内不断地提取并偿还贷款，其实际使用的银行贷款总额就有可能超过这一额度。

可展期信贷是指贷款银行在与借款人初次签订贷款协议时就约定，在该贷款协议到期后，贷款银行除对必须依市场变化而需调整的信贷条件，如利率进行调整外，不再与借款人就其他信贷条件进行谈判，贷款银行也无须再对其进行资信审查，而重新与借款人执行该贷款协议。

(2) 定期贷款与循环贷款和可展期信贷的比较

在循环贷款和可展期信贷产生以前，银行贷款都采用的是定期贷款的形式，所以，定期

www.euibe.com

贷款也是一种传统的贷款形式。而循环贷款和可展期信贷都是在贷款银行尽可能不动用或少动用银行资产负债表表内资产而扩大银行授信额度，保持银行资本充足率，并满足客户更灵活的资金需求基础上产生的。

定期贷款与循环贷款在贷款的提取、偿还、信用总额等方面都有较大的不同。

① 在贷款的提取安排上，定期贷款都要在贷款期限内规定一个承诺期，在该期限内，借款人必须将所借款项全部提完，否则，超过承诺期后，贷款人就自动注销了借款人未提用贷款数额的借款权。而循环贷款则没有这样的约定，在贷款期限内，只要借款人的借款余额不超过规定的信用限额，借款人就可根据自己的需要，随时到银行提取贷款。

② 在贷款偿还的安排上，定期贷款的偿还与提取是两个截然不同的阶段。定期贷款形式下，贷款的偿还一定在贷款提取结束后才开始进行，或是到期偿还，或是在偿还期内偿还。而在循环信贷形式下，贷款的提取与贷款的偿还可能会同时交错进行，一边偿还先前所借款项，一边在信用限额下提取新的借款。

③ 在信用总额上，定期贷款的实际贷款数额与贷款协议所规定的数额是一致的。而在循环信用形式下，贷款的实际数额取决于借款人的提款情况。当借款人在信用限额项下多次周转使用贷款时，贷款的实际数额就会大于信用限额数字本身。

④ 在与贷款期限的关系上，循环贷款一般只适用于欧洲货币市场上的短期贷款，而定期贷款，则无论欧洲货币市场，还是传统的国际金融市场上的短期贷款和中长期贷款，都有采用。

定期贷款与可展期信贷主要是在贷款协议是否可以重复执行上不同。对贷款银行而言，通过在初次贷款协议上对借款人承诺展期后的放款，起到了表外业务的作用。

3. 固定利率贷款与浮动利率贷款

根据在贷款期内贷款利率是否定期调整，可分为固定利率贷款与浮动利率贷款。固定利率(Fixed Interest)贷款是指在贷款协议签订时所确定的利率水平，适用于整个贷款期限，换言之，借款人的筹资成本，在贷款协议签订时就被固定了。浮动利率(Floating Interest)贷款是指在整个贷款期限内，贷款利率随预先约定的浮动周期(即利息期)、每期实际适用利率的计算方法而不断调整。浮动周期可以选择从 1 个月到 12 个月不同的计息期限，并且，在整个贷款期限内，计息期可以是均等的，也可以是不均等的，并可依据借款人的要求而定。无论怎样安排，对贷款银行并无不利之处。因为贷款银行总有与借款人要求相符的(或经调整后的)存款用以贷放。而每期实际适用利率的计算方法通常采用基础利率加附加利率的方法来确定。基础利率，主要指国际金融市场各国际金融中心的银行同业拆放利率，一项具体的贷款协议究竟采用哪一金融中心的银行同业拆放利率，由借贷双方依贷款货币协商而定。附加利率是贷款银行在基础利率之上，依期限、借款人资信状况而定。

4. 保障程度不同的贷款

根据借款人是否提供担保，分为有担保贷款和无担保贷款。对于有担保贷款而言，根据担保形式及其适用法律的不同，又可分为物权担保和人的担保。由于物权担保的处置多要受到设押国政治和法律方面的影响，国际融资中债权人在债务人违约时对设押物的处置难度较大，因此在实践中往往不采用物权担保形式，而主要采用人的担保形式，包括保函、备用信用证和安慰信等。

（三）国际商业银行贷款的类型与形式之间的关系

国际商业银行贷款的类型分类，即传统的国际金融市场商业银行贷款和欧洲货币市场商业银行贷款，是国际商贷中两种最基本的分类。现实经济生活中的一项贷款交易的实际安排，是某一类型基础上各种形式要素的组合，如欧洲货币市场浮动利率短期贷款、欧洲货币市场浮动利率银团贷款等。

第二节　国际商业银行中长期贷款的基本要素

如上所述，国际商业银行贷款在具体形式上可以千差万别，但是，无论哪一种具体的形式，都是由一些基本的要素组成的。这些要素根据性质的不同，可分为组织要素、信贷条件要素和法律要素三大类型。进而言之，本节对于这些要素的理解，不仅适用于国际商业银行贷款，同样适用于政策性银行、国际金融组织等所提供的国际贷款。

一、国际商业银行贷款的组织要素

国际商业银行贷款的组织要素，就是指参加贷款交易的各当事人的构成。

（一）借款人

根据国际惯例，国际商业银团贷款中的借款人（borrower）必须是法人，可以是公法人，如政府机构，也可以是私法人，如公司等企业，但不能是自然人，即个人。

（二）贷款人

毫无疑问，国际商业银行中的贷款人（lender）应是可以经营存贷款业务的银行。在传统的双边银行贷款形式中，能够成为贷款人的银行一般都是一家实力较强、具有从事国际贷款能力的大型银行。但是，在银团贷款形式出现以后，贷款人的组织形式及特征都发生了较大的变化。目前，银团贷款已成为国际金融市场上，尤其是欧洲货币市场上采用最多的贷款形式。银团贷款区别于双边贷款的主要部分之一就是贷款当事人的变化，由于在银团贷款中贷款人是由数家，甚至数十家贷款银行组成，所以，如何将这些银行组织在一起，各银行在整

www.euibe.com

个银团中的地位和作用又是什么？就成为我们在此处应回答的问题。

1. 牵头行

牵头行(lead bank)有时又称经理行、主干事行。在贷款协议签订之前，它是银团贷款，尤其是对将要提供贷款的各银行而言的组织者；虽然在贷款协议签订之后，牵头行往往也可以成为贷款的提供者之一，但由于牵头行是从其在债务人和贷款银团中各债权人之间所起举足轻重的桥梁作用角度而定义的，所以，组织者的身份，对牵头行而言具有更重要的意义。

牵头行通常由借款人根据贷款需要物色实力雄厚、在国际金融市场具有较高威望的、与其他银行有广泛联系的、与借款人自身关系密切的大银行或其分支机构来承担。

根据银团贷款金额的大小和组织银团的需要，可以只设一个牵头行，也可以设多个牵头行，即主牵头行和副牵头行。但是，从与借款人的权利义务角度讲，在银团贷款协议签订以后，牵头行就变成了贷款行。根据银团贷款不同的组织形式，牵头行可以和其他参加行一样，成为普通的贷款银行，与其他贷款行处于平等地位；也可以是与借款人直接相对的、唯一的贷款人。

2. 参加行

参加行(participant banks)是指在银团贷款中参加银团，并按自身的承诺提供贷款的银行。承诺并提供贷款是参加行的义务，其对应的权利是，通过代理行了解借款人的资信状况、取得与贷款有关的文件及等比例获取利息等。

3. 代理行

代理行(agent bank)是银团贷款在执行过程中的核心。它是全体银团贷款参加行，即全部债权银行的代理人，其基本职能是代表银团负责处理与借款人的日常业务联系，充当贷款管理人角色的一家银行。具体而言，其基本职能主要表现在以下几个方面。

(1) 贷款协议生效条件的审查人

贷款协议生效条件是指在贷款协议签字以后，借款人还应具备的一些条件。只有在这些条件具备以后，贷款协议才能生效，即贷款人才有放款的义务，借款人才有提款的权利。由于在贷款协议的签订过程中，贷款人已经对借款人自身的情况进行了充分的审查，所以，贷款协议的生效条件多集中在有关借款人的外部条件中，如存在外汇、外债管制国家中的政府批准文件，在有项目管制中的项目批准文件等。审查这些文件是否具备及真实性，是代理行为保障贷款行债权安全而应尽的义务。

(2) 直接与借款人发生联系的贷款货币的提供与偿还的结算中介人

在银团贷款中，各贷款人(参加行)并不直接与借款人发生账务往来关系。在发放贷款时，各贷款人先将各自承诺的金额划转到代理行的账上汇总，然后转交给借款人。同样，在费用支付及贷款还本付息过程中，借款人先将费用及本息划转代理行，然后由代理行按各贷款行的贷款比例分付给各贷款人。

(3) 贷款使用情况的监督者

对贷款行债权安全性的控制不仅体现在贷款发放之前,更重要的是体现在贷款的执行过程中。因此,在发放贷款时,代理行要监督借款人按约定的用款项目使用贷款。在贷款的使用过程中,跟踪并审查借款人及其担保人的经营和财务状况,并按约定定期向贷款行予以通报。尤其是在发现问题时,如果代理行不能及时向贷款行通报,则要承担法律责任。

(4) 发生违约事件时的处理者

在借款人发生违约或先兆违约事件时,代理行应先与借款人进行接触,以确定事件的真实性。代理行需作出是否需要终止贷款或加速到期的判断,并将违约事件的详细情况及其与借款人的接触结果通知各贷款行。

(三) 担保人

在国际商业银行贷款中,债权银行为了保障其债权的安全性,一般都要求债务人对其债务进行担保。通过担保人担保,是债务人对其债务进行担保的方法之一。所以,担保人是指以自己的资信向债权人保证对债务人履行债务承担连带责任的法人。具体而言,担保人可以是私法人,如一家公司或银行等,也可以是公法人,如政府或其相关的职能部门。当借款人发生不能按期支付贷款本息等违约行为时,担保人有义务代借款人按合同约定履行所规定的义务。

二、国际商业银行中长期贷款的信贷条件要素

国际商业银行贷款的信贷条件,是指借款人在举借国际商贷过程中与借款成本及其借款财务安排有关的直接或间接的相关规定。正如上节关于贷款形式的分析所述,在一项实际的国际商业银行贷款中,贷款银行的贷款安排可以是两种或多种形式的组合。由此决定不同的组合,其信贷条件也有所不同。但是,这种信贷条件的差异也主要体现在基本信贷条件的组合上。一般而言,贷款形式越复杂,其信贷条件相应也就越复杂。但无论复杂还是简单,其原理是相同的。因此,本节在分析这一问题时,以各种贷款协议中所可能涉及的信贷条件的条款为线条,来分析每一信贷条件的基本原理,并从借款人角度分析其利弊影响。读者只要掌握了这些贷款条件的基本原理,也就基本上掌握了驾驭某一种具体的贷款形式信贷条件的能力。

(一) 利息及费用负担

1. 利息

利息(interest)是以贷款的本金为基础,根据特定的利率水平和相应的期限而计算出的、由借款人支付给贷款人的一项最基本的费用。任何一种形式的贷款,都要包括此项费用。在国际商贷中,适用利率的选择成为确定此项费用多少的关键。固定利率贷款时,贷款利率由借贷双方事先商定,并适用于全部贷款期间。浮动利率贷款时,借贷双方事先商定的

不是一个固定的利率水平，而是在每一利率适用期内的适用利率的依据，并将每一利率适用期末时该适用利率的市场水平，作为下一利率适用期的适用利率。在多数情况下，适用利率常以某一主要国际金融中心的基础利率为依据，如 LIBOR、Primary Rate 等。

2. 附加利息

附加利息（spread margin）是贷款银行根据利率之外的附加利率而向借款人另外征收的利息。

3. 管理费

管理费（management fees）是银团贷款形式中所收取的一种费用。管理费的内涵有一发展过程。开始，管理费是由借款人一次性支付给牵头行的费用，主要用于补偿牵头行在组织贷款银团中所发挥的作用。现在，管理费已演变成借款人在附加利息之外对各贷款人融资成本的另一种补偿。根据管理费支付日的不同，管理费的支付方式可以有：贷款协议签订日、协议生效日、借款人第一次提款日和按借款人每次提款额等比例支付等几种方式。显然，按上述支付方法的顺序，越往后对借款人越有利。

4. 代理费

代理费（agent fees）是银团贷款中收取的另一种费用，是由借款人支付给代理行的、用于弥补其在管理银团贷款时所发生的各项开支。一般而言，代理费的多少取决于代理行工作量的大小。代理费的费率一般在 0.125%～0.5%之间，由代理行与借款人协商而定。

5. 杂费

杂费（out of pocket expense）是贷款协议签订之前，双边贷款中的贷款行或银团贷款中的牵头行，为组织贷款而发生的各项费用之和，主要有：律师费、通信费、交通费和印刷费等。杂费的支付方式有两种：一种是贷款行或牵头行向借款人实报实销，另一种是由贷款行或牵头行按贷款额的一定比例收取。现实中以第一种方式居多。

6. 承担期与承担费

承担期是指从协议生效日或生效日后的某一日期起到若干月后止的一段期间。该期间对借款人有两个作用：一是确定了借款人的最长的提款期限，二是成为确定借款人应付承担费多少的因素之一。

由于贷款协议生效日与借款人实际用款日期不可能统一划一，所以，大多数贷款银行在贷款协议中对借款人具体的提款日期不作具体的规定，允许借款人可根据自身的用款进度，分次提取贷款。但是，由于贷款行头寸管理的需要，借款人提款的进度又不可能是无限期的，于是就有了承担期的规定。因此，在规定的承担期内，借款人必须提完全部贷款。如果过了承担期借款人还有尚未提完的款项，则在本次协议中按自动注销处理。从这个意义上讲，承担期又被称为提款期（Available Period）。

由于承担期内贷款行必须准备好一定的头寸以备借款人提款，但这部分备用头寸是不能向借款人收取利息的，因为只有在借款人提款后，贷款行才能向其收取利息。因此，在规定的承担期内,贷款银行对借款人应该提用而未提用的贷款余额要收取费用作为其占用头寸的补偿,这就是承担费(commitment fees)。

承担费的支付依承担期的规定方法不同而不同。第一种是在全部承担期内,对借款人应该提用而未提用的贷款数额收取承担费;第二种是将承担期分为不收承担费和收承担费两部分。如果借款人能够在不收承担费的承担期内提完全部款项,则不再需要支付承担费;否则,在收取承担费的期限内,借款人对于其应用而未用的数额支付承担费,具体数额的计算方法为:

每一提款间隔期间内应缴额=未提用贷款余额×未提用天数÷360×承担费率

现举例如下:

某贷款协议金额为4 000万美元,5月4日生效,规定承担期为5个月(即到10月3日止),同时还规定,贷款银行从协议生效后的第二个月起,开始对借款人收取承担费,承担费率为0.30%。该借款人的提款情况为:5月10日,提1 000万美元;6月20日,提2 800万美元。计算该借款人应支付的承担费。

第一间隔期应纳承担费(从6月4日到6月19日)

$$=3\,000\times\frac{16}{360}\times0.30\%$$

$$=0.04(\text{万美元})$$

第二次间隔期应纳承担费(从6月20日到10月3日)

$$=200\times\frac{11+31+31+30+3}{360}\times0.30\%$$

$$=0.017\,7(\text{万美元})$$

共需交纳承担费=0.04+0.017 7=0.057 7(万美元)

在一项贷款协议中,利息及其各种费用负担的总和,构成了借款人在举借国际商业银行贷款时筹资成本的总额。

(二)利息期

利息期(interest rate)包括贷款的起息日(value day)和利率适用期。起息日是指贷款银行开始对全部贷款计算利息的日期,一般以最后一次提款日为准。而利率适用期则是指在浮动利率贷款形式下利率调整的周期。一般以半年为一个周期。

(三)贷款的本息偿还方法及贷款期限

1. 贷款利息的支付方法

由于贷款利息是银行的经营性收入,因此,无论在怎样的贷款形式下,借款人都要在贷款合约的有效期内,按照约定的间隔定期向银行支付。在中长期贷款中,一般是每半年支付一次。

2. 贷款本金的偿还方法及其贷款期限的理解

贷款期限(period of loan or final maturity)可分为名义期限和实际期限。贷款的名义期限是指贷款合同所规定的期限。贷款的实际期限是指借款人实际占用全部贷款数额的期限。由于贷款本金偿还方法的不同,使二者的关系也不尽相同。

(1) 到期一次还本的本金偿还方法及其贷款实际期限的计算。这种本金偿还方法是指借款人在贷款期限届满偿还本金。这种本金偿还方法多适用于贷款金额不大的双边贷款协议中的安排。在这种情况下,贷款的实际期限与贷款的名义期限是相等的。

(2) 有宽限期的本金分次等额偿还方法及其贷款实际期限的计算。在这种本金偿还方法中,贷款的名义期限又进一步分为两部分:宽限期(Grace Period),借款人只用款但不还本的期限;偿还期(Repayment Period),借款人既在用款同时也开始还款的期限。这种本金的偿还方法由于有利于贷款银行的资金周转,所以,在欧洲货币市场上,商业银行在提供金额较大贷款时,多采用这种本金偿还方法。在这种情况下,贷款本金的偿还是在贷款合约有效期内逐步完成的。伴随着借款人本金的偿还,借款人占用本金的数额越来越少,由此而导致了贷款实际期限与贷款名义期限间的差异。

$$\text{贷款的实际期限}=\text{宽限期}+\frac{\text{名义期限}-\text{宽限期}}{2}$$

(四) 贷款的提前偿还

贷款提前偿还是借款人关于贷款的财务安排的一个方面。贷款提前偿还的含义是指借款人在约定的还款期限之前将未付清的贷款本金余额一次性地支付给贷款银行,并就此终止贷款合约。根据提前偿还出发点的不同,贷款提前偿还可分为从借款人角度的主动要求提前偿还和从贷款人角度的要求借款人提前偿还。

从借款人角度的提前偿还。首先,由于借款人的提前还款必然会打乱贷款人的资金头寸安排,并且,如果贷款人提前还款,贷款人也就无权再对未占用贷款的期限收取利息。因此,一般而言,银行并不希望借款人提前偿还贷款,借款人只有在与贷款人签有允许其提前偿还条款的前提下,才有提前偿还的可能。其次,借款人应根据对所借货币利率与汇率走势的判断,决定是否提前偿还。一般来说,当所借货币汇率极不稳定,并有大幅上升趋势时,所借货币利率趋于上升时,可争取提前偿还。在所借货币利率趋于下降,并贷款项目已接近尾期时,借款人可从市场上筹借利率较低的贷款来提前偿还所借利率较高的贷款。

从贷款人角度的提前偿还。由于银行的资金多数来源于储户的存款,当国际金融市场发生信用危机,该银行遭受挤兑风险时,特别是在欧洲银行遭受挤兑风险时,其很难向本国的中央银行申请救济,因此,欧洲银行在提供贷款时多要求与借款人签订"欧洲货币供应条款",其基本含义是当贷款银行认为将要出现欧洲货币供应紧张状况时,可要求借款人提前偿还贷款。

（五）贷款的金额与贷款货币的选择

贷款金额是借款人根据借款用途需要，与贷款人在贷款协议中约定的金额。在银团贷款中，是借款人委托牵头行组织贷款银团、经牵头行承诺后确定的借款金额，它表明了在银团中各参加行对借款人承担义务的上限。贷款金额一经借款人和贷款人或牵头行商定，未经双方同意，不得改变。

贷款金额是通过货币表现的。在传统的国际金融市场上，贷款的货币必然与贷款人所在国的货币相一致。而在欧洲货币市场上，借款人则拥有了在几种主要储备货币之间选择的可能性。对借款人来说，这既是欧洲货币市场比传统国际金融市场商业银行贷款有利的地方，同时也给借款人财务安排提出了新的挑战。由于自 1973 年春天以来，西方主要发达国家都采用了浮动汇率制度，加之国际政治经济环境的激烈动荡，使得借款人的汇率风险远远大于利率变动的风险。为此，对借款人来说，在欧洲货币市场举借商业银行贷款时，应注意以下几个原则。

原则之一：借款货币应与使用方向相衔接，以避免用所借款项购买时遭受汇率损失。

原则之二：借款货币应与其购买设备后所生产的产品的主要销售市场相衔接，以避免还款时的汇率风险。

原则之三：借款一般情况下应首选软币，而不选择硬币。

原则之四：借款货币最好是流动性较强的货币，从而有利于在借款人遭遇汇率风险时，易于通过货币、利率互换等金融业务来规避风险。

原则之五：在可能的情况下，最好综合考虑借款成本。如上所述，如果借款用硬币来计价，硬币是具有上浮趋势的货币，借硬币，则以软币表示的债务的数额随时间推移会增加；如果借款用软币来计价，软币是具有下浮趋势的货币，借软币，则以硬币表示的债务的数额随时间推移会减少。但是，软币的利率比较高，而硬币的利率比较低。所以，借款人在确定借款计价货币时应将利率和汇率双重因素一并考虑，以尽可能降低筹资成本。

在现实中，上述几方面几乎是不可能完全一致的。实践中，应根据上述诸原则及借款人的实际情况加以应用。

（六）贷款的担保

贷款的担保是借款人向贷款人提供的、为保障贷款人债权安全性的一种行为。根据担保行为载体的不同，担保可分为两种基本类型：物的担保和人的担保。在物的担保中，根据担保受益人（债权人）所拥有的对担保物处理的权利的不同，包括抵押、质押和留置三种形式；人的担保是指担保人和债权人约定，担保人以自己的资信向债权人保证，当债务人不履行债务时，该担保人保证履行债务或承担责任。根据担保承诺方式的不同，人的担保可主要包括保证书（函）、备用信用证和安慰信等主要形式。

在国际商业银行贷款中，由于物权担保的处置受双方当事人所在地域政治和法律等方面的影响，处置过程难度较大，因此，在实践中，债权银行往往不采用物权担保，而更多地采用人的担保，尤其是保证书形式的担保。

三、国际商业银行贷款的法律要素

国际商业银行贷款的法律要素是指贷款协议中，围绕着债权、债务人之间关于财务上的权利义务得以实现，而在贷款协议中，通过法律条款而约定的当事人在此基础之上的其他方面的权利义务。在贷款协议中，除了要对上述信贷条件予以明确规定外，还主要包括以下方面的条款。

（一）陈述与保证条款

该条款是指借款人对其承担借款义务时的法律地位、财务状况和商务状况向债权人加以说明，并保证说明是真实的。在贷款协议的谈判过程中，借款人的陈述是贷款人据以发放贷款的依据之一；在贷款协议的执行过程中，如果债权人发现借款人实际情况有与说明中不相符的地方，即借款人违反了其所做的保证，贷款人就可采取相应的救济方法。

（二）贷款协议生效的前提条件条款

该条款是指贷款协议生效所应具备的全部条件。通常，贷款协议的签字，只是意味着贷款协议中的当事人对各自在本协议中应承担的义务和所享有的权利达成了共识。而贷款协议的生效，是指在贷款协议签字之后，本条款所约定的其他条件也具备之后，贷款协议才能开始执行，也就是债权银行才开始履行提供贷款的义务。构成贷款协议生效的主要前提条件有：贷款项下外债是否要得到国家外汇管理部门的批准和贷款建设项目的立项是否有要求，如需批准时的政府和金融当局的批准书的副本，担保人的担保文件，借款人公司股东大会或公司董事会的决议等。

（三）有关约定事项的条款

约定事项是指借款人向贷款人承诺的应该做的、保证做的事情和不应该做的事情。具体通过消极保证条款、比例平等条款、保持资产条款、合并条款、贷款用途条款和财务约定等体现出来。

（四）有关违约事件的条款

违约(default)事件是指借款人可能发生的各种不能保障贷款协议继续执行的行为。贷款银行为了保障其债权的安全性，往往在贷款协议中预先通过实际违约条款和先兆违约条款将各种借款人可能发生的违约行为列明。例如，交叉违约就是先兆违约中的一种主要形式。交叉违约(cross default)是指"本债务人对本债务以外的任何债务契约发生违约，即构成对本债务的违约"。在贷款协议的执行过程中，一旦某种列明的行为发生，贷款银行就有权采取相应的补救措施，如停止或取消借款人尚未提取的贷款，加速已提取贷款的到期。规定违约事项条款的主要目的是保障贷款人的受偿地位不受到损害。

此外，在法律要素中还有与贷款相关的税务问题，贷款交易纠纷的法律适用等。由于法律要素问题具有较强的法律方面的专业性，而本书的基本宗旨是让读者对有关金融的问题理解透彻，所以，在此未对法律问题进行深入探讨。

四、国际商贷的基本程序

一项国际商贷的基本流程，主要包括以下几个步骤(如图 4-1 所示)，并且，在这些步骤中，实际是借贷双方就上述信贷要素和法律要素谈判的过程，以及在达成协议基础之上的项目执行过程。以国际商贷中较为普遍的银团贷款程序为例。

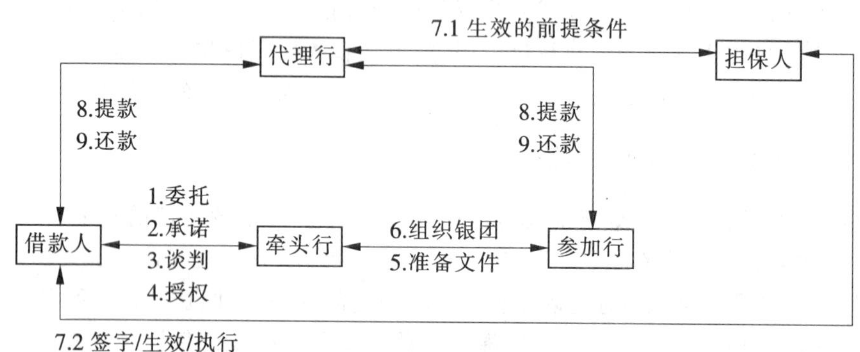

图 4-1 国际商贷的基本流程

第 1、2 步为借款人与牵头行就借款人请求组织国际银团贷款以及牵头行是否接受这一请求的磋商过程。

第 3、4、5 步分别为谈判、授权及起草法律文件的过程。在间接银团贷款形式下，借款人与负责组织银团贷款的牵头行就贷款的信贷条件进行谈判，如贷款金额、利率形式、利率水平、各种其他费用、贷款期限、贷款偿还等进行讨价还价，并在达成一致的条件下，授权由牵头行起草相关的法律文件。

第 6 步为牵头行组织贷款银团的过程。也就是在由牵头行与借款人谈判后确定的信贷条件基础上，寻找为本次贷款提供信贷款项的其他银行的过程。通常，牵头行利用其所拥有的银行信息，将其已经准备好的法律文件提供给那些可能对本次贷款感兴趣的银行，并最终组成贷款银团。

第 7 步为协议生效的过程。

第8、9步为执行的过程，包括由代理行负责的贷款的提取和贷款的偿还，以及伴随偿还的费用的支付的全过程。

本章小结

本章是从狭义国际金融市场角度考察中长期融资的最传统，也是最一般的融资方式。本章内容的基本逻辑关系为，首先，讲述国际商业银行贷款的概述；其次，从商业银行中长期贷款的基本要素的角度，抽象地分析商业银行中长期贷款时应考虑的各种因素。在现实社会中，任何一项实际的商业银行贷款，都是这些因素的有机组合。

重要概念

独家银行贷款　　银团贷款　　定期贷款
可展期信贷或循环信贷　　固定利率贷款　　浮动利率贷款
有担保贷款　　无担保贷款　　牵头行
参加行　　代理行　　附加利息
管理费　　代理费　　贷款的实际期限
承担期　　承担费违约　　交叉违约
循环信贷

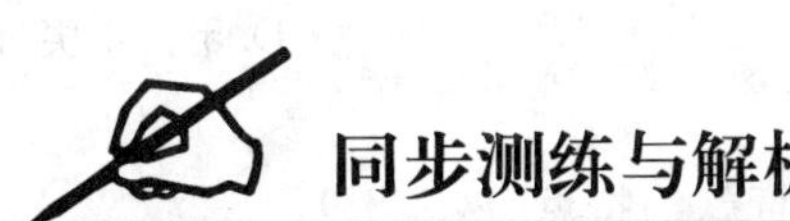

同步测练与解析

一、名词解释

银团贷款　　循环信贷　　牵头行　　承担费

二、简答题

1. 国际商业银行中长期贷款的特点有哪些？
2. 定期贷款与循环贷款有什么区别？
3. 银团贷款中的代理行的基本职能主要有哪些？

三、单项选择

1. 欧洲货币市场的商业银行中长期贷款，多采用银团贷款的方式，其原因不包括（　　）。
   A. 分散风险
   B. 获取更高贷款收益
   C. 克服有限资金来源的制约

D. 扩大客户范围，带动银行其他业务的发展

2. 关于定期贷款和循环贷款的比较，下列说法中错误的是（　　）。

A. 定期贷款是传统的贷款形式

B. 循环贷款没有关于承诺期的规定

C. 在循环信贷形式下，贷款的提取与偿还可能会同时交错进行

D. 在定期贷款形式下，定期贷款的偿还与提取可以同时进行

3. 关于国际商业银行贷款中的牵头行说法错误的是（　　）。

A. 又称为主干事行

B. 只有一个

C. 在贷款协议签订之前，它是银团贷款的组织者

D. 贷款协议签订之后，可以成为贷款的提供者之一

4. 在银团贷款期间内，具有核心作用的是（　　）。

A. 牵头行　　B. 参加行

C. 代理行　　D. 担保人

5. 某贷款协议金额为 5 000 万美元，5 月 4 日生效，规定承担期为 5 个月（即到 10 月 3 日止），同时还规定，贷款银行从协议生效后的第二个月起，开始对借款人收取承担费，承担费率为 0.30%，该借款人的提款情况如下：6 月 10 日提 3 000 万美元，6 月 20 日提 2 000 万美元，计算该借款人支付的承担费（　　）。

A. 4 000 美元　　B. 1 667 美元

C. 4 167 美元　　D. 5 770 美元

四、多项选择

1. 国际商业银行中长期贷款的特点有（　　）。

A. 贷款用途由借款人自己决定，贷款银行一般不加以限制

B. 信贷资金供应较为充足，借款人筹资比较容易

C. 贷款的利率水平低

D. 贷款条件由市场决定

E. 借款人的筹资负担相对较轻

2. 国际商业银行贷款的当事人包括有（　　）。

A. 借款人　　B. 贷款人　　C. 承租人

D. 担保人　　E. 发行人

3. 对于借款人来说，在贷款货币的选择上，应该注意的原则有（　　）。

A. 借款在一般情况下应首先选择硬币

B. 借款货币最好是流动性较强的货币

C. 借款货币应与使用方向相衔接

D. 借款货币应与其购买设备后所生产产品的主要销售市场衔接

E. 在可能的情况下，最好综合考虑借款成本

【参考答案】

一、名词解释

银团贷款：是指在一笔贷款交易中，由本国或其他几国的数家，甚至数十家银行组成贷款银团，共同向另一国的政府、银行或企业等借款人提供的长期巨额贷款。

循环信贷：是指在贷款协议签订时，在约定的贷款期限内，贷款银行对借款人提供了一个最大的信用限额，只要是在该信用限额规定的幅度内，借款人可根据需要，自行决定是否使用这一额度以及实际使用这一额度的频率。当借款人可以在信用限额幅度内不断地提取并偿还贷款，其实际使用的银行贷款总额就有可能超过这一额度。

牵头行：在贷款协议签订之前，是银团贷款，尤其是对将要提供贷款的各银行而言的组织者。在贷款协议签订之后，牵头行往往也可以成为贷款的提供者之一。

承担费：指在规定的承担期内，贷款银行对借款人应该提用而未提用的贷款余额要收取费用作为其占用头寸的补偿。

二、简答题

1. 国际商业银行中长期贷款的特点是：

(1) 贷款用途由借款人自己决定，贷款银行一般不加以限制；

(2) 信贷资金供应较为充足，借款人筹资比较容易；

(3) 贷款条件由市场决定，借款人的筹资负担相对较重。

2. 定期贷款与循环贷款在贷款的提取、偿还、信用总额等方面都有较大的不同。

(1) 在贷款的提取安排上，定期贷款都要在贷款期限内规定一个承诺期，在该期限内，借款人必须将所借款项全部提完，否则，超过承诺期后，贷款人就自动注销了借款人未提用贷款数额的借款权。而循环贷款则没有这样的约定，在贷款期限内，只要借款人的借款余额不超过规定的信用限额，借款人就可根据自己的需要，随时到银行提取贷款。

(2) 在贷款偿还的安排上，定期贷款的偿还与提取是两个截然不同的阶段。定期贷款形式下，贷款的偿还一定在贷款提取结束后才开始进行，或是到期偿还，或是在偿还期内偿还。而在循环信贷形式下，贷款的提取与贷款的偿还可能会同时交错进行，一边偿还先前所借款项，一边在信用限额下提取新的借款。

(3) 在信用总额上，定期贷款的实际贷款数额与贷款协议所规定的数额是一致的。而在循环信用形式下，贷款的实际数额取决于借款人的提款情况。当借款人在信用限额项下多次周转使用贷款时，贷款的实际数额就会大于信用限额数字本身。

(4) 在与贷款期限的关系上，循环贷款一般只适用于欧洲货币市场上的短期贷款，而定期贷款，则无论欧洲货币市场，还是传统的国际金融市场上的短期贷款和中长期贷款，都有采用。

3. 银团贷款中代理行的基本职能是：

(1) 贷款协议生效条件的审查人；

(2) 直接与借款人发生联系的贷款货币的提供与偿还的结算中介人；

(3) 贷款使用情况的监督者；

(4) 发生违约事件时的处理者。

三、单项选择

1. B　2. D　3. B　4. C　5. C

四、多项选择

1. ABD　2. ABD　3. BCDE

第五章

CHAPTER FIVE

国际资本市场之二——国际租赁

学习目标

本章是国际间接金融中的第二个组成部分。通过本章学习，了解租赁、传统租赁与融资租赁的概念的发展过程及相互关系，并在此基础上，掌握国际租赁的基本分类、国际租赁的主要形式，尤其是国际经营性租赁的含义与特征，理解国际融资租赁的信用条件，尤其是国际经营性租赁在国际租赁当中的特殊作用，以及国际租赁中以融物为载体的融资方式独有特征等。

重点难点提示

- 租赁、传统租赁与融资租赁及国际融资租赁的关系
- 全额清偿与非全额清偿的融资租赁
- 国际租赁与国际商业银行信贷的区别与联系
- 租赁融资额与租期的确定
- 租金的计算

第一节　国际租赁概述

一、国际租赁[①]的概念及其理解

（一）由融资租赁概念而产生的如何界定国际租赁的问题

1. 租赁、传统租赁与融资租赁的概念

由于历史发展的使然，租赁是一种既古老又现代的经济交易行为。抛开由于历史发展而造成的租赁形式的差异性，抽象地讲，租赁是出租人在一定时期内转移一项财产（租赁物件）的使用和收益的权利，以获得相应的对价；或者，从承租人[②]角度讲，是承租人以支付租金为代价，以获得在一定时期内对一项财产的使用和收益的权利。

根据租赁交易基本特征的不同，租赁市场的交易可以被分为两种最基本的类型，即古老的传统租赁和现代的融资租赁。

传统租赁（rental）是指出租人根据其自身对市场需求的判断而购进租赁物件，通过不断出租给不同承租人用户使用而逐步收回租赁投资并获得相应的投资报酬的一种租赁行为。

融资租赁是在传统租赁发展的基础之上，将传统租赁交易的以物为载体的特征与金融行为的资金融通特征结合在一起后的产物。融资租赁（Financial Leasing）是指出租人对承租人选定的租赁物件，先进行以为承租人融资为目的的购买，然后，再以收取租金为条件，将该租赁物件中长期地出租给该承租人使用的一种租赁行为。

根据这一定义，融资租赁的基本结构如图 5-1 所示。

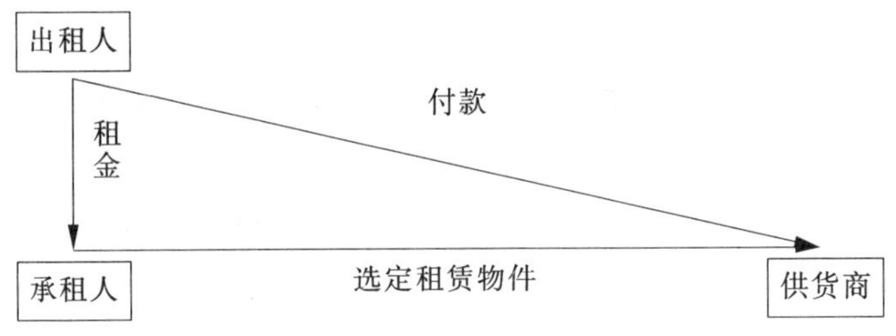

图 5-1　融资租赁的基本结构

---

① 从逻辑上讲，国际租赁应包括传统租赁的国际租赁形式和现代融资租赁的国际租赁形式。但是，对传统租赁而言，受交易特征所决定，只有少数特定物件的租赁，如飞机、船舶等，才可能存在国际租赁的形式。因此，在多数情况下，国际租赁仅指国际融资租赁。本书也沿用了这一定义的逻辑。此外，由于许多读者可能尚未专门学习过融资租赁课程，为本节逻辑分析的需要，本节中的一些内容是从原理的角度，对融资租赁作了扼要的介绍。

② 在整个租赁市场上，既有自然人的承租人，也有法人的承租人。法人承租人也可称为承租企业。但是，融资租赁交易中的承租人，均为企业。此处只是表达习惯的问题。

并且，根据上述定义与结构，我们可归纳出融资租赁所具有的最基本的特征。

(1) 一项融资租赁交易至少涉及三方当事人、两个合同。

(2) 拟租赁物件由承租人自主选择，但由出租人出资购买。

(3) 融资租赁合同的不可解约性。租赁交易中的合同的可否解约，是指承租人是否有以退还租赁物件为条件而提前终止合同的权利。在传统租赁交易中，由交易的特征所决定，法律赋予了承租人提前终止合同的权利。但是，融资租赁与传统租赁的根本不同点是，租赁物件由承租人自主选择，出租人只是按照承租人的意愿，专门为了满足承租人的需要而去购买的。所以，在租赁期限届满之前，融资租赁交易下的承租人没有以退还租赁物件为条件而提前终止合同的权利。

(4) 中长期融资。由于融资租赁交易中的租赁物件在绝大多数的情况下是承租企业生产经营所必需的设备，因此融资租赁的期限由设备的折旧期限所决定，一般在1年以上。

2. 应如何界定国际租赁概念问题的提出

尽管在传统租赁交易中，对于特定的租赁物件而言，其也存在国际租赁的交易。但是，在绝大多数情况下，国际租赁（International Leasing）是指现代融资租赁业务由国内向国外进一步发展的结果。按照界定国际交易的一般惯例，通常是根据交易当事人的法律关系，即是否为居民与非居民之间的交易，为区分国内交易和国际交易的标准。

但是，在一项融资租赁交易中，由于其至少同时涉及三方当事人，即承租人、出租人和供货商，于是就产生了怎样判断三方当事人的居民和非居民关系的问题。根据三方当事人居民与非居民各种组合的可能性，我们可以归纳出他们之间存在着下述五种组合：

(1) 三方当事人均处于同一国家，为同一国家的居民。

(2) 三方当事人分别处于三个国家，则他们之间均为非居民关系。

(3) 承租人与出租人在同一国家，供货商为另一国的居民。

(4) 出租人与供货商在同一国家，而承租人为另一国居民。

(5) 承租人、供货商在同一国家，而出租人为另一国居民。

在上述五种组合中，根据一般的常识，我们可以对第一、第二种组合作出直观的判断。即第一种组合显然属于国内交易，因为三方当事人均为同一国的居民；而第二种组合显然属于国际交易，因为三方当事人相互之间均为非居民。而如何判断第三种至第五种组合，就给准确界定国际租赁的概念带来了一定的困难。目前，国际与国内的租赁界对于国际租赁概念有不同的定义方法。

（二）国际上通行的国际租赁的界定

国际上关于国际租赁的定义有广义与狭义之分。

狭义的国际租赁观点认为，国际租赁仅指跨国租赁（Cross Border Lease），亦译为跨境租赁，是指分别处于不同国家或不同法律体制之下的融资租赁交易中的核心当事人，出租人与承租人之间的一项租赁交易。跨国租赁是一种符合一般关于国际经济交易定义方法的国际租赁形式。与上面当事人组合可能性的分析相联系，除第二种组合外，第四与第五种组合，无论供货商是哪一国的居民，因为承租人与出租人分属两个国家，也都属于跨国租赁的范畴。

广义的国际租赁观点认为，国际租赁不仅包括跨国租赁，还应包括离岸租赁（Off-Shore Lease）。离岸租赁，又称间接对外租赁（Indirect Lease），是指一家租赁公司的海外法人企业（合资或独资）在东道国（即注册地）经营的租赁业务，对这家租赁母公司而言是离岸租赁；但对母公司的海外出租人法人企业而言，尽管它的承租人也有可能不是东道国的企业，但在绝大多数的情况下是与东道国的承租人达成交易，因此，仅就他们之间的交易而言，则属于国内交易。

从上述界定中我们可以看出，离岸租赁的界定方法，与上述关于当事人居民与非居民关系的界定思路不同，是从同作为出租人的母公司与海外子公司之间业务关系的角度出发，而对国际租赁的界定。

离岸租赁是国际租赁市场上增长最快，对国际租赁业务的发展起主要推动作用的一种租赁形式。其原因主要有二：

（1）国外子公司便于了解所在地市场、税制等方面的情况，容易得到与当地用户同等的税收待遇，这样，由子公司将设备转租给当地或邻近国家的承租人将会比母公司直接出租更有利。

（2）参与国际租赁的子公司可以从母公司获得资本、出租的设备和经营经验，从而增强了自己在当地的商业竞争能力。

这样，发达国家的许多租赁公司，尤其是那些附属于银行集团的租赁公司，为了既拓展海外业务，又克服跨国租赁因承、出租双方所在国法律、税收和会计制度等方面复杂差异而可能引起的国际纠纷，纷纷建立起海外分支机构，在外国市场上进行租赁投资。

（三）我国关于国际租赁概念的理解及其与国际上通行的国际租赁概念的比较

我国定义国际租赁的基本出发点与国际上通行的方法有所不同，除了要考虑当事人的居民与非居民关系外，还要在此基础之上，根据我国现行外汇管理体制的规定，考虑计价货币的选择问题。按照我国现行外汇管理体制的规定，如果交易各方均为我国企业时，必须以人民币本币作为交易计价货币。只有在交易的一方为境外企业时，交易才可用外币计价。

于是，根据上面已经分析到的融资租赁交易中三方当事人的五种组合，结合这一外汇管理的规定，融资租赁交易中的当事人之间的结合可能，在我国就出现了新的组合形式：第一种，三方当事人均为我国企业，同属我国居民，交易用人民币计价。而从第二种到第五种组合，即三方当事人分别处于三个国家；承租人与出租人在同一国家，供货商为另一国的居民；出租人与供货商在同一国家，而承租人为另一国居民；承租人、供货商在同一国家，而出租人为另一国居民，由于在交易中，无论是哪一种情况，都至少有一方为我国的非居民，从而使得交易可以用外币计价。因此，在我国关于国际租赁定义的认识是，只有融资租赁交易中有一方当事人为我国的非居民，并且交易用外币来计价，则属于国际租赁。

从我国过去融资租赁二十多年的实践看，我国的国际租赁主要采用两类组合，其一是我国的承租人与国外的出租人和国外的供货商之间的交易，其二是我国的出租人和承租人与国外的供货商之间的交易，在这种交易安排中，我国的出租人主要是中外合资的租赁公司，与国际通行的国际租赁的定义相联系，也就是离岸租赁交易中的租赁母公司的海外子公司。鉴于国际金融的统计与分类都是从债权人而非债务人角度进行的，所以，迄今为止，我国租赁市场还没有开展过国际意义上的国际租赁业务。

但是，了解我国关于国际租赁定义方法也有其现实意义。即掌握我国关于国际租赁定义方法的目的在于，我国意义上的国际租赁，虽不等同于国际通行的国际租赁的含义，但也不同于我国纯粹的国内租赁交易，这种与国内租赁交易的不同性主要表现为其交易过程要受到我国外汇、海关等相关政策的监管。所以，认识我国意义上的国际租赁，也就是要掌握租赁交易在这些方面的特殊性，以利于交易的进行。

二、国际租赁的基本分类及其主要形式

国际租赁的分类，是指在研究国际租赁的各种交易安排时，根据不同的认识角度，对国际租赁总体所进行的多侧面的分析与认识。而国际租赁的形式，则是建立在国际租赁分类基础之上的、对国际租赁市场上各种具体的租赁产品的阐述。

(一) 国际租赁的基本分类

1. 全额清偿与非全额清偿的融资租赁

(1) 是否全额清偿的含义

这是关于融资租赁本质的一个基本认识。是否全额清偿是贯穿融资租赁业发展全过程的一个变化基点。它是指出租人从一个承租人那里收回的租金总额与出租人为购买该项租赁物件所垫付的全部支出(即租赁投资额)之间的对比关系。如果出租人从一个承租人那里收回的租金总额包含了出租人为承租人购买该项租赁物件所垫付的全部支出，也就等于出租人从该承租人那里通过租金的方式收回了其全部的租赁投资，这就是全额清偿。否则，只要出租人从一个承租人那里收回的租金总额小于出租人为承租人购买该项租赁物件所垫付的全部支出，那就是非全额清偿。

(2) 整个融资租赁市场是一个从全额清偿到非全额清偿的发展过程

通过上述融资租赁的定义可以看出，融资租赁是以租赁物件(而非融资的货币)为交易载体的债权融资的形式。按照债权融资还本付息的基本原则，只有全额清偿的融资租赁，才是符合经济学中交易的一般原则。然而，由于这种类型中的融资租赁与已经普遍存在的银

行贷款没有实质性的区别，所以，如果租赁市场停留在这种状态下，则显然缺乏在资本市场上的竞争力。

因此，为了提高融资租赁这一金融产品的市场竞争力，出租人对融资租赁与银行贷款的交易载体不同这一形式上的变化进行了充分的挖掘，开发出了出租人通过控制租赁物件的重置价值而使承租人所支付的租金小于租赁投资的租赁产品，即非全额清偿的融资租赁。

(3) 经营性租赁充分体现了租赁融资的独特性

非全额清偿的融资租赁，通称又被称为经营性租赁(operating lease)，即出租人在确认承租人应付的租金时，通过对租赁物件预留残值而降低了承租人支付租金的基数，同时也使出租人从承租人那里收回的租金，不足以弥补其为承租人垫付的全部支出。从形式上看，这种安排不符合债权融资的还本的原则。但是，由融资租赁交易中租赁物件所有权的特性所决定，在非全额清偿的融资租赁交易中，出租人拥有了租赁物件的全部所有权，包括法律所有权与经济所有权(经济所有权又具体体现为会计所有权和税收上的所有权)。出租人根据其所拥有的经济所有权，从租赁资产的折旧、节约的税收和期末重新处置时的重置价值中收回全部投资。在这种情况下，出租人最终的收益率有可能大于该租赁利率，也可能小于该租赁利率。其中的一个决定因素就是租赁资产期末的重置价值是否能大于其未收回的租赁投资。所以，从这个意义上讲，这类租赁也被称为投资租赁(investment lease)。

经营性租赁对于承租人的最大意义是可使其获得许多独特的融资效果。其中最一般的是表外融资的效果。因为，包括国际会计准则——租赁和其他许多国家关于租赁会计的制度中，都规定经营性租赁的资产应该确认在出租人的资产负债表上。这样，根据同一资产不重复确认的原则，承租人就不再在其资产负债表的资产方确认该租赁资产，同时，也不在其负债方确认负债。所以，对承租人实现了表外融资的效果。这是经营性租赁比较突出的效果。受篇幅和课程目标的限制，经营性租赁的税收、折旧及资产管理等方面的效果，在此暂不讨论。

融资租赁的这一分类，不仅适用于国内租赁，同样适用于国际租赁。

2. 进口租赁与出口租赁

进口租赁与出口租赁实际是一项跨国租赁的两个侧面，根据租赁设备的流向而划分的。一项跨国租赁，对于租入设备的承租人而言即为进口租赁，对于租出设备的出租人而言即为出口租赁。出口租赁又可分为承、出租双方在本租赁交易以外没有联系的一般出口租赁和母公司对国外子公司出口租赁。在我国，不仅将出租人为外国企业的租赁交易，而且还将供货商为外国企业的租赁交易都归类于进口租赁。

(二) 国际租赁的主要形式

国际租赁的形式是指建立在国际租赁类型基础上的承、出租人之间具体的租赁交易安排。此外，从上述关于国际定义的分析中可以看出，国际租赁中的跨国租赁与国内租赁在形式上的唯一区别就是承租人与出租人是否同处于同一法律体制之下，而就交易结构而言，没有实质区别。国际租赁中的离岸租赁，是从同一交易中的出租人关系层面而对国际租赁的考察，而仅就海外的出租人和当地的承租人之间的交易而言，他们之间的交易，就是属于国内租赁的安排。因此，下面仅以跨国租赁中的一些最常用的形式加以介绍。

1. 跨国直接融资租赁

跨国直接融资租赁(Cross-Border Direct Finance Lease)一般是指一国出租人根据另一国承租人(又称最终用户或用户)的请求及提供的规格，通过向作为交易第三方的供货商支付货款而取得设备。同时，出租人与承租人订立一项国际租赁合同，以承租人支付租金为条件而授予其使用设备的权利。

与前述全额清偿与非全额清偿的分类相结合，跨国直接融资租赁又可细分为全额清偿的跨国直接融资租赁和非全额清偿的跨国直接融资租赁。二者在交易结构上相同，只是因确定计算租金的基数上的不同，即不留残值和留有残值而形成细分。全额清偿的跨国直接融资租赁是最简单、最普遍的国际租赁业务。

2. 跨国转租赁

跨国转租赁(Cross-Border Sub-Lease)是指一国转租人根据本国最终承租人(用户)的要求，先以承租人的身份从另一国原始出租人处租进设备，然后再以出租人的身份转租给本国用户使用的一项国际租赁交易。跨国转租赁的程序如图 5-2 所示。

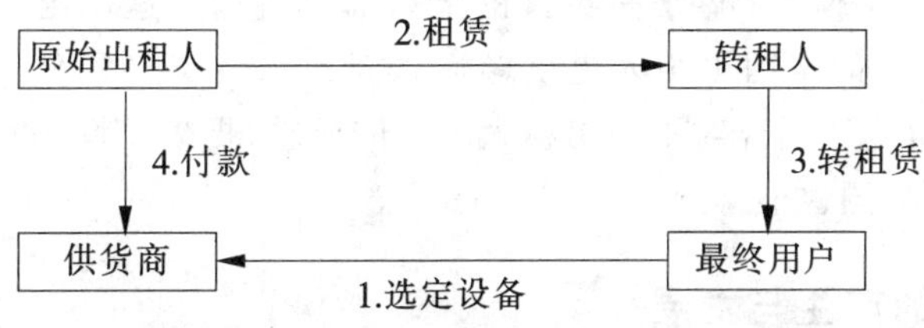

图 5-2 跨国转租赁的程序

转租人是转租赁交易的核心，其采用转租赁形式的原因主要有以下两个方面：

(1) 当转租人是原始出租人的海外子公司时，通过转租人开展租赁业务是原始出租人占领子公司所在国市场的一种有效手段。同时，这种转租赁，也就是离岸租赁的组成部分。

(2) 一些西方国家为鼓励投资而实施了投资税收优惠政策。融资租赁也是一种投资行为。这样，当转租人能够以支付廉价租金的方式分享另一国家的原始出租人从其所在国政府获得的税收优惠时，也乐于采用转租赁形式。

3. 跨国杠杆租赁

跨国杠杆租赁(Cross-Border Leverage Lease)是指一国的出租人在为另一国的承租人开展融资租赁业务时，只需投入租赁设备购置款项总额的 20%～40%的金额，并以此作为财务杠杆来带动银行等金融机构为租赁设备购置款项中其余的 60%～80%提供追索权贷款的一种租赁安排。与全额清偿与非全额清偿相结合，跨国杠杆租赁可进一步细分为跨国杠杆融资租赁和跨国杠杆经营性租赁。

在杠杆租赁交易中，尽管出租人的投资远远小于租赁设备投资的总额，但却拥有完整的法律上的所有权和经济所有权，在有投资税收优惠的国家，可享有如同对设备100%投资的同等税收待遇。对于参与杠杆租赁的银行等金融机构而言，由于提供的通常是无追索权的贷款，所以，需出租人以租赁设备作抵押，以转让租赁合同和收取租金的权利。在英美法系国家，杠杆租赁亦被称为衡平租赁。当杠杆租赁的承、出租人为分属两国的企业时即为跨国杠杆租赁。

杠杆租赁是20世纪70年代末首先在美国发展起来的一种租赁形式，适用于价值在几百万美元以上、有效寿命长达10年以上的、高度资本密集型设备的长期租赁，尤其是在世界航空领域中，利用跨国杠杆租赁形式租入飞机，特别是跨国杠杆经营性租赁，已成为各国航空公司一种最主要的融资方式。

4. 与出口信贷相结合的制度租赁

制度租赁是指一国政府通过给租赁公司提供优惠资金或信用保险等方面的政策支持，将租赁公司的租赁投资与政府的某项宏观经济目标有机地结合在一起，从而达到通过政府少量支出，带动了社会私人投资按政府的意图安排投向，最终实现政府某项宏观经济目标的租赁安排。在国际租赁中，制度租赁主要采用的形式是与出口信贷相结合的出口租赁。

例如，英国最为普遍的一个做法是英国的出口信贷机构对运用出口融资租赁方式将本国制造的设备出租海外的本国出租人提供融资总额60%～65%的低息固定利率贷款。另外，英国的出口信贷机构还可针对不同出租人的不同要求，提供不同币种、不同利率的贷款。类似的做法在美国和韩国也很普遍。

三、国际租赁的产生与发展

融资租赁，作为“二战”后的第一项金融创新，于20世纪50年代初率先出现在美国金融市场，随即迅速在欧洲等发达国家金融市场普及。而国际租赁，则是国内租赁市场在不断发展和完善之后，伴随着国际经济合作的形式日益多样，发达国家之间、发达国家与发展中国家之间在生产、贸易与金融等诸多方面的相互协作和相互利用，从60年代起，其业务对象和业务范围逐渐跨越国界，向世界范围扩展后产生并得以发展。

（一）国际租赁是国际金融市场在传统的信贷融资方式基础上的创新

在“二战”后，国际金融的形势发生了巨大的变化，尤其是20世纪60年代欧洲货币市场的崛起，既促进了国际金融市场业务的多样化，又加剧了金融业的竞争，推动了中长期融资形式与融资手段的不断更新，国际金融市场的营运方式也发生了很多变化，呈现出一系列新特点，融资方式与融物相结合的特点就是其中之一。与融物相结合的融资方式体现在两种

国际金融市场的业务上，一是在“二战”前就已存在的对外贸易信贷，在“二战”后又得到了迅速的发展；二是“二战”后新兴的国际融资租赁。

以银行为主的金融机构以融物的方式替代传统的货币融资，既有利于银行把握其资金的使用方向，增加资金的安全性，更主要的是通过租赁融资，使借款人可以获得许多在传统的货币融资方式下所不具备的会计、财务或税收上的独到利益，即有利于满足作为筹资人的承租人的一些特殊需求，从而使其成为国际资本市场上的一条全新的融资渠道。

以美国金融市场商业银行参与融资租赁业务的发展过程为例。受美国金融业分业监管的制约，在融资租赁产生之初，银行只能通过作为杠杆租赁交易中的债权人来参与融资租赁。1963年，美国的金融监管当局对在美国联邦储备委员会注册的银行给予了开展融资租赁业务的许可。于是，许多商业银行在通过参与杠杆租赁而了解了融资租赁，并积累了相应的租赁业务技能之后，纷纷开始建立专门的租赁部门，来直接从事融资租赁业务。其后，美国又通过了许多的其他法案对银行租赁业务作出了进一步的规定，比如《银行持股公司法案》中，批准银行设立独立的租赁分支机构(即银行附属租赁公司)。所有这些法律上的变动，都极大地推动了美国银行附属租赁公司的建立和发展。在美国之后，许多发达国家纷纷效仿，出台了自己国家的银行租赁法案，最终形成商业银行金融融资租赁市场，使其成为融资租赁产品的主要提供者之一。

国际租赁中的银行附属租赁公司的国际租赁业务的发展，与20世纪70年代银行国际化过程密不可分。在银行国际化过程中，由于银行有着充足的资金支持和固有的客户基础，因此能够迅速地抢占租赁市场。目前，美国银行在国际租赁市场上占据了主导地位。其原因主要有：

(1) 美元是世界货币，这就为其进入其他国家的租赁市场提供了一个天然的优势；

(2) 美国租赁市场是世界上最为成熟的市场，其业务的深度和广度远远优于其他国家，因此美国的银行附属租赁公司拥有着雄厚的技术优势；

(3) 美国税收的规定也促进了美国的银行附属租赁公司向外扩张业务。所以，从本质上说，银行附属租赁公司从国内业务到国际业务的发展，是银行自身信用活动不断扩张的结果。尽管商业银行在最初进入融资租赁市场时是以杠杆租赁参与者的身份出现的，在商业银行被允许直接从事融资租赁业务后，许多商业银行通过建立独立的租赁分支机构的附属租赁公司的方式来从事融资租赁业务。但是，杠杆租赁业务仍然作为银行业务的组成部分而保留在商业银行的部门内部。目前，国际租赁最大的市场是美国，其次是英国、日本、德国、意大利、法国、加拿大、巴西以及墨西哥。

国际租赁的产生与发展，促进了国际资本市场金融工具的丰富。国际租赁是一种以资本货物为交易载体的融资工具。伴随其发展的融物特征的不断丰富与完善，使其越来越与资本市场上以货币为交易载体的各种金融工具不尽相同。由其融物特征而决定的非全额清偿性，以及在此基础上产生的税收、会计上的独特性，使作为投资人的出租人可充分享受由此带来的税收利益，也使承租人可以获得表外融资的效果等，使其成为国际资本市场上能够满足投资人和筹资人许多特殊需要的一种金融工具。因此，也愈加受到投资人和筹资人的欢迎。

（二）国际租赁是由技术进步所推动的资本货物的贸易与国际贸易方式多样化的结果

“二战”后，科学技术迅速发展，导致技术进步的速度加快。一方面，促进发达国家应用先进技术所生产的技术装备、尖端设备、电子装置等先进技术设备的大量涌现，促进了全社会生产力的提高；另一方面，由于先进技术的不断涌现，又造成技术更新周期缩短，机械设备无形损耗加快。

由此给企业带来的影响是，一方面由于先进技术的应用而导致设备价格都十分昂贵，使得买方有时无力或难以承受；即使是一些资金雄厚的大企业，当欲购买这些先进设备时，为减少本身的资本支出，也希望从制造商处得到资金融通，以便有效地运用自己的营运资本。另外，发展中国家急需这些设备，但又遇到外汇资金缺乏或发达国家出口限制等方面的困难。另一方面，由于技术进步的加快，购买使用这些设备的企业又期望能够采取适当的途径来转移因自我投资购买具有尖端技术的设备而可能遭受的无形损耗这一风险。

于是，厂商租赁的出现，为上述矛盾提供了有效的解决途径。生产这类设备的制造厂商，以租赁的方式销售其所生产的设备，在为用户提供融资便利的同时还提供其他方面的与设备相关的延伸服务，如在新设备出现时可以旧换新等。作为贸易形式创新的厂商租赁，既有利于企业推销商品，又能满足用户的需求，因而获得长足的发展。

同时，随着国际分工的不断深化，生产国际化与专业化程度不断提高，又从根本上推动了国际经济一体化进程与国际贸易急剧发展。西方国家的企业为了争夺国际市场的销售份额，拓展设备销路，不断创新贸易方式。国际租赁的产生与发展，正是为解决上述矛盾而产生的一种将贸易与融资相结合的新形式。

（三）国际租赁是发达国家与发展中国家资金与技术矛盾冲突的产物

“二战”后，尤其是20世纪60年代以后，发达国家金融市场上大量游资积存，迫切需要寻找新的投资场所。充裕的资金供应以及随着世界经济的复苏而形成的各国外汇管制的逐步放松，使得设备生产厂商以及一些金融公司有可能取得大额长期资金，满足其业务发展的需要。与此同时，第三世界国家在政治独立后的主要矛盾是壮大经济，而严重缺乏的外汇资金和普遍落后的技术与设备，使其对发达国家的资金与先进技术有极大的需求。发达国家的租赁公司或大型制造厂商，利用出口租赁，通过成立海外子公司等方式向发展中国家进行资本和商品输出，而许多发展中国家的融资租赁业也正是通过与发达国家的租赁公司合资而产生。

www.euibe.com

第二节　国际租赁的信用条件与法律条件

国际租赁的信用条件是指关于租赁融资金额、币种、期限和偿还等方面的约定。

一、租期的确定

（一）租期的含义

从租赁信用条件的角度考察，租期（Lease Term）是指承、出租双方用于决定计算和支付租金的期限。从承、出租双方在一项租赁交易中可能发生的关系的角度考察，租期又可分为基本租期（Base Term）和续租期（Renewal Term）。租赁基期是指出租人对选择该设备的承租人所规定的用以计算租金的原始的、不可撤销的租赁期限。它也是承租人使用租赁设备的最短期限。续租期是指如果基本租期结束后，承租人继续租用该设备的期限。通常，如果不特别说明，租期即指基本租期。

衡量租期的长短可以有两个标准，即绝对长度和相对长度。绝对长度以自然年历为标准的长度，如 1 年以内、1 年、2 年或 3 年等。由于融资租赁的对象多是资本货物，所以，其绝对期限至少是 1 年以上，而不可能存在 1 年以下的安排。租期的相对长度则是租期以该租赁设备法定耐用年限为标准时二者之间可能存在的关系，比较租期长短与该租赁设备的法定耐用年限，它们之间实际存在着租期小于、等于或大于法定耐用年限的三种可能性。

（二）确定租期长短时应考虑的因素

根据上述对租期含义的界定，我们可以归纳出承、出租双方在确定租期长短时应考虑的因素。

(1) 由承租人运用租赁融资目的而决定的占法定折旧年限的比例，这是决定租期长短的根本性因素之一。因为，由于经营性租赁，也就是非全额清偿性的融资租赁，可以满足承租人降低租金支付、表外融资等特殊需求，而包括国际会计准则在内的许多国家的与租赁相关的会计制度，都对这种情况的会计处理作出了规定，如发达国家的惯例约为租期不能超过该租赁设备法定折旧年限的 75%。所以，如果承租人租赁融资的目的是要求获得表外融资效果时，其租期就不能长于有关会计制度的规定；反之，则不受这一制度的限制。

(2) 由租赁设备的特性而决定的最长的租赁期限，这是体现租赁融资特征的另一个基本出发点。从出租人资金安全的角度讲，租期的最长期限应以租赁设备的法定折旧年限为限。因为，一般而言，由于一项资产在其法定折旧年限之后就失去了使用的价值，所以，超过租赁设备法定折旧年限的租期，也就意味着出租人在融资租赁交易中物权保障的丧失。于是，租期的最长期限似乎就应以设备的法定折旧年限为限。而如果联系实际分析时，情况并非完全如此。由于租期越长，承租人还租的压力越小，对于租赁那些价值昂贵的设备的承租人而言，如果融资期限能够延长，甚至还超过设备的法定折旧年限，则意义显著。那么，承租人的这种需求与出租人物权保障的制约，在什么情况下可以形成统一呢？即那些实际使用寿命可以超过法定折旧年限的设备的租赁，就可以做这样的安排。例如，在国际租赁市场上，一些船舶、飞机的国际租赁，都曾采用过这种安排。

(3) 出租人的融资能力。因为，租期是承租人获得租赁融资的最长期限，也就是对出租人融资义务的约定。所以，出租人为承租人提供的最长融资期限，应与其自身最大的融资能力相匹配。

(4) 承租人的还租能力。从出租人资金周转的角度分析，租期越短，出租人资金周转越快，越有利于提高出租人的投资回报率。但是，租期越短，对承租人的还租压力就越大。为防止避免租期内承租人无力按时支付租金的情况的发生，期限订得还要尽可能合理，最好能充分体现承租人现金流的实际。

二、租金构成要素、支付方式与计算

(一) 租金的构成要素

租金由四项内容构成。

(1) 设备购置成本，是出租人为承租人购置租赁资产过程中的各项费用的总和，包括设备原价、运费、运输保险费等。在我国租赁的国际业务中，租赁设备均从国外进口，此时，如果进口合同采用 CIF 价，则 CIF 价即为租赁设备的购置成本；如果进口合同采用 FOB 价，则设备购置成本等于 FOB 价加运费和运输保险费；如果进口合同采用 C&F 价，则应再加上运输保险费；当然，如果运费和运输保险费是由承租人自己支付的，则只应以 FOB 价作为设备的购置成本。

(2) 融资成本，是出租人为承租人购置设备而向银行等金融机构融资时所需支付的利息及其他与融资相关的担保费、承担费和法律等方面的费用。

(3) 管理费，是出租人为承租人办理租赁业务所开支的各项费用，如办公费、工资、差旅费、管理费和税金等。有的租赁公司将其纳入租金范围，还有的租赁公司未将其包括在租金之内，而是采取一次征收的办法来收取。

(4) 出租人期待的利润，是租赁公司在经营租赁业务时所冀求的租赁盈利。

(二) 租金构成要素之间的关系及其租赁利率的含义

从理论上说，租金总额应是上述四项构成要素之和，而每期租金则是租金总额按租期内支付租金次数分配的结果。但是，运用这种方式计算实际租金，既不准确，又不可行。因为，

每一项具体的租赁交易中的租金的四要素，除设备购置成本外，其余三项因素都是不可事先确定的。所以，尽管租金是由这四要素构成，但租金的计算却是根据这四项要素之间的关系推导，并采用适当的方法计算得出，而不是通过简单的四则运算得出。

租金构成要素之间存在着这样的关系：

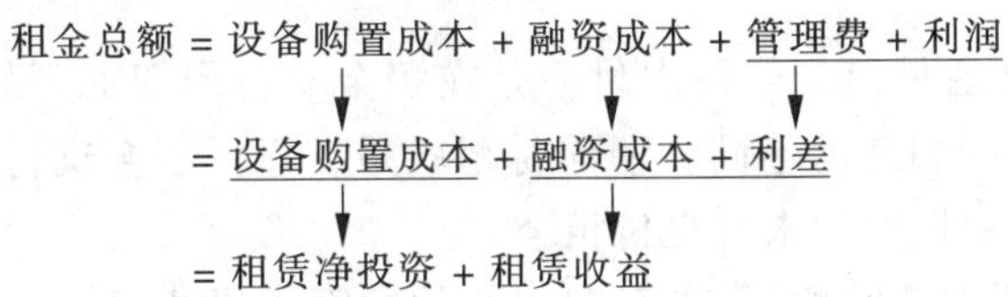

于是，租赁利率就等于租赁收益与租赁净投资之比。租赁利率是计算租金的另一重要参数，在设备购置成本确定后，租赁利率的确定对承、出租双方都有着至关重要的意义。对出租人来说，它决定了租赁收益的大小，进而决定了租赁公司利润的多寡；对承租人来说，它实际决定着承租人租赁融资的实际成本。

如上所述，由于构成租赁收益的三项因素都是不可事先确定的，租赁利率亦无法通过上式计算得出，而是通过融资利率和人为制定的利差推算的。一般而言，融资利率就是出租人用于租赁而进行借款的利率，如果不是为某一项租赁交易而筹集的专项借款，融资利率则按平均市场利率来确定；而利差(Spread)是租赁利率与融资利率之差。通常，它是租赁公司根据租赁市场的竞争状况约定俗成的，一般在1%～2.5%之间。

（三）租金计算基数的确定

从根本上讲，租金计算的原理与国际商业银行贷款本息偿还计算的原理是相同的。即只要确定了租赁融资中的本金与利率，就可按适当的方法计算出承租人每期应还的租金。上一问题中已经分析了租赁利率的确定，所以，租金计算要解决的另一个问题就是租赁本金的确定。

根据上述租金构成要素的分析，如果按照一般债权融资的原理，设备购置成本就是租赁融资中的本金。但是，由于租赁融资与以货币为载体的债权融资的一个特殊性就是因为以物为载体，而有了非全额清偿的融资租赁的出现。所以，在确定租金计算的基数时，因具体租赁交易所属类型的不同而不同。对于全额清偿的融资租赁而言，租金计算基数就是设备的购置成本，也就是出租人为承租人垫付的全部资金。而对于非全额清偿的融资租赁而言，租金计算基数则应是设备购置成本减去出租人预先扣除的残值后的余额。在这种情况下，出租人通过租金方式收回的本金小于其垫付的全部款项，因而要依赖于其对设备残值的再处置，设法收回全部投资。

（四）租金支付方式

租金支付方式是指承租人如何向出租人支付租金的问题。一项具体的租赁交易中，租金支付方式可由承租人根据其资金收入情况与出租人协商而定，具体的支付方式应是下述因素的组合：

(1) 租金支付周期。即每期租金间隔的时间，可以是每月、每季、每半年或每一年付租一次。国际租赁多为每半年付一次。而租期内租金支付的次数则取决于租期和支付租期的频率。

(2) 期前付租或期后付租。即每次付租是在租金支付周期的开始还是结尾，因为时点的不同，承租人所负担的利息也不同。期前付租就是在每一租金支付周期的开始日交付租金，而期后付租是在每一周期的末日交付租金。

(3) 均等付租或不均等付租，是指每期租金的数额是否相等。均等付租就是每期租金相等，不均等付租就是根据承租人流动资金情况而商定的各期租金。不均等付租可以多种多样，通常有宽限期(Rent Holiday)支付、季节性支付、逐步递升的(step-up-payment)支付和逐步递减的(step-down-payment)支付等。其中，在有宽限期的支付方式中，承租人一般在租赁初期拥有不必支付租金的一段设备使用期，而这段时间应该支付的租金被资本化到剩余租金支付额中。

(五) 常用租金计算方法——年金法

由于租赁融资仍属于债权融资的范畴，并且，除了相当于本金的租赁设备购置款项可以根据租赁交易的特性而予以调整外，其余的方面与本息偿还在原理上都是相同的。换言之，所有本息偿还的计算方法，其实都可以用于租金的计算。但是，在融资租赁市场已经形成一种惯例，即最常用的租金计算方法是对年金法的逆运算。

年金法的基本原理是在已知未来各期收益的情况下，按既定的折现率折为现值的一种方法。当未来各期每期收益相等时，可用公式可表示为：

$$P=R\,\frac{(1+i)^n-1}{i(1+i)^n} \tag{5.1}$$

式中，P 为计算的结果，R 为未来每一期的收益，i 为折现率，n 为取得未来收益的次数。其中，$\frac{(1+i)^n-1}{i(1+i)^n}$为年金系数。

将这一公式用于计算租金时，则是以年金法中的 R 作为未来每期租金，是未知数，而 i 为租赁利率，n 为支付租金的次数，而 P 则相当于本金，也就是预先确定的租赁投资中作为租金基数的比例。具体而言，如果不留残值时，就是全部设备购置款项；而若留有残值时，则是设备购置款项减去残值后的部分。

用公式表示为：

$$R=P\,\frac{i(1+i)^n}{(1+i)^n-1} \tag{5.2}$$

www.euibe.com

其中，$\frac{i(1+i)^n}{(1+i)^n-1}$为年金系数的倒数，被称为租金系数。

上述公式是计算租金时的一个基本方法，其所适用的租金支付为每期后付，并没有宽限期。而其他的租金支付方式，则可利用这一基本公式，根据实际进行调整。

例如：已知租赁设备购置成本为＄1 000 000，租期为3年，租金半年均等后付，租赁利率为8％，求每期租金和租金总额。

解：$P=\$1\ 000\ 000, n=3, i=8\%$

根据公式(5.2)

$$R=\$1\ 000\ 000\times\frac{8\%\times(1+8\%)^3}{(1+8\%)^3-1}$$

$$=\$388\ 033.51$$

租金总额为：$3R=\$1\ 164\ 100.53$。

三、租金支付的其他问题

（一）支付租金的货币

在国际租赁合同中应订明支付租金的货币，以避免因汇率变动而发生由出租人或承租人负担汇兑损失的纠纷。根据国际惯例，汇率变动的风险通常由承租人承担，尽管承、出租双方可以对国际租赁合同中租金的计价货币进行讨价还价，但是，比较普遍的是与出租人筹资货币相一致，这样才有利于出租人汇率风险的转移。

（二）租金支付的完整性

在国际租赁合同的租金支付条款中，出租人为了保障其租金所得不遭受承租人及承租人所在国的任何扣款，规定承租人按期交付的租金，除汇出国家规定应扣除的预提所得税外，不负担和不能扣除任何其他税款、费用，也不得以任何理由抵消或扣除出租人对承租人的其他债款。

（三）租金支付日的一致性

在国际租赁业务中，常常会遇到交易双方营业日不一致的情况。如遇租金支付日为一方营业日，而为另一方的假日时，应由双方商定后在支付条款中明确规定如何支付，以免发生延付租金而收取罚息的争论。也可采用国际上通行的一种做法，在假日后的第一个营业日支付。

四、承租人绝对支付租金的义务与承租人不可中途解约

国际租赁合同一经生效，除非因出租人的过错致使供货人未交付或交付不符合租赁合同规定的设备而且仅在承租人由此蒙受的损失范围之内，承租人可延付或不付租金；否则，

承租人就不能单方面提出解除合同。即租赁合同生效后,无论是因第三方发生过错,造成承租人未能按时收到租赁设备,所收设备与合同不符,或是由于其他原因造成设备毁损或灭失,都不能免除承租人支付租金的绝对义务。此处所强调的"绝对义务",是针对承租人不能以第三方原因来对抗出租人收取租金的权利而言。

国际租赁合同中,强调这一点的原因是由融资租赁的特殊性质决定的,即承租人行使租赁设备选择权在先,出租人只能根据承租人选定的设备来付款。实际上,出租人要求承租人绝对支付租金的义务是与出租人在先的绝对付款义务相对价的。

本章小结

本章是从狭义国际金融市场角度考察中长期融资中的一种特殊的融资方式,一种建立在融物基础上的融资方式。本章内容的基本逻辑关系为,首先,讲述了与国际融资租赁概念紧密相关的租赁、传统租赁和融资租赁概念之间的关系,并由此而导出如何理解国际(融资)租赁的概念;其次,从是否全额清偿、租赁与进出口的关系等方面,介绍了国际融资租赁的主要形式;最后,从信用要素的角度,分析了国际租赁融资的信用条件,特别是与商业银行中长期贷款的信用条件相比较时,国际租赁融资信用条件的特殊性。

重要概念

传统租赁	融资租赁	全额清偿的融资租赁
非全额清偿的融资租赁	租金	租赁收益
跨国租赁	离岸租赁	

同步测练与解析

一、名词解释

融资租赁　　非全额清偿的融资租赁　　杠杆租赁

二、简答题

1. 融资租赁的基本特征是什么?
2. 采用转租赁形式的原因主要是什么?
3. 为什么融资租赁交易中的承租人不可中途解约?

三、单项选择

1. 转租赁交易中,具有核心作用的主体是(　　)。

A. 承租人　　B. 原始出租人

C. 供货商　　　　　　　　　　　　　　　　D. 转租人

2. 融资租赁交易不具备的特征是（　）。

A. 至少涉及三方当事人　　　　　　　　　　B. 至少涉及两个合同

C. 融资租赁合同具有可解约性　　　　　　　D. 是中长期融资

3. 关于非全额清偿的融资租赁，叙述不正确的是（　）。

A. 又称为经营性租赁

B. 出租人拥有对租赁物件的全部所有权

C. 最终收益小于租赁利率

D. 又称为投资租赁

4. 一国的出租人在为另一国的承租人开展融资租赁业务时，只需投入租赁设备购置款项总额20%～40%的金额，并以此作为财务杠杆来带动银行等金融机构为租赁设备购置款项中其余的60%～80%提供追索权贷款，这种租赁叫（　）。

A. 跨国直接融资租赁　　　　　　　　　　B. 跨国转租赁

C. 跨国杠杆租赁　　　　　　　　　　　　D. 传统租赁

5. 国际租赁中，根据国际惯例，汇率变动的风险通常由（　）承担。

A. 承租人　　　　　　　　　　　　　　　B. 出租人

C. 供货商　　　　　　　　　　　　　　　D. 承租人所在国政府

四、多项选择

1. 租金构成的项目包括（　）。

A. 设备购置成本　　　　　　　　　　　　B. 融资成本

C. 管理费　　　　　　　　　　　　　　　D. 出租人期待的利润

E. 代理费

2. 关于经营性租赁下列叙述正确的是（　）。

A. 是非全额清偿的融资租赁

B. 出租人的最终的收益率有可能大于该租赁利率

C. 出租人的最终的收益率有可能小于该租赁利率

D. 也被称为投资租赁

E. 对于承租人可获得表外融资的效果

【参考答案】

一、名词解释

融资租赁：是指出租人对承租人选定的租赁物件，先进行以为承租人融资为目的的购买，然后，再以收取租金为条件，将该租赁物件中长期地出租给该承租人使用的一种租赁行为。

非全额清偿的融资租赁：非全额清偿的融资租赁，通常又被称为经营性租赁，即出租人在确认承租人应付的租金时，通过对租赁物件预留残值而降低了承租人支付租金的基数，同时也使出租人从承租人那里收回的租金，不足以弥补其为承租人垫付的全部支出。

杠杆租赁：是指一国的出租人在为另一国的承租人开展融资租赁业务时，只需投入租赁设备购置款项总额20%～40%的金额，并以此作为财务杠杆来带动银行等金融机构为租赁设备购置款项中其余的60%～80%提供追索权贷款的一种租赁安排。

二、简答题

1. 融资租赁的基本特征是：

(1) 一项融资租赁交易至少涉及三方当事人、两个合同；

(2) 拟租赁物件由承租人自主选择，但由出租人出资购买；

(3) 融资租赁合同的不可解约性；

(4) 是中长期融资。

2. 采用转租赁形式的原因主要有以下两个方面：

(1) 当转租人是原始出租人的海外子公司时，通过转租人开展租赁业务是原始出租人占领子公司所在国市场的一种有效手段。同时，这种转租赁，也就是离岸租赁的组成部分。

(2) 一些西方国家为鼓励投资而实施了投资税收优惠政策。融资租赁也是一种投资行为。这样，当转租人能够以支付廉价租金的方式分享另一国家的原始出租人从其所在国政府获得的税收优惠，也乐于采用转租赁形式。

3. 在国际租赁合同中，强调融资租赁交易中的承租人不可中途解约的原因是由融资租赁的特殊性质决定的，即承租人行使租赁设备选择权在先，出租人只能根据承租人选定的设备来付款。出租人要求承租人绝对支付租金的义务是与出租人在先的绝对付款义务相对应的。

三、单项选择

1. D　2. C　3. C　4. C　5. A

四、多项选择

1. ABCD　2. ABCDE

第六章

CHAPTER SIX

国际资本市场之三——国际债券市场

学习目标

本章是国际直接金融中的第一部分。通过本章学习，了解国际债券市场的发展过程及基本结构，掌握国际债券的分类方法及相应的分类类型，掌握外国债券和欧洲债券的发行程序及主要当事人，特别是理解欧洲债券与外国债券在发行程序上的区别点和投资银行与信用评级公司在国际债券发行过程中的特殊作用；理解国际债券的发行条件，学会计算国际债券的发行价格、国际债券的利率时间测度和国际债券的收益率。

重点难点提示

- 国际债券的类型，包括欧洲债券和外国债券
- 国际债券的发行条件
- 外国债券的发行程序及主要当事人
- 欧洲债券的发行程序及主要当事人
- 国际债券的利率时间测度和国际债券的收益率

发行国际债券是有关筹资主体在国际金融市场上运用直接融资的方式筹措外汇债务资金的主要途径之一。在20世纪80年代初期爆发国际债务危机之后，国际金融市场上的银团贷款急剧减少，筹资者纷纷转向国际债券市场，同时，随着80年代开始出现、90年代迅速发展的资产证券化趋势，国际债券的发行量也不断扩大，国际债券市场在国际金融市场中的地位也日渐重要。

第一节　国际债券市场概述

一、国际债券与国际债券市场的含义及类型

（一）国际债券与国际债券市场的含义

国际债券(International Bonds)是债券范畴中与国内债券相对应的一个概念，从发行人的角度分析，是指一国发行人（具体可为一国的政府或该国的大型企业）或国际金融机构，为筹集外汇资金，在国外债券市场（通常称为发行市场）上发行的、以债券发行市场所在国的货币或某一欧洲货币标价的、一般由发行市场所在国具有债券承销资格的券商所承销的债券。

国际债券市场是指在居民与非居民之间或非居民与非居民之间，对国际债券进行交易的行为以及伴随或制约交易的居民或非居民所在国政府的法律规定。实际上，国际债券与国际债券市场是同一问题的不同侧面。国际债券是市场交易的客体，而国际债券市场则是从交易主体的角度，对不同交易主体之间进行国际债券交易时所特有的运行机制的考察，二者是密不可分的。因此，在本文以下的论述中，将不再刻意强调二者的区别，而是根据内容的需要来决定分析的要点。

（二）国际债券的类型

国际债券的类型是一个与国际金融市场的发展阶段及其结构相适应的问题。由于国际金融市场分为了传统的国际金融市场和欧洲货币市场，相应地，国际债券也分为两大类型，属于传统国际金融市场范畴的外国债券(Foreign Bonds)和属于欧洲货币市场范畴的欧洲债券(Euro-Bonds)。

1. 外国债券

外国债券是指外国筹资人（包括某一国家的筹资人或国际金融机构），为筹集外汇资金，在一国国内资本市场上发行以该国货币标价的债券。当然，为与上述的国际债券或下述的欧洲债券的定义方法相对应，外国债券还可从发行人的角度定义为一国发行人或国际金融机构，为筹集外汇资金，在外国资本市场上发行的、以发行市场所在国货币为标价的债券。

抽象地讲，似乎任何一国的资本市场都可以成为外国筹资人发行债券的市场。而事实

www.euibe.com

上，受发行国资本市场的发达程度、市场所在国货币的管制程度等多方面因素的制约，外国债券市场仅集中在一些少数发达国家的资本市场上，如美国、德国、瑞士、英国、荷兰和日本等。并且，一些外国债券还被赋予了专有的名称，如在美国发行的外国债券被称为扬基债券(Yankee Bond)，在英国发行的债券被称为"猛犬"债券("bulldog" bonds)，在荷兰发行的外国债券被称为伦布朗债券(Rembrandt bond)，在日本发行的外国债券被称为武士债券(Samurai Bond)等。

就债券自身而言，除发行人不同外，外国债券与普通的国内债券几乎没有什么区别。但是，发行市场所在国的政府，对本国债券和外国债券的管理通常是不同的。发行市场所在国政府对非居民在本国发行的债券(即外国债券)制定了单独的法律规定。这些规定体现在有关金融管制上，通常为对非居民发行人的信用等级、信息披露、发行时间、发行规模、注册与登记以及本国投资人是否可以购买等所作出的专门规定；体现在税收待遇上，是对本国投资人来源于外国(即发行人所在国)的投资所得可否避免双重征税及在本国如何纳税的规定等。所以，也可以说，外国债券的发行人要受到发行市场所在国金融监管当局的监督与管理。

2. 欧洲债券

欧洲债券是指一国发行人或国际金融机构，为筹集外汇资金，在某一外国或几个国家的资本市场上同时发行的、以某一欧洲货币(即境外货币)或综合性的货币单位(如欧元产生之前的欧洲货币单位和特别提款权)标价的债券。每一特定的欧洲债券都是由具体的欧洲货币来标价的，因此，以欧洲美元表示的欧洲债券通常被称为欧洲美元债券。依此类推，还有欧洲日元债券、欧洲瑞士法郎债券和欧洲英镑债券。在欧元产生前，德国马克和欧洲货币单位(ECU)也曾是欧洲债券主要的标价货币。但在欧元产生之后，以这两种货币标价的债券都已被欧元标价的债券所取代。

全球债券(global bond)是欧洲债券中的一种特殊形式。全球债券是指欧洲债券中同时在几个国家的资本市场上发行的债券。全球债券是于20世纪80年代末期问世的。与外国债券和面向单一离岸中心的欧洲债券相比，全球债券市场以同时跨洲运作、发行人的信用等级更高、投资者更为广泛、单笔发行额更高为鲜明的特点。在国际债券市场的发展中，全球债券市场的问世和发展无疑具有里程碑的意义。

3. 外国债券与欧洲债券的比较

外国债券与欧洲债券共同构成了国际债券范畴。但是，这两种类型的国际债券，还是存在着许多差别。换个角度观察，这些差别也可以被看作是欧洲债券的特点。正是这些特点的存在，使得欧洲债券成为国际债券的主导类型。欧洲债券与外国债券的区别主要表现在以下方面。

(1) 债券票面标价货币不同。外国债券以发行市场所在国的货币标价，而欧洲债券则以发行市场以外的货币，严格地讲是以境外货币标价。这一区别，既是区分两种债券类型的主要标志，又是决定其他特点的根本出发点。

(2) 管制程度不同。如上所述，由于外国债券的发行实际上依托的是发行市场所在国国内债券市场而进行的融资活动，因此，发行市场所在国金融监管部门，为了防止外国债券发行人可能给本国金融市场所造成的各种不良影响，通常都用立法的形式对外国发行人的信用等级及债券的发行规定了严格的法律限制。所以，外国债券市场管制程度较高。而欧洲债券的发行人，由于其发行的是境外货币标价的债券，而非市场所在国的法定货币，或即使是与市场所在国的法定货币相同，但却非来源于发行市场，从而使得欧洲债券的发行可以相对地独立于发行市场所在国国内的债券市场，因而不会影响发行市场所在国的金融市场。基于这样的原因，各国金融监管部门对外国筹资人在本国发行的欧洲债券不实施管制或仅在个别方面进行管制。所以，欧洲债券市场的管制程度就较低。

(3) 是否记名及与此相关的税收。绝大部分经济活动，都不可避免地要涉及税收问题。作为一种国际经济活动，国际债券既涉及国内税收，又涉及国际税收。

外国债券，既要缴纳国际税收中的预提所得税，又要缴纳国内所得税。简单而言，预提所得税是一国税务当局对外国人来源于本国的收入的课税，是国际税收中一国主权的体现。因此，对于外国债券发行人支付给本国投资人的债券利息，首先，发行人所在国的税务当局要征收预提所得税，随后，由于外国债券的投资人都采用记名制，所以，投资人还要将其来源于国外的债券利息收入与其全部收入合并，作为计算国内所得税的应税基数。因此，当发行人所在国与发行国没有签订避免双重征税的国际税收协定时，外国债券投资人的债券利息收入，就面临着双重征税的风险。

欧洲债券则不相同。首先，欧洲债券发行人所在国对欧洲债券发行人所支付的债券利息通常免征利息预扣税。这已形成一种国际惯例。其次，由于欧洲债券以不记名的方式发行，使得投资人可以将其债券投资所得保存在国外，因而可以规避国内所得税。其结果是，与外国债券中投资人可能面临的双重征税的风险完全相反，欧洲债券的投资人可以取得完全免税的效果，这对于投资者具有极大的吸引力。

(4) 货币选择性不同。在欧洲债券市场发行的债券并不限于某一种货币的债券。借款人可以根据各种货币的汇率、利率与需要选择发行币种；投资者也可以根据各种债券的收益，选择购买任何一种货币的债券。这在依托于一个国家的外国债券市场上是无法做到的。

正是由于外国债券和欧洲债券之间的这些差异性，或者说，无论是对借款人还是对投资人，欧洲债券都独具优势。因此，尽管欧洲债券在 20 世纪 60 年代初期才开始出现，其在国际债券市场上的规模和地位，都远远地超过了外国债券市场。因此，欧洲债券市场的内容，也就成为本章的重点。

二、主要的外国债券市场与主要的欧洲货币债券的比较

就世界范围的国际债券市场发展的现实而言，无论是从允许外国筹资人发行外国债券

的国家角度，还是从实际发行的欧洲债券的标价货币的角度讲，事实上，外国债券和欧洲债券都是仅仅集中在少数国家的资本市场或少数国家的欧洲货币上，并且，二者在很大程度上还有着重叠。如美国是最大的外国债券市场，美元也是最主要的欧洲债券的标价货币。此外，日本和瑞士也是主要的外国债券市场，而日元和瑞士法郎也是欧洲债券的主要标价货币。在欧元产生之前，德国也是主要的外国债券市场之一，德国马克也是主要的欧洲债券的标价货币。但欧元产生之后，马克退出了历史舞台，取而代之的是欧元债券。

（一）美元外国债券与欧洲美元债券

美元外国债券是指除加拿大以外的外国筹资人在美国债券市场上发行的以美元标价的债券，也称为扬基债券。而欧洲美元债券则是指一种具体的、以美元标价的欧洲债券。此时，如果我们仅从标价货币的角度来考察这两种类型的债券，二者是无区别的。

然而，事实上二者是有区别的。首先，从美元与发行市场的关系来看，美元外国债券是外国筹资人在美国债券市场上发行的、以美元为标价货币的债券。而欧洲美元债券，则是外国筹资人在美国以外的债券市场上发行的以美元标价的债券。其次，由于标价货币与发行市场的关系不同，使得美国债券发行的监管部门——美国债券交易委员会，对发行人和投资人的管理也不相同。美国债券交易委员会对外国筹资人在美国发行美元债券的管理十分严格，包括对发行人信息披露、债券评级、发行方式、注册要求及法律适用等，都作出明确的规定。达不到要求的外国筹资人，是不可能在美国发行债券的。而对于欧洲美元债券而言，由于其并不是在美国本土发行，所以，美国债券交易委员会不可能去干预别国的债券市场。此时，美国债券交易委员会只对欧洲美元债券的美国投资人加以限制，不允许美国承销商将其承销的、没有在美国注册的欧洲美元债券，在首次发行时，卖给美国的投资人（即销售限制）。而对具体的欧洲美元的发行国的债券市场而言，如伦敦债券市场或日本债券市场，又由于其没有用本国的货币标价，从而对本国货币的金融市场的影响并不直接。所以，这些国家的金融监管当局也就不对外国发行人在本国发行的、不以本国货币标价的债券进行严格的管制。实际上，这正是美元外国债券和欧洲美元债券的最本质的区别。

尽管美国外国债券市场管理严格，但由于美元是主要的国际储备货币，美国的资本市场又最发达，具有开放性，外国筹资人只要能获得批准，仍然希望利用美国债券市场来发行外国债券。并且，一旦筹资人进入过美国债券市场，也就提高了其借款人的身份，有利于其今后在其他国际金融市场上发行债券。

（二）日元外国债券与欧洲日元债券

日元外国债券是外国筹资人在日本债券市场发行的、以日元标价的债券，也称为武士债券。而欧洲日元债券则是指一种具体的、以日元标价的欧洲债券。日本一直是一个对金融市场实施严格管制的国家，所以，无论是日元外国债券，还是欧洲日元债券，都起步较晚，并限制较多。

但是，由于日本长期以来保持着国际收支的顺差，通货膨胀程度低，利率低，外汇储备充足，并且，随着日本国力的不断增强，日本政府也在不断地放松对本国金融市场的管制，不断提高日元资本项目下的可兑换程度，都促进了日本债券市场的对外开放。发展中国家政府利用日本外国债券市场筹资，是日本外国债券市场的一个主要特征。

（三）前德国马克的外国债券市场与德国马克欧洲债券及当今的欧元债券

在欧元推出之前，德国马克外国债券与德国马克欧洲债券在国际债券市场上都占有较为重要的地位。在欧元产生之前，欧洲债券市场上，欧洲美元所占份额最大，约为44%，欧洲马克占13%，欧洲日元占11%，欧洲法郎占6%，其他币种则更少。但是，在欧元启动之后，欧元区11国的欧洲债券总量为29%，远远超过日本，接近美国。所以，欧元债券在国际债券市场的地位将会随着欧元地位的提高而迅速发展。

在欧元启动之后，对于欧元启动前以欧元区国家货币标价的债券的处置原则有二：更改币值原则(Re-denomination Clause)和合并原则(Consolidation Clause)。所谓更改币值原则是在不改变负债总额的前提下，所发行债券负债的记账单位发生变化，全部调整为以欧元标价。而债券合并原则是指两种或两种以上具有相同交易条款(诸如起息日、到期日、市场惯例等)，但不同的标价货币的债券可以进行合并。

因此，1999年1月后，欧元区11国的政府新发行的债券将只用欧元标价，3年过渡期内，欧元区11国已发行的国家债券也会立即换成欧元债券。对于其他非欧元区成员国已发行的以某一欧币标价的债券，亦要决定何时换成以欧元标价。在过渡期内，公司和金融机构发行的债券均有选择权以原某一欧币标价或以欧元标价，即采取“不强迫，不禁止”的原则，但过渡期结束后(2002年1月1日)，所有原欧币债券都要完成向欧元的转换。

欧元的推出，对债券发行者来说，为其创造了巨大的流动性：欧元类型的债券为筹资人推出大额、流动性强的融资工具创造了可能。欧元的推出，也使投资人产生了浓厚的兴趣，在欧洲货币联盟成立不到19个月的时间里，大量投资人纷纷涌向新兴的欧元市场寻求合适的投资机会。

欧元的推出，对外国债券的界定，也提出了挑战；或者说，欧元债券自身，就具有国际性。目前，已有许多发行人发行了以欧元标价的债券，诸如意大利、西班牙政府、欧洲投资银行(EIB)、法国银行(Credit Local)等。另外，还有2 000多家美国的发行人，发行了以欧元标价的债券。

但是，投资人在投资于以欧元标价的债券时，需要特别注意的是，位于欧元区不同国家的发行人，所处的国家风险程度是不一样的。每一具体的欧元债券的发行，其债券的评级要受到所在国信用等级的影响，但二者之间并不绝对一致。发行人的评级有可能高过其所在国的评级。目前，欧元区11国的国家评级中，只有德国、法国、奥地利、卢森堡、荷兰是AAA

级，其他国家则在AA＋至AA－之间。并且，欧元区11国已有互不相救条款(no-bail-out rating)，即如果欧元区成员国中一国政府债券出现危机时，欧盟其他国家的政府没有必须互相支援的义务。

第二节　国际债券的发行市场

一、国际债券发行的基本条件

国际债券发行的基本条件是指债券发行人在以发行国际债券的方式筹集资金时，对于债券从发行到偿还的全过程中各个基本环节的具体规定，主要包括债券的票面利率及所采取的利率方式、付息方式、发行价格、偿还期限、偿还方式等方面的内容。一般而言，在发行时制定合理的债券发行条件，是保证债券发行成功的重要环节。

(一) 国际债券的发行额与币种

国际债券发行额(Issue Amount)是指一笔债券发行时的发行总量。主要是根据发行人对资金的需求情况而决定的。此外还应考虑的因素有发行时的市场的资金供求情况、发行人的资信状况以及所采用的国际债券的形式等方面的因素。例如，一笔不附带任何其他权利的固定利率债券或浮动利率债券的发行额一般在1亿美元以上，而一笔可转换债券与附认股权证的债券的发行额则较小。发行额制定得是否恰当，对国际债券的发行价格与销售都会带来一定的影响。

国际债券发行货币的选择是发行欧洲债券时所面临的一个问题，是指债券发行人选择哪一种具体的欧洲货币作为债券的面值货币的问题。一般而言，从发行人的角度来说，发行货币的选择最好遵循以下三个原则：

(1) 发行欧洲债券的货币的汇率走势。由于债券的面值货币实际上决定着发行人的债务负担，所以直接关系着发行人的筹资成本。一般而言，应该选择软币作为面值货币，这样可以有效地避免偿还时的汇率风险。

(2) 发行欧洲债券的货币与投资项目所需货币保持一致。

(3) 发行欧洲债券的货币与投资项目建成后所形成收益的货币保持一致，这样可以消除偿还时的汇率风险。当然，选择对债券发行人有利的债券货币，不仅仅取决于发行人的意愿，还要受到债券发行时的时机、该种货币的市场供应、投资人的意愿等方面因素的制约。

(二) 国际债券票面利率水平的决定

国际债券的票面利率是指债券票面所载明的计算发行者应付给投资者的债券利息的依

据。决定债券票面利率水平的总原则是既能尽量降低筹资成本，又能对广大投资者有吸引力。在实际运作中，债券票面利率水平主要受以下因素的影响：

(1) 该种货币同期银行储蓄存款的利率水平。这是制定债券票面利率的主要参考指标。由于债券的风险高于银行储蓄，所以，一般债券的票面利率水平还要略高于银行同期储蓄利率水平。

(2) 债券期限的长短，期限长的债券票面利率应高于期限短的债券票面利率。

(3) 债券的信用级别。一般来说，发行人信用级别低的债券票面利率应高于信用级别高的债券。

（三）国际债券所采取的利率方式

国际债券所采取的利率方式是指债券采用何种利率方式，即是固定利率，还是浮动利率来对债券票面金额计息的问题。早期的国际债券均采用固定利率来计息。而近十多年来，由于国际金融市场利率波动日趋频繁，浮动利率的国际债券，特别是浮动利率的欧洲债券日益增多。由于利率方式的不同，导致不同利率方式下利率实际水平的决定方式也不同。

固定利率债券(Straight Bonds)，也叫普通债券，是指在债券发行的时候，就将该债券的利率与债券利息支付的周期予以固定，并在整个债券期限内不变。因此，固定债券的利率水平，通常是印在债券的息票上面，又称为票息利率(Coupon Rate)。预先确定的利率从而使投资者可以根据债券票面的信息直接了解到未来的票面投资收益和取得的时间。由于支付利息时结算成本较高的原因，通常，国际债券利息支付的周期为每年付息一次。最早发行的国际债券就是固定利率债券，并且仍是国际债券所采用的主要形式。

浮动利率债券(Floating Rate Bond)，简称浮息债券，是指在债券发行的时候，不固定计算债券利息数额的具体的利率水平，而是规定一种确定实际利率水平的方法及其利率调整的周期，每期的实际利率水平按照规定的方法计算得出。通常的方法是选定一个国际上通行的利率作为参考利率，并在此基础上加上预先约定利差(Spread 或 Margin)计算而得。即所选用的参考利率和经谈判后而决定的利差，印在债券票面上。在每一债券利率适用期末，根据所选用的参考利率的实际数额加上利差，即为下一利率适用期内本债券的适用利率。而在债券期限发行之前，则无法确定本债券的实际利率水平。通常，参考利率一般用伦敦金融市场的 LIBOR 或美国的 Prime Rate，有时也采用其他参考利率，如美国国库券收益率等。利率调整的周期，同时也是利息支付的周期，一般为半年。

浮动利率债券产生的背景是由于自 20 世纪 70 年代末期以来，国际金融市场上利率波动剧烈，使筹资人和投资人的利率风险加大，浮动利率债券应运而生。

规定利率上下限(Collars)的浮动利率债券，是一种特殊的浮动利率债券。1992 年，包括 J. P. 摩根在内的一些银行，发行了一种在浮动利率条件下，规定了债券利率的上限和下限债券。即当浮动利率的参考利率低于债券约定的利率下限时，以约定的利率下限作为债

券的利率；反之，当浮动利率的参考利率超过约定的利率上限时，则以约定的利率上限作为债券的利率。在利率市场波动剧烈时，这种债券利率的确定方法，是一种对筹资人和投资人双方都易于接受的做法。20 世纪 90 年代初，美国市场的利率水平几乎处于其近百年来的最低点。因此，债券发行人给出债券支付利率下限，可提高对投资人的吸引力；同时，预先约定了利率的上限，也可有效地避免筹资人未来的利率风险。

（四）国际债券发行价格的确定

债券的发行价格(Issue Price)就是指债券从发行人手中转移到初始投资人手中的过程中，初始投资人为购买固定面值债券而实际投入的金额。

根据实际投入金额与债券面值数额之间的关系，债券的发行价格可分为三种情况：平价发行、溢价发行和折价发行。

债券本来应该按面值出售，也就是应平价发行。因为，此时的面值，也是发行价格，是计算投资人收益的基数，而债券利率则是确定投资人收益的依据。然而，由于债券利率一经确定则不再变更。而在债券利率确定以后到对外销售前这段期间内，一些影响债券利率的因素可能还会发生变化。此时，债券票面收益率与市场收益率发生背离。如果市场收益率高于拟发行债券票面利率时，按票面额出售则不利于投资者，债券难以销售；而市场收益率低于拟发行债券票面利率时，按票面额出售会使发行者增加不必要的筹资成本，对债券筹资人不利。

所以，为了使债券的实际收益率与市场水平保持一致，则需要根据市场的变化，通过调整发行价格的方式，来调节债券的实际收益率，使之与市场变化情况基本上保持一致。债券的收益率与发行价格之间的关系，是一个难度比较高的问题。在此，我们仅对这一问题做初步的解释。一个简单的理解方法是，在固定债券利率条件下，当市场收益率与债券票面利率不一致时，可通过下面的公式来确定发行价格。其隐含的意义是，通过对发行价格的调整，使发行的债券的收益率与市场收益率一致。

$$\text{发行价格}=\frac{\text{票面额}+\text{票面利率}\times\text{票面额}\times\text{期限}}{1+\text{市场收益率}\times\text{期限}}$$

例如，某种债券的票面额为 1 000 美元，确定的票面利率为 10%，而发行时的市场收益率为 9%，期限为 5 年，该债券的发行价格为：

$$\frac{1\ 000+1\ 000\times 10\%\times 5}{1+9\%\times 5}=1\ 034.48(\text{美元})$$

即以 1 034.48 美元的价格发行票面额为 1 000 美元的债券。这种发行价格高于面值的发行称为溢价发行(Premium Issue)。

反之，如果其他条件不变，但发行时的市场收益率为 11%，则该债券的发行价格为：

$$\frac{1\ 000+1\ 000\times 10\%\times 5}{1+11\%\times 5}=967.74(\text{美元})$$

即以967.74美元的价格发行票面额为1 000美元的债券。这种发行价格低于面值的发行称为折价发行(Discount Issue)。

(五) 国际债券偿还期限的确定

国际债券的偿还期限(Year to Maturity)是指债券从发行到偿还完全部本金的期间。国际债券属于资本市场上的融资,所以,其期限都较长。通常,无论是普通债券,还是浮动利率债券,其偿还期限一般为5～8年,可转换债券为10～15年。

除了国际债券市场的一般惯例外,债券发行人在确定其发行债券的期限时,应主要考虑以下因素:

(1) 发行人的资金需求。债券期限的长短应根据发行人资金需求的长短及其项目的建设与回报周期而定。

(2) 市场利率的变动趋势。这主要基于对筹资成本的考虑。在固定利率债券的情况下,如果发行人预期未来时间内利率将升高,则债券期限应尽可能相对较长,以避免将来资金不足再次发行债券时筹资成本升高;反之,如果预期市场利率可能下降,就应尽量缩短债券的期限。因为市场利率下降,筹资者可以以较低的利率发行新的债券或借新债还旧债,以降低筹资成本。

(六) 国际债券的本金偿还方式

国际债券的本金偿还方式(repayment)是指债券发行人向投资人支付本金收回债券的过程。国际债券的本金偿还方式主要分为两种:到期偿还和选择性偿还。

到期偿还(Bullet Maturity)是指发行人只在国际债券的期限到期时,才一次性地偿还投资人全部债券本金的方式,尽管其债券票息是分期支付的。到期偿还是国际债券中最典型的本金偿还方式。

可选择性偿还(Optional Redemption),又分为发行人选择性偿还与持有者选择性偿还两种。发行人选择性偿还(callable redemption),是指发行人在债券发行的合同中预先制定赎回安排(call schedule),以此约定,从债券发行若干年后开始,在若干不同但固定的时间,发行人有权按约定的价格,通常相当于或高于票面额的价格,直接向国际债券持有者购回约定数额的债券。在这种方式下,国际债券发行人可根据自己的财务状况来确定对自己有利的赎回安排,以调整其债务结构。但这种做法往往会损害投资人的利益,特别是当市场利率下降和国际债券行市上升的时候。因此,当发行人采用这种方式偿还债券本金时,发行债券的利息通常都较高,以此给予投资人适当的补偿,以维护投资人的利益。这种偿还方式的债券被称作可赎回债券(callable bond)。

除了通过赎回安排而偿还债务本金外,发行人也可采取买入注销(Purchase in the Market)的方式,来提前偿还其债务。买入注销是指国际债券的发行人,将已经发行的国际债券

从流通市场上，或从债券持有者手里重新购回，以注销其债务。买入注销一般是由发行人同国际债券的持有人按照双方共同协商同意的价格购回的，因此这种协议和价格具有相互谅解的基础。

持有者选择性偿还，主要是发行人在发行国际债券的时候就明确约定了投资人有权选择在国际债券到期前的指定日期中，按固定价格将国际债券回售给发行人。这主要是给投资人一种选择的权利，回售的时间也往往规定了几个指定日期，这样便于投资人调整资金运用的策略，使国际债券更加具有吸引力。

（七）国际债券的付息方式

国际债券的付息方式是指国际债券的发行人如何向投资人支付债券投资收益的问题。传统的债券投资收益是通过债券利息的方式而实现的。而随着欧洲债券市场的发展，一种以满足投资人特殊税收目的的零息债券应运而生。

1. 附息债券

附息债券是指在债券发行的同时连带着债券的息票，并同时规定了支付债券利息的时间的债券。

附息债券的利息支付方式基本上有两种：一次性付息和分期付息。一次性付息是指债券到期还本时，发行人向投资人一次性地按单利计算和支付所有利息。这种方法具有简单、便利的特点，通常适用于期限比较短，如3年期的债券。分期付息则是指债券发行人在偿还期限内定期地向持券人支付利息，包括按年付息（即每年支付一次利息）和半年付息（即每年等期支付两次利息）。由于国际债券中支付利息的成本较高，所以以按年付息为主。分期付息是国际债券市场上中长期，尤其是长期债券通常采用的方式。这种方式对提高投资人的资金流动性有利。

2. 零息债券

零息债券（Zero-Coupon Bonds）是指欧洲债券市场上债券投资人只能在债券到期时，通过债券投资额小于债券偿还额的差额而获得债券投资回报一种债券计息方式。由于二级市场上债券到期时债券价格上升的收益在日本被当作资本利得而不用交税，所以，这种国际债券对日本投资者很有吸引力。

零息债券只是在形式上没有债券利息，而实质上债券都是有利息的。因此，零息债券中的利息是通过债券的特殊的贴现发行形式而实现的。零息债券的发行，不是按票面额，而是将票面额按复利折算成现值发行，到期时发行人按面值偿还。此时的面额，等于本息之和。

零息债券中的贴现发行，与一般的债券贴现发行的概念不完全相同。尽管二者都是运用货币时间价值的原理来计算未来收益的现值，但二者的区别是计算投资本金的基数不同。一般的贴现发行以债券票面额为投资本金，而零息债券中的投资本金则是实际的发行价格。因此，相同面值、相同发行价格的条件下，贴现发行的债券和零息债券的实际投资收益率是不同的。

（八）国际债券投资人所拥有的权利

原始意义的债券投资人，仅有一个权利，即收回本金并获得相应的利息收入。而随着债券市场的发展，一些赋予债券投资人在投资债券的同时而拥有其他一些权利的债券应运而生。

1. 可转换债券

可转换债券(Convertible Bonds)是指债券的投资人除了拥有收取利息的权利外，还拥有按照预先规定的价格将该债券转换成其他种类资产的权利。常见的转化资产是转换成债券发行公司的股票，也可以转换成黄金或石油等资产，或是转换成其他特征的债券，比如浮动利率的可转换债券在某些情况下可转换成固定利率债券或相反。可转换债券是欧洲债券中一种比较常见的形式。

2. 附认股权证的债券

附认股权证的债券(Bonds with Equity Warrants)，是指债券的投资人除了拥有收取利息的权利外，通过附带于债券的认股权证，赋予了债券投资人以固定价格(履约价格)、在固定日期(履约日期) 购买债券发行公司股份的权利。通常，附认股权证的债券是固定利率债券。所以，附认股权证债券具有普通债券的特点，只是息票利率(即债券利率)较低，以体现认股权证的价值。

3. 双重货币债券

双重货币债券(Dual Currency Bonds)是一种发行货币与本息偿还不一致的国际债券。在债券发行时是一种货币，而本金的偿还或利息的支付则用另外一种货币。例如，美国联邦国民抵押协会于 1985 年发行的欧洲日元双重货币债券时，投资者购买时用日元，所获得的利息收入也是用日元支付，但获得偿还的本金则是按预先约定的汇率，将日元面值折算成美元。

4. 抵押担保债券

在欧洲债券市场上，只有那些信用等级较好、信用风险比较低的借款者才能较成功地发行欧洲债券。而一些达不到投资信用等级的机构，则很难进入该市场举债。抵押担保债券(Mortgage—Backed Eurobonds)就是在这种背景下产生的。抵押担保债券是指这些信用等级较低的筹资人，为了能够进入欧洲债券市场，通过用其所拥有的其他信用等级较高的机构的债权做抵押方式来发行债券，一旦债券发行人违约，则用抵押的资产来保障债券投资人的利益。

二、外国债券的发行程序及主要当事人

外国债券的发行的具体要求依发行市场所在国的不同而有所不同，因为，不同国家的债

券监管部门对外国债券发行人的准入要求、标准不同。但是，就发行程序而言，基本上可以概括为以下的 4 个步骤，如图 6-1 所示。

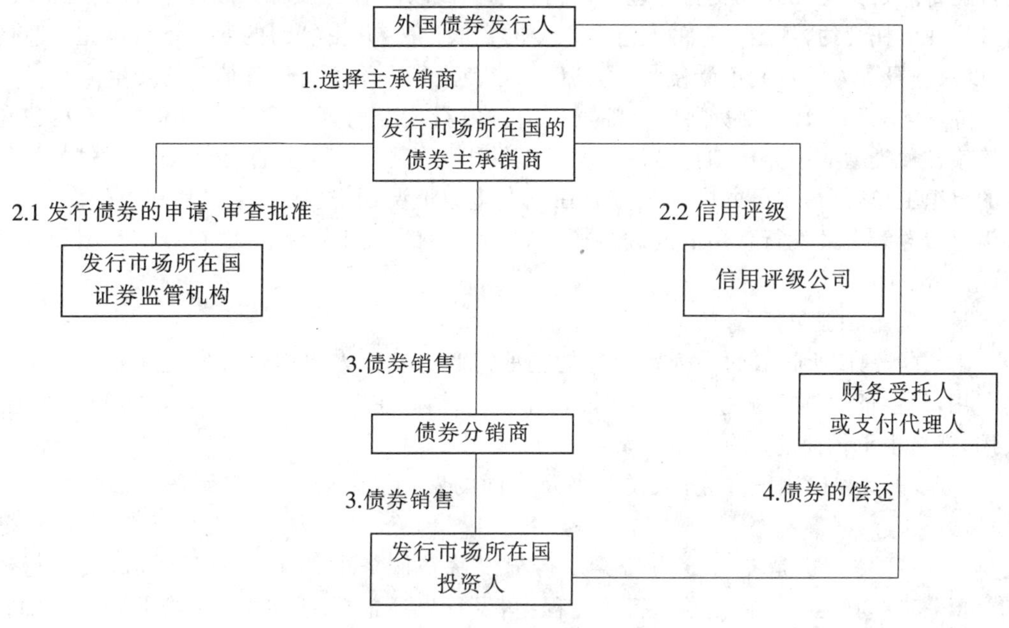

图 6-1　外国债券的发行程序

（一）外国债券发行人对发行市场所在国债券主承销商的选择与委托

外国债券的发行人是指拟通过发行外国债券而筹集所需资金的国际借款人。外国债券的发行人在作出发债决定后，首先要寻找并确定一家发行市场所在国有承销资格的债券主承销商作为其组织债券发行的信用中介。根据主要外国债券市场国家金融业经营模式的不同，证券主承销商可能是专事证券发行的投资银行，也可能是一家全能银行的证券业务部。

当发行人确定了主承销商后，就需要对以下事项与主承销商进行谈判。

(1) 由主承销商对发行人的财务和资信状况进行分析，并预测债券市场投资人对该债券发行的反映和接受程度。

(2) 在上述分析、预测基础之上，主承销商向发行人建议包括发行金额、时间、利率水平与利率形式及债券的发行和销售方式等内容在内的最佳发行条件。

(3) 代表发行人与政府主管证券发行的金融监管机构联系，包括发行申请的提出、债券的信用评级等。

(4) 办理关于债券发行的日常性事务，如委托律师起草债券发行的法律文件，协助发行人编制债券发行说明书，发布新闻消息，印制债券等。

(5) 根据债券的销售方式，直接或通过组织分销商，向初始投资人销售债券，募集资金。

(6) 与债券发行的其他关系人，如财务受托人或支付代理人等，就债券发行的有关事宜进行磋商。财务受托人或支付代理人是指主承销商以外的一家商业银行，受发行人的委托，通过签订信托契约，规定债券的利息和本金的支取方法，并由签约的商业银行承担本息的偿还，以保证投资人的权利不受侵犯，尤其确保避免发行人不执行债务情况的发生。

(7) 与发行人商谈收费问题。筹资人通过发行债券而募集资金的过程中，不可避免地要依赖各种类型的中介机构为其债券发行提供相关的服务，其中，主承销商所提供的发行债券的组织工作，是最主要的中介服务。在绝大多数情况下，这些服务都是有偿的。所以，就产生了债券筹资的发行费用的问题。按照费用发生的时间先后来分，有最初费用和期中费用两部分。

最初费用一般包括：

① 主承销商所收取的手续费。这是主承销商为发行人组织债券发行而收取的最主要的费用，约占证券发行额的2%～2.5%，扣除主承销商在发行工作中所发生的管理费和销售费用，就是主承销商的盈利。

② 印刷费。印刷债券凭证、说明书及合同的费用。发行1亿美元债券，约需5 000～7 000美元。

③ 律师费。这是支付给为债券发行提供法律服务的律师行的费用，每次发行约需30 000～50 000美元。在债券发行的过程中，发行人通常要聘请经验丰富的专业律师行作为其债券发行的法律顾问，以使发行安排符合发行国法律的要求或不违反国际通行的惯例。

④ 上市费。这是债券发行后为进入二级市场交易而发生的手续费、广告宣传费等。

期中费用，主要是支付给债券期限内，负责发行债券的账务管理和本息偿付的财务受托人或代理人的费用，具体可有：

① 债券管理费用。一般为每年3 000～5 000美元。

② 付息手续费。一般为所付利息的0.25%。

③ 还本手续费。一般为还本金额的0.125%。

上述费用，为按惯例计算的大略的数字，实际发行的费用，根据发行人的具体情况而变化。发行费用的高低，在很大程度上与发行人的信誉及与承销团和财务代理人进行谈判的经验和能力有关。所以，运用发债方式筹集资金的借款人，其筹资成本由两部分组成，一是按债券利率而支付给投资人的利息支出；二是伴随着债券发行和偿还的全过程而发生费用的支出。

由此看出，外国债券发行人确定了它的主承销商后，关于债券发行的具体安排，都是由发行人所委托的主承销商来进行的。

(二) 发行债券的申请、信用评级、审查与批准

由于外国债券主要依托的是发行市场所在国国内的债券市场而进行的，所以，市场所在

国的相关监管部门都对外国债券的发行人制定了比较严格的准入条件。只有符合市场所在国的准入条件的发行人，才有可能获准在该国的债券市场上发行外国债券。尽管各国关于外国债券市场准入的具体标准有所不同，但概括而言，这一步骤包括三个方面：发行申请的提出与发行人的信息披露、拟发行债券的评级和市场所在国监管部门的审查与获准发行。

1. 发行申请的提出

世界主要外国债券市场所在国都对外国债券的发行明确有主管部门并制定相应的审批程序。以美国外国债券市场为例，美国债券交易委员会是在美国外国债券发行的主管部门。外国债券发行人拟通过美国债券市场举债时，需首先向美国债券交易委员会申请登记，以书面"注册声明"(Registration Statement)的形式详尽地披露发行者本身的财务经营状况、所在国家的情况、筹资理由及风险因素等资料，以供投资人选择。再以日本市场为例，日本的大藏省是在日本外国债券发行的主管部门。日本对公募债券的发行有较严格的规定，发行人除要提供本身及拟发行债券的详细情况外，还需具备过去在国际资本市场上有过发债经历的条件；此外，根据发行债券信用等级的不同，规定每一等级的最高的发行额和最长的发行期限等。

2. 债券的信用评级

债券的信用评级，就是在发行债券之前，由独立于发行人与投资人的第三方，通常为在国际债券市场上具有权威地位的信用评级机构，根据发行人的申请及其所提供的与发行债券相关的项目、企业财务状况等方面的资料与数据，对拟发行债券的违约风险进行测定，并将测定后的风险程度用简单的符号告示投资人。需进一步明确的是，债券信用评级的对象是债券，而不是发行者本身，同一发行人发行的不同债券，其等级也不一定相同。

国际债券的信用评级，无论对发行人还是投资人，都十分重要。对于发行人而言，债券评级有助于其确定合理的资金价格。对于投资人而言，因其很难直接了解位于海外的发行人的实际情况，只有借助于债券的信用评级，才有助于其作出投资决策，以及确定恰当的投资回报率。

债券的信用等级评估是源于美国债券市场的一种特有的制度。今天，债券的信用评级在外国债券市场上具有重要的意义。

(1) 它是关系到发行人可否发行债券的关键条件之一。通常，在外国债券市场上，特别是对于采用公募形式发行的债券，债券发行市场所在国的监管部门都对外国债券的发行人规定了强制的并公开的债券信用评级的要求。换言之，如果外国债券的发行人不对拟发行债券进行信用评级，或不公开地公布其评级的结果时，外国债券的发行人就不能在该国的债券市场上公开发行外国债券。因为，债券发行人资信程度的高低，是投资人选择债券的主要因素之一。但对每一个投资人自身而言，其难以透彻地了解远在他国的发行人的经营与财务状况。通过提供债券的信用等级，可有利于投资人进行投资决策；而债券的信用等级越高，也越有利于保障债券市场的安全。

(2) 它关系到发行人的筹资成本。一般而言，债券的信用等级越高，其债券利率越低，则发行人的筹资成本越低。

世界著名的资信评级机构有若干家，如在国际上具有代表性、历史悠久的两大评级机构是美国的穆迪公司（Moody's Investor Service Inc.）和标准—普尔公司（Standard And Poor's Corp）。此外，还有新成立的欧洲的评级机构——欧洲评级公司。目前亚洲也有6家得到公认的资信评级机构，如日本投资家服务公司、日本评级研究所和费奇投资家研究所等。各家资信评级机构的具体的评估方法、结果的表示符号会有所不同，但其本质都是相同的。

以穆迪和标准普尔的债券评定的表示方法为例，其评级结果如表6-1所示。

表6-1　债券评级结果的表示方法

分级	穆迪公司的符号	标准—普尔公司的符号	信用等级说明
1	AAA	Aaa	最高信用、最低风险级
2	AA	Aa	高信用级
3	A	A	中高信用级
4	BBB	Bbb	中高信用级
5	BB	Bb	中低信用级
6	B	B	低信用、高风险级
7	CCC	Ccc	可能出现违约损失
8	CC	Cc	违约可能性很大
9	C	C	没有偿还能力

一般认为，BBB级及以上级别的债券被认为是适宜投资的债券。而BB级以下的债券，投机成分浓厚，这些债券的发行人，就不会被批准进入国际债券市场。在绝大多数情况下，我们所看到的债券发行人所公布的信用评级都在BBB级以上，而几乎看不到公布在BB级以下的评级。这种现象是由债券信用等级评估的程序所决定的。因为，债券的评级通常由承销商向评级机构提出。而承销商都是站在债券发行人的立场上，帮助其准备资料，为其提出建议，以期获得较高的债券等级。一旦信用评级机构根据发行人的实际情况，对其评级较低时，发行人可以拒绝公开等级。所以，我们看到的评级结果，特别是由发行人主动申请的评级，其等级都是较高的。

3. 发行申请的审查与批准

债券承销商根据本国债券发行监管部门的要求，为发行人准备好全部的申请材料，并提交给监管部门之后，通常要有一定工作日的等待阶段。在这个阶段内，监管部门要对发行人的材料的真实性、完整性等进行审查。经审查后，如果发行人的情况符合市场所在国的准入要求，发行人的申请即可被批准生效。外国债券的发行，就可进入下一步骤。

（三）确定具体的发行方式，向投资者销售债券

这是国际债券从一国发行人到另一国投资人手中转移，从而使发行人取得债券外汇融

资的过程。在国际债券市场上，可以将投资人分为两类：一类是小额投资人；另一类是机构投资人。前者以个人名义投资购买债券，后者则是以法人实体的名义投资购买债券。机构投资人又可分为信托投资公司、保险公司、商业银行、养老金、大学的基金会和各种投资基金两种类型。今天，在国际债券市场上，机构投资人所占的比重越来越大。

债券主承销商根据与发行人已经确定好的具体的债券发行方式，如是募集发行还是出售发行等，认真分析市场上潜在的投资人，将初始发行说明书送到这些潜在的投资人手中。此阶段的核心是通过展示、推销报告会等方式，让潜在的投资人充分了解即将发行的新债券。然后，在此基础之上，债券便可正式向市场发售。最后，订单得到确认，交割并得到融资，发售取得成功。

（四）债券的偿还

债券的偿还则是按照预先约定的发行条件，在规定的期限，由发行人向投资人还本付息的清算过程。通常，资金的划拨由债券发行市场所在国的财务或支付代理人负责。

四、欧洲债券的发行程序及其主要当事人中与外国债券的不同之处

欧洲债券是在外国债券基础之上，伴随着欧洲货币市场的发展而发展起来的。如上所述，欧洲债券与外国债券的基本不同之处是债券的标价货币的差异。因此，除了因标价货币的不同而引起的欧洲债券的发行程序及涉及的当事人的变化外，欧洲债券发行过程中所依据的国际债券市场的基本原理与外国债券是完全相同的，欧洲债券的发行程序与上述外国债券的发行程序也基本相同。因此，本问题仅就欧洲债券发行程序及所涉及的当事人中与外国债券的不同之处予以阐述。

（一）欧洲债券的发行程序

欧洲债券的发行程序如图 6-2 所示。

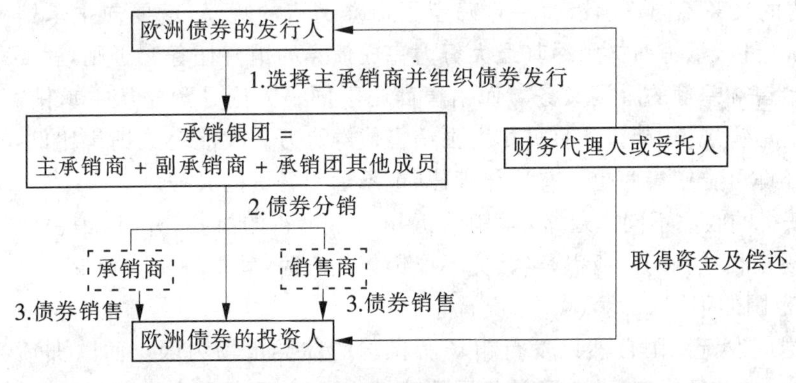

图 6-2　欧洲债券的发行程序

（二）欧洲债券发行程序及当事人中的不同之处

1. 欧洲债券承销商构成的不同

外国债券发行时的承销，可由发行市场所在国的一家投资银行单独承担并完成全部的发行债券的组织工作。而欧洲债券的发行的组织工作则是由承销银团（managing group）来完成的。通常，承销银团由主承销商（lead manager）、副承销商（Co-Manager）和其他承销团成员构成，有的时候还可包括销售过程中的承销商（underwriters）和销售团（selling group）。

主承销商又译为牵头经理人，是承销银团的领导者，是欧洲债券发行的最主要的组织者和销售者。主承销商牵头或是由发行人指定，或是由投资银行通过竞争投标选择。一般而言，发行人对主承销商的选择十分慎重，大多是与发行人关系较好的投资银行。若采用竞争方式，则需要根据投标的发行银行的承销发行建议、承办发行的经验、资信级别和债券的推销能力来招标选择。主承销商的基本职责是：与发行者一起协商和准备有关文件并确定债券价格，组织承销银团和债券销售时的包销团。在推销阶段，主承销商还负责收集投资人的需求意见，并在推销阶段结束时，决定销售团各成员的推销额的分配比例。同时，主承销商自己也负责推销大部分的债券。所以，主承销商所获得的酬金也最高。

副承销商又译为共同经理人，即承销银团中除主承销商之外的一般承销商。他们在主承销商的组织下，共同管理和实施债券的具体发行工作，有的主管账务，有的参加承销的准备，有的负责文字工作，但都要承担承销债券的任务，以收取管理费和承销费。

债券销售阶段的承销商和销售商。二者的基本职责都是负责将债券推销给投资人。因为，承销银团中的主承销商和副承销商除了组织债券的发行外，一般只承担总发行任务的40％，而其余的60％则通过承销商或销售商来完成。而承销商和销售商的主要区别有三：

（1）与主承销商的关系不同，二者既可以是相对于主承销商的平级的关系，即二者都直接从主承销商那里获得销售的债券；也可是上下级的关系，即承销商从主承销商那里获得拟销售的债券，再分销给销售商。

（2）销售的义务不同。承销商一旦确定了债券销售的规模，就要向主承销商支付全部的承销金额。所以，承销商必须尽其最大努力完成债券的销售任务。否则，就要承担分配的规模与实际销售额差额的融资义务。而销售商则不同。无论是预先从主承销商，还是承销商那里分配的销售规模，销售商只需尽力去销售债券。万一没能完成销售比例，只需将未售出的部分退还即可。销售商也没有法律责任，也不承担融资的义务。

（3）可获得的收益不同。通常，承销的折扣高于销售的折扣，并且，销售商的报酬是与其实际销售规模相挂钩的。所以，当其完不成销售任务时，其报酬相应减少。

2. 发行范围的不同

外国债券的发行范围自然以发行市场所在国的债券市场为限。而欧洲债券的发行范围，既可是某一国的债券市场，也可是几国的债券市场，甚至是面向全球债券市场的发行。

3. 受发行市场所在国或标价货币所在国金融监管当局管制的不同

如上所述，各国金融监管当局通常只对本国债券市场的外国债券的发行人制定有比较严格的管理规定，而不对外国筹资人在本国债券市场发行的以非本国货币标价的债券实施同样的管制。于是，对欧洲债券的发行人而言，就不需要向市场所在国的金融监管当局提出发行申请，也不需要对发行进行注册登记，其信息披露的程度，远远低于外国债券发行人的要求。而这些要求的放松，又大大缩短了发行人的发行时间，加快了发行速度，降低了发行成本。此外，就债券的评级而言，也不再是一项强制性的义务。

当然，发行人对债券进行评级，等级越高，越有利于吸引投资人。但对欧洲债券的投资人而言，其是否投资于欧洲债券，在很大程度上并非仅仅依赖于债券的信用评级结果，也不是单纯地依赖于对发行人财务报表的分析，而是取决于发行人在国际上的知名度。例如，具有相同品质的发行人，在世界范围内知名度高的发行人，更受投资人的欢迎，其筹资成本也就越低。所以，那些在国际上著名的大的跨国公司和主权国家的政府，才有可能以最低的利率水平来发行欧洲债券。

4. 欧洲债券清算机构的不同

与外国债券清算由发行市场所在国的金融机构负责清算不同，欧洲债券的清算通常与具体的发行市场无关，而是由专业的欧洲清算系统负责，即欧洲票据清算所和塞地尔（一种以卢森堡为基地的欧洲货币清算系统）两个机构进行结算和交易。

5. 欧洲债券投资人的不同

在欧洲债券市场上，机构投资人占主导地位，因为他们能为发行者提供一个更大规模的资金来源。欧洲债券大多被大基金组织所购买。小额投资人的需求虽然存在但其能力有限。因此，很多小额投资人都是通过银行和其他各种基金管理人进行欧洲债券的投资。

第三节　国际债券的流通市场

过去，大多数的个人投资人和除投资基金外的其他机构投资人如保险公司、商业银行、养老金和大学基金会等，其投资债券的基本目的是为了获得债券的息票利息收益，因此，他们在购买国际债券后多会持有到期，从而不会对二级市场产生大的需求。现在，由于机构投资人所占的比重越来越大，并且，越来越多的机构投资人投资债券的目的，已不仅仅是期望获得债券的利息收益，而是期望通过二级市场的买卖，获得债券的溢价收益。因此，国际债券的流通市场变得愈加重要。

一、国际债券流通的实现途径

两种不同类型的国际债券，在二级市场上进行交易的实现途径不尽相同。外国债券的流通，特别是以公募方式上市发行的外国债券的流通，主要通过发行市场所在国国内的债券交易所而实现，也就是以场内交易的形式而实现的。欧洲债券的流通，由于绝大多数的欧洲债券都是以私募方式发行的，并不具备在证券交易所挂牌流通的资格，因此，主要是依赖场外交易市场而实现的。严格地讲，是依赖欧洲货币市场的离岸金融中心的场外交易而实现的。并且，交易非常活跃，即欧洲债券的流动性极强。

具体而言，欧洲债券的场外交易市场的交易系统，主要是由美国跨国银行、主要欧洲银行、日本银行以及这些国家的经纪人公司所联网的电信系统组成。欧洲债券场外交易市场的主体，根据其在市场上地位的不同，可分为三大部分：

(1) 欧洲债券的出卖者或购买者，他们主要是欧洲债券的机构投资人。

(2) 为欧洲债券买卖者提供信息中介服务的经纪人。他们在接到买入或卖出某种欧洲货币的债券的指令时，努力找到一家合适的交易对象，从而促成双方的交易。通常，这些经纪人向提出交易的一方收取 0.062 5%的手续费作为佣金。

(3) 欧洲债券流通市场上的造市商，他们通常是用自己的账户进行自营买卖的特殊经纪人。这些具有造市商地位的债券经纪人，通过用自有资本购买欧洲债券而形成债券资产组合的存货，因而可以通过向想要购买债券的投资人卖出其手中持有的债券，或从想卖出债券的投资人购入其债券，于是，这些经纪人具有了随时成为交易对手的地位。换言之，正是由于这些欧洲债券市场上造市商的存在，使得欧洲债券市场的交易可以随时进行，从而保障了欧洲债券二级市场的流动性。

欧洲债券市场上的造市商采用双报价制，即同时报出某一种特定欧洲债券的买价和卖价。买价表示该造市商愿意以此价格买入债券，而卖价则表示该造市商愿意以此价格卖出其手中的债券存货。债券的价格是以面值的百分比的形式来报出的。例如，当报价为 95～95.5 时，一张面值 1 000 美元的债券，其买入价格为 950 美元，卖出价格为 955 美元。一般而言，固定利率债券的买卖差价是 0.5%，浮动利率债券，因其流动性更强，买卖差价会更小一些。此外，因债券市场条件的不同，买卖差价也有不同的范围。如债券发行后的最初的几天里，交易通常较为活跃，所以买卖差价就小。而在交易清淡时，买卖差价可达 1.5%。再如，债券的交易量以手数计量时(标准的交易量是 100 张债券为 1 手)，造市商所报的买卖价对其交易对手最有利。买卖差价就是该造市商的收入，造市商的交易对手无须再向其支付任何其他费用。

二、利率时间测度的国际惯例与债券收益率的种类和计算

(一) 利率时间测度的国际惯例

1. 问题的提出

国际金融市场上的利率通常都是以年利率来表示，即每年每单位货币的利息率。然而，

年利率中所使用的年的长度，并非总是与我们日常生活所使用的年历的长度完全一致。并且，国际金融市场上各种实际交易，特别是债券买卖时利息的计算，绝大多数情况下以天为时间单位。于是就产生了这样的问题：在计算利息时，一年应该以多少天来度量？各种金融工具上所标明的利率，是否就是准确地反映该交易利息水平的实际利率？这也就是利息计算时的时间测度问题。

按照利息计算的最一般的公式，利息＝本金×利率×时间。由于本金是预先确定的，所以，实际利息计算时，就需要解决两个问题：一是时间，即本金占用天数的确定；二是年的长度的确定。年利率中年的长度，被称为年基，包括 360 天、365 天和实际天数三种形式，并依货币和金融工具的不同而不同。其结果是，不同的组合方法，也导致了实际利率与名义利率的不完全吻合，或相同名义利率的债券，其实际利率并不相同。

2. 利率时间测度的具体惯例

在国际金融市场上，某一种货币或某一种金融工具所采用的特定的利率时间测度方法，都是国际惯例的使然，没有需要解释的原因。但是，不同的方法所导致的实际利息计算的结果是不同的。这也是我们着重探讨的内容。有关利率时间测度的内容，既适用于本章所讨论的国际债券中息票利率及利息的计算，也适用于其他涉及利息计算的金融工具。之所以将这部分内容放在此处，是因为在国际债券流通中，这个问题最为突出。

(1) 实际天数/360 法

这种方法的基本含义是：计算利息时，分子按本金实际发生的天数确定，而分母则始终按 360 确定，即年利率中年的长度为 360 天，而无论计算当年年历的实际天数是多少。

美国货币市场和欧洲美元市场上的金融工具，采用这种利率的时间测定方法。于是，一项名义利率是 10%的金融工具，从 2003 年 5 月 4 日到 2003 年 6 月 1 日，其利息计算所使用的实际利率应为：

$$10\%\times 28/360=0.777\,8\%$$

(2) 实际天数/365 法

这种方法的基本含义是：计算利息时，分子按本金实际发生的天数确定，而分母则始终按 365 确定，即年利率中年的长度为 365 天，无论计算当年年历的实际天数是多少。

英国和澳大利亚的货币市场和债券市场以及欧洲英镑货币市场上的金融工具，均采用这种年利率的时间测定方法。

(3) 实际天数/实际天数法

这种方法的基本含义是：计算利息时，分子按本金实际发生的天数确定，而分母也按计算期内当年年历的实际天数为基数。但是，根据一年内利息支付次数的不同，以及利息实际发生时所处的具体月份的不同，付息期的天数以及还原成年的天数也有所不同。

例如，假设某一美国政府国债的息票的年利率是 10%，从 2000 年 1 月 10 日到 2001 年 1 月 10 日一年的期间内，如果该债券每年付息一次，则该债券的实际利率仍是 10%×(10%×

366/366 = 10%)。

但是,假如该债券每年付息两次,分别为每年1月10日和7月10日。那么,每张息票代表的利率是5%。但每半年的息票的付息期,则是以半年实际天数的利率来计算的。例如,计算从2000年1月10日到2000年2月10日的应付利息,其实际利率应调整为:

$$5\% \times 31/182 = 0.851\,65\%$$

而计算从2000年7月10日到2000年8月10日的应付利息,其实际利率应调整为:

$$5\% \times 31/184 = 0.842\,39\%$$

对两次付息期182天和184天的理解。由于2000年是闰年,则上半年的实际天数是182天,而下半年的天数是184天。因此,两个交易所对应的付息期不同,所以,计算的基数也不同。并且,如果分别把这两个付息期还原成年基,则182天付息期所对应的年基是364天,而184天付息期所对应的年基是368天。

美国和澳大利亚的政府债券市场,采用这种利率的时间测定方法。

(4) 30/360法

这种方法的基本含义是:计算利息时,每个月都被算作30天,每年都被算作360天。大部分的欧洲债券采用这种利率的时间测定方法。

例如,2001年9月14日,某交易商买进了100张面值为1 000美元、息票率12%、每年2月10日付息一次的欧洲债券,二级市场价格为93美元。债券起息日(Value Day),也就是债券的交割时间,为成交后第7天,即9月21日交割。计算交割时该交易商应支付给债券出卖方(债券持有人)的总金额。

该交易商应该支付给债券卖方的总金额由两部分组成:按二级市场价格所计算出来的总金额和债券出卖方在持债期间应得的利息收入。

① 持债人应得利息收入的计算:

01/2/10(最后一次付息日)　　01/9/14 成交　　01/9/21 起息

通过上面的图示看出,该债券出卖方从最后一次付息日到债券交割期间的天数为按欧洲债券30/360计息法计算,应有:

$$30 \times (9-2) + (21-10) = 221 \text{ 天}$$

其应付总利息为:

$$1\,000 \times 12\% \times 221/360 \times 100 = 7\,366.67(\text{美元})$$

② 持债人应得的债券款项为:

$$93 \times 1\,000 = 93\,000(\text{美元})$$

③ 该交易商应付的总金额是:

$$93\,000 + 7\,366.67 = 100\,366.67(\text{美元})$$

三、国际债券的收益率

债券的投资收益是指初始投资的价值的增值，该增值量来源于两个部分，债券的利息和债券的市场价格相对于初始购买价格的升值。简单而言，债券的收益率是指债券投资的所得占其债券投资额的比率，通常用年收益率表示。

根据经济学的一般原理，债券的收益率显然是投资人债券投资决策的最基本的考虑因素之一。衡量债券收益率的指标，在一级市场和二级市场不尽相同。并且，由于二级市场的流动性，使债券的价格随时反映着利率的变化及供求的对比，因而其收益率的计算也就更为复杂。因此，有关债券收益率指标的建立、计算的方法及推导过程都比较复杂，有着非常丰富的内容。本章此处的内容只是有关债券收益率计算的一些初级知识。

从国际债券收益率的角度考虑时，国际债券的投资决策，不仅要涉及债券收益率的计算，不同货币的债券资产转换时还要涉及汇率问题。由于货币的兑换和外汇风险的管理，已在外汇市场及外汇风险管理两章中予以阐述；并且，投资人可以通过证券资产的组合而消除或管理外汇风险的内容属于国际金融市场比较高级的内容，本章也暂不介绍。

简而言之，衡量债券收益率的指标主要有下述三种形式。

(1) 名义收益率。名义收益率亦称息票收益率，即债券本身所规定的息票的票面利率(coupon rate)。如一份每年付息一次，年息率为8%的债券，其名义收益率即为8%。

债券的名义收益率只是反映债券的息票收入具体数额，是构成债券增值的基本因素之一。一旦债券发行之后，由于二级市场上计算债券收益率的投资额(债券的流通价格)是不断变化的，从而导致其收益率也会相应变化。所以，名义收益率主要是用来确定债券的息票收入水平，包括计算二级市场流通过程中所应支付利息时，才有意义。

(2) 即期收益率。即期收益率是购买债券时债券的年利息收入与该债券当时的市场价格之比的年率，以公式表示为：

$$即期收益率=\frac{债券的年利息收入}{该债券当时的市场价格}\times 100\%$$

如一张面额为1 000美元的债券，年息率为6%，每年付息一次60美元，当时的市场行市为1 050美元，则其即期收益率为：

$$\frac{60}{1\ 050}=5.71\%$$

与名义收益率相比，即期收益率体现了债券收益率的计算中实际投资成本的情况，因此，更贴近二级市场的现实。但是，即期收益的计算，仍然只是考虑了息票的利息收入，是构成债券增值的一个因素，而没有考虑到债券流通过程中可能产生的资本损益，因此，这仍只是一个简略的估算收益率。

(3) 到期收益率(yield to maturity，YTM)，是指投资人从购买债券起，且保持至债券到期时的实际收益总额与购买债券时的投资额(也就是债券的购买价格)之比的年率。实际上是投资人的实际收益率,亦即债券的收益对其成本之比的年率。

到期收益率是国际上最通用的一个衡量债券收益率的方法。而完全准确地计算到期收益率应采用折现的方法计算,相对复杂。根据下面的公式计算出的到期收益率,是一个约数。

$$\text{平均到期收益率}=\frac{\text{年利息额}\pm\dfrac{\text{资本收益或资本损失}}{\text{距到期日的年数}}}{\text{购买债券的市场价格}}\times 100\%$$

$$=\frac{\text{年利息额}+\dfrac{\text{票面价格}-\text{市场价格}}{\text{距到期日的年数}}}{\text{购买债券的市场价格}}\times 100\%$$

注:票面价格>市场价格=资本损失

票面价格<市场价格=资本收益

例如,投资者以 950 美元市价买进面值为 1 000 美元的债券,息票利率为 6%,尚有 10 年才到期,则该投资人每年不仅能获 60 美元利息,且 10 年后债券到期时,投资人还能收回票面本金 1 000 美元,亦即在这 10 年期间,获得 50 美元的资本收益或每年 5 美元的资本收益。代入公式,则该投资人的年平均收益率或迄至到期日的平均收益率为:

$$\frac{60+\dfrac{1\,000-950}{10}}{950}=6.84\%$$

如他购买时的市价不是 950 美元,而是 1 050 美元,则将他承担的资本损益 50 元,代入公式,则其年平均收益率应为:

$$\frac{60+\dfrac{1\,000-1\,050}{10}}{1\,050}=5.24\%$$

对上述公式中资本收益或资本损失的计算稍做调整,以卖出价格与买入价格的差来计算,则该公式就变为持有收益率的计算。

与即期收益率相比,到期收益率更完整地反映了二级市场债券投资的实际收益的水平。因为,到期收益率中到期收益的计算,完整地涵盖了构成债券增值的全部因素——息票利息和资本损益。

本章小结

本章与下一章的内容,共同构成了从直接融资角度考察的中长期资金融通市场的全部内容。但是,本章与下一章之间也存在着差异,即债权融资和股权融资的区别。本章所探讨的国际债券,属于直接融资方式中的债权融资。本章内容的基本逻辑是,首先,阐述了国际债券的发行条件,随后,根据国际债券类型的不同,先以外国债券为主,阐述其发行程序,进而从欧洲债券与外国债券不同的角度，进一步阐述了欧洲债券的发行程序；其次，分析国际债券的流通市场，重点阐述了国际债券在流通过程中由于利率时间测度的国际差异而导致的实际收益率的计算方法的不同。

重要概念

国际债券市场	外国债券	普通债券
欧洲债券	票息利率	浮息债券
附息债券	零息债券	双重货币债券
美元外国债券与欧洲美元债券		日元外国债券与欧洲日元债券
场外交易	国际债券的收益率	到期收益率

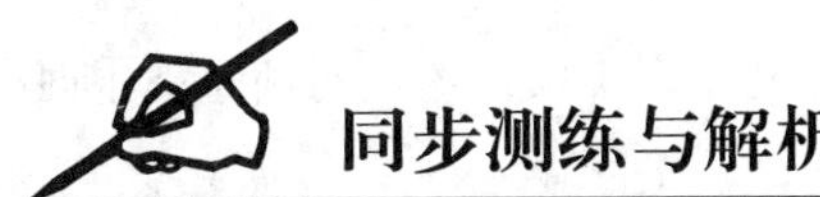

同步测练与解析

一、名词解释

外国债券　欧洲债券　扬基债券　双重货币债券　名义收益率

二、简答题

1. 欧洲债券与外国债券的区别主要有哪些？
2. 什么叫做发行人选择性偿还？有什么特点？
3. 债券发行人在确定发行债券的期限时，应主要考虑什么因素？

三、单项选择

1. 在英国发行的外国债券称为（　　）。
   A. 扬基债券　B. 武士债券
   C. 猛虎债券　D. 伦布朗债券
2. 关于零息债券叙述正确的是（　　）。
   A. 没有债券利息　B. 形式上没有债券利息
   C. 按票面额发行　D. 高于票面额发行
3. 同时在两个以上国家的资本市场上发行的债券，称为（　　）。
   A. 全球债券　B. 外国债券
   C. 扬基债券　D. 猛虎债券
4. 债券的发行价格低于面值时，这种发行被称为（　　）。
   A. 零息发行　B. 平价发行
   C. 折价发行　D. 溢价发行

5. 按穆迪公司债券评定符号，最高级别的信用等级是（　　）。

A. AAA　　B. A

C. C　　D. CCC

6. 投资人不仅拥有收取利息的权利，还拥有按照预先确定的价格将其所投资的债券转换成其他资产权利的债券是（　　）。

A. 附认股权证的债券　　B. 可转换债券

C. 抵押担保债券　　D. 双重货币债券

7. 关于规定利率上下限的浮动利率债券的叙述不正确的是（　　）。

A. 债券发行人给出债券支付利率下限，可提高债券对投资人的吸引力

B. 债券发行人给出债券支付利率上限，可有效避免筹资人未来的利率风险

C. 当浮动利率的参考利率低于债券约定的利率下限时，以约定的利率下限作为债券的利率

D. 当浮动利率的参考利率高于债券约定的利率下限时，以约定的利率下限作为债券的利率

8. 2001 年 11 月 14 日，某交易商买进了 100 张面值为 1 000 美元，息票率为 12%，每年 2 月 10 日付息一次的欧洲债券，二级市场价格为 95 美元，债券起息日为 11 月 21 日，计算交割时买方应支付给卖方的总金额（30/360 法）（　　）。

A. 9 433.33 美元　　B. 95 000 美元

C. 104 366.67 美元　　D. 104 433.33 美元

9. 假设某美国政府国债的息票年利率是 10%，每年付息两次，分别是每年 1 月 10 日和 7 月 10 日，（按照实际天数/实际天数法，2000 年为闰年）从 2000 年 1 月 10 日到 2000 年 8 月 10 日，该投资人的实际收益率是（　　）。

A. 10%　　B. 5%

C. 5.842%　　D. 5.833%

四、多项选择

1. 下列选项中，属于外国债券的是（　　）。

A. 日本公司在美国市场上发行的以美元标价的债券

B. 美国公司在日本市场上发行的以欧元标价的债券

C. 英国公司在美国市场上发行的以美元标价的债券

D. 美国公司在英国市场上发行的以英镑标价的债券

E. 中国公司在美国市场上发行的以美元标价的债券

2. 下列选项中，属于欧洲债券的是（　　）。

A. 日本公司在法国市场上发行的以美元标价的债券

B. 中国公司在英国市场上发行的以日元标价的债券

C. 美国公司在日本市场上发行的以日元标价的债券

D. 美国公司在瑞士市场上发行的以瑞士法郎标价的债券

E. 美国公司在日本市场上发行的以瑞士法郎标价的债券

3. 根据实际投入金额与债券面值数额之间的关系，债券的发行价格可分为（　　）。

A. 直接发行　　B. 间接发行

C. 折价发行　　D. 平价发行

E. 溢价发行

【参考答案】

一、名词解释

外国债券：是指外国筹资人（包括某一国家的筹资人或国际金融机构），为筹集外汇资金，在一国国内资本市场上发行以该国货币标价的债券。

欧洲债券：是指一国发行人或国际金融机构，为筹集外汇资金，在某一外国或几个国家的资本市场上同时发行的、以某一欧洲货币（即境外货币）或综合性的货币单位（如欧元产生之前的欧洲货币单位和特别提款权）标价的债券。

扬基债券：是指除加拿大以外的外国筹资人在美国债券市场上发行的以美元标价的债券。

双重货币债券：在债券发行时是一种货币，而本金的偿还或利息的支付则用另外一种货币的债券。

名义收益率：亦称息票收益率，即债券本身所规定的息票的票面利率。

二、简答题

1. 欧洲债券与外国债券的主要区别是：

(1) 债券票面标价货币不同。外国债券以发行市场所在国的货币标价，而欧洲债券是以境外货币标价。

(2) 管制程度不同。外国债券市场管制程度较高。

(3) 是否记名及与此相关的税收。外国债券投资人的债券利息收入，就面临着双重征税的风险。欧洲债券发行人所在国对欧洲债券发行人所支付的债券利息通常免征利息预扣税。另外，欧洲债券还可以规避国内所得税。

(4) 货币选择性不同。在欧洲债券市场发行的债券并不限于某一种货币的债券。而外国债券不行。

2. 发行人选择性偿还，是指发行人在债券发行的合同中预先制定赎回安排，以此约定，从债券发行若干年后开始，在若干不同但固定的时间，发行人有权按约定的价格，通常相当于或高于票面额的价格，直接向国际债券持有者购回约定数额的债券。在这种方式下，国际债券发行人可根据自己的财务状况来确定对自己有利的赎回安排，以调整其债务结构。但这种做法往往会损害投资人的利益，特别是当市场利率下降和国际债券行市上升的时候。因此，当发行人采用这种方式偿还债券本金时，发行债券的利息通常都较高，以此给予投资人适当的补偿，以维护投资人的利益。这种偿还方式的债券被称作可赎回债券。

除了通过赎回安排而偿还债务本金外，发行人也可采取买入注销的方式，来提前偿还其债务。买入注销是指国际债券的发行人，将已经发行的国际债券从流通市场上，或从债券持有者手里重新购回，以注销其债务。买入注销一般是由发行人同国际债券的持有人按照双方共同协商同意的价格购回的，因此这种协议和价格具有相互谅解的基础。

3. 债券发行人在确定发行债券的期限时，应主要考虑：

(1) 发行人的资金需求。债券期限的长短应根据发行人资金需求的长短及其项目的建设与回报周期而定。

(2) 市场利率的变动趋势。这主要基于对筹资成本的考虑。在固定利率债券的情况下，如果发行人预期未来时间内利率将升高，则债券期限应尽可能相对较长，以避免将来资金不足再次发行债券时筹资成本升高；反之，如果预期市场利率可能下降，就应尽量缩短债券的期限。因为市场利率下降，筹资者可以以较低的利率发行新的债券或借新债还旧债，以降低筹资成本。

三、单项选择

1. C　2. B　3. A　4. C　5. A　6. B　7. D　8. C　9. C

四、多项选择

1. ACDE　2. ABE　3. CDE

第七章

CHAPTER SEVEN

国际资本市场之四——国际股票市场

学习目标

本章是国际直接金融中的第二部分。通过本章学习，了解国际股票市场与一国国内股票市场的基本关系以及国际股票市场在国际资本市场上的地位和作用；掌握国际股票市场的各种类型的划分方法、基本特征；掌握企业境外上市的主要途径和基本程序；能够分析出企业选择不同海外上市途径的原因。

重点难点提示

- 国际股票市场与一国国内股票市场的基本关系
- 国际股票市场的各种类型的划分方法及相应的基本特征
- 企业境外上市的主要途径及相应的程序
- 企业不同途径实现海外上市的原因

发行国际股票是一国的企业在国际金融市场上运用直接融资的方式筹措外汇权益资金的基本途径。20 世纪 70 年代以来，以西方国家为主，包括许多新兴市场国家在内，纷纷兴起了金融自由化的浪潮，各国政府放松对本国金融业的管制。体现在股票市场上，不仅允许外国的公司到本国发行股票筹资，还允许外国的投资人投资于本国股票市场。这样，以股票交易所场内交易为典型代表的一国国内股票市场，日益发展成为包括国外筹资人与投资人在内的国际股票市场。并且，随着现代化通信工具与计算机技术的高度发达，国际股票市场上的场外交易也越来越发达。

国际股票与国际债券共同构成了国际证券市场。所以，本章内容与上一章的内容在交易方式上，有着许多共性。但是，国际股票与国际债券以及此前的国际商业银行贷款、国际租赁等融资形式的本质区别在于，其对筹资人因资金融通而形成的权利义务是不同的。

本章先对国际股票市场的概念、类型和发展予以阐述；然后，根据企业发行国际股票途径的不同，分析每一途径的利弊及相关的发行程序；最后，从国际股票流通的角度，探讨国际股票的流通方式。

第一节　国际股票市场概述

一、国际股票和国际股票市场的含义

（一）国际股票的含义

股票是由股份有限公司发行的、由股东持有的、代表股东在股份公司中拥有的股权的凭证，是资本市场上无偿还期限的永久性有价证券。

国际股票是与国内股票相对应的范畴，从发行市场的角度界定，是外国企业在本国发行的、以本币或境外货币为面值的、由本国投资人（股东）所持有股权凭证；或者，从发行人的角度界定，是指一国企业在其他国家发行、以发行市场所在国货币或境外货币为面值的、由发行市场所在国的投资人所持有的股权凭证。由于两个定义方法代表着同一内容，我们更多地采用前一种定义方法。显然，国际股票的一个重要特点就是其发行人和投资人分属不同的国家。

（二）国际股票市场的含义

国际股票市场是指居民与非居民之间或非居民与非居民之间，对国际股票进行交易的行为以及伴随或制约着这种交易行为的居民或非居民所在国相关的法律规定。具体而言，从股票发行人的角度看，国际股票市场是由交易市场所在国的非居民（外国）公司发行股票所形成的市场。从股票投资人的角度看，国际股票市场还应包括大量非居民投资者参与投

资与买卖的股票市场。

从上述定义看出，股票市场的国际性体现在三个方面。

1. 一国股票市场的对外开放

从20世纪70年代起，许多发达国家的股票市场纷纷向外国公司开放，允许外国公司的股票在本国的交易所上市交易。如英国的伦敦、德国的法兰克福、美国的纽约等都是国外上市公司的可选之地，这些地方也就因此而成为国际股票的交易中心。

由此也可以看出，国际股票市场实际上是依托于一国国内的股票市场，但是由两个以上国家的股票市场主体参与的股票市场。而不是说在世界范围内存在这样一个拥有全球统一的规则和运行体系的国际股票市场。

所以，从这个意义上考察国际股票市场，从总体上讲，国际股票市场是各个对外开放了本国国内股票市场的总和。而对具体的国际股票交易中心而言，每一个具体的国际股票交易中心，其实际存在的形态，是实现了股票市场对外开放国家的国内股票市场。换言之，一家企业若选择海外上市时，其首先应选择在哪一个国际股票交易中心上市。其次，其上市的具体要求与程序，则依所选择的上市国的不同而不同。尽管国际股票市场与国内股票市场运行的机制和原理是相同的，但是，就每一个股票交易中心而言，都会制定出符合本国法律、制度要求的"游戏规则"。其结果是，不同的国际股票交易中心在允许海外企业上市的具体规定上，会有所不同。

2. 企业筹资市场的多元化

很多大的跨国公司，甚至是一些已在本国股票市场上市的企业，由于生产经营的全球化，促使其筹资方式也日趋多元化，表现之一就是选择在国外的股票市场上市或交叉上市，从而达到同时从多个国家的股票市场上获得融资的效果。国际股票市场具有资金供应的充足性和流动性，更好地适应了跨国公司低成本、高流动性的筹资需要。因此，越来越多的跨国公司希望能够通过在国际股票市场上融通资金，来扩大其资本来源，降低其资本成本，从而也就从根本上推动了国际股票市场的发展。

3. 股票投资主体和交易主体的国际性

这种国际性表现在两方面：一方面表现为一些国家允许外国投资者直接参与本国股票市场的交易，其较为典型的代表是英国于1986年10月27日实施的被称为"大爆炸"(Big Bang)的伦敦股票交易所规定与实务改革，其变化之一就是允许国外的银行、非银行金融机构及证券交易商可以直接进入英国股市进行交易；而另一些新兴市场国家则是通过实施QFII制度[①]，通过引进合格的境外机构投资人的方式，间接地实现了本国股票市场的对外开放。总之，就是允许外国投资人投资本国股票市场。另一方面表现为允许本国投资者买卖在国外市场交易的股票。

① QFII是Qualified Foreign Institutional Investor的缩写。

目前,虽然世界各国资本市场的开放程度还存在着较大的地区及国别的差异,但由于主要发达国家都对外国企业开放了本国股票市场,以及发达国家所占的市场份额很大,所以,发达国家股票市场的国际化程度,也就代表了世界范围内国际股票市场的基本发展状态及趋势。

二、国际股票市场的类型

与国际金融市场的类型相一致,国际股票市场也可分为外国股票市场(foreign stock market or foreign equity market)与欧洲股票市场(Euro-equity market)两种类型。

外国股票市场是指外国企业在本国股票市场上面向本国投资人发行并流通以本国货币标价的股票的市场。外国际股票市场是伴随着一些发达国家对外国企业开放本国国内股票市场产生、并依托本国国内的股票市场而发展起来的,是国际股票市场出现以来最基本的形式。

欧洲股票市场是指一国的公司,以公募或者私募的方式,同时在几个国家的股票市场上发行,通常规模较大的,并且是以境外货币标价的股票的市场。显然,此处的欧洲的概念,并非地理上的欧洲的概念,而是国际金融市场上以境外货币为典型特征的国际金融市场的分类之一。欧洲股票市场是国际股票市场在欧洲货币市场上的具体体现。

欧洲股票市场的产生,主要源于西方国家的国有企业的私有化过程。由于当时予以私有化的国有企业的股本的规模都较大,一个股票市场很难承受如此大规模的股票发行。因此,就是采用这种同时在几个国家的股票市场上市的融资方式。如 1984 年英国政府将英国电信私有化时,采用的就是这种方式。此后,越来越多的西方国家,在对本国的国有企业私有化过程中,都效仿了英国电信公司私有化的方式。20 世纪 90 年代,欧洲股票市场获得了迅速的发展。

传统的国际股票市场与欧洲股票市场都是本国企业在海外发行股票的行为,但是,二者的区别在于:

(1) 发行市场的范围不同。前者仅在一个国家的股票市场上发行,而后者是同时在几个国家的股票市场上发行。

(2) 发行规模的不同。通常,传统的国际股票的发行要受到一国股票市场容量的制约。而欧洲股票市场因其可同时在几个国家的股票市场上发行股票,所以其一次融资规模,根据发行人的需要而可大可小,根据过去的实践,从 1 000 万到 130 亿美元的融资不等。

(3) 流动性的不同。欧洲股票的流动性更高,因其全球发行而可获得全球的流动性。

三、国际股票市场上的主板市场和二板市场

(一) 主板市场与二板市场的分类基础

二板市场(The Second Board)是股票市场上的制度创新。主板市场(The Main Board)

是二板市场产生之后，作为与二板市场相对应的一个概念，对原有传统股票交易制度的再命名。二者主要是以上市企业的特性以及建立在此基础之上的衡量上市企业的标准的不同，作为分类的基础。

主板市场是工业经济时代的产物，它主要为传统产业中已经处于相对成熟的发展阶段的大型企业提供面向公众的股权融资的一种途径。而二板市场则是在全球经济处于新经济时代时应运而生的，它为那些新兴的高新技术产业与金融资本的结合提供了一种流动机制。二板市场沿用了传统股票市场的基本交易机制，即通过强制性地要求上市企业向投资人充分披露其经营与财务状况，为其提供一条通过发行企业股票面向公众直接融资的途径。但是，二板市场与主板市场的区别在于，它顺应了经济发展变化的需要，为那些在新经济条件下占主导地位、但却不符合传统股票市场上市评价机制的、以高科技、新兴等特征为代表、通常也是规模较小但却极具增长潜力的企业，也开辟了一条通过发行股票而面向公众直接融资的渠道。

（二）二板市场的含义及主要的交易中心

1. 二板市场的含义

二板市场，是第二板市场的简称，也称创业板(Growth Enterprise Market)，或称高科技板(Hi-tech Market)，主要是以设立时间短、规模小、达不到主板上市条件、但具备较高成长性的中小企业，特别是高科技型的中小企业为对象，为其通过股票发行而筹集资金所提供的上市交易的系统。要准确把握二板市场的含义，可以由以下三点概括：二板市场是指与证券交易所主板市场相对应而存在的、一个独立的证券交易系统；二板市场是经济发展到一定阶段，由于主板市场门槛太高、无法满足成长性的中小企业特别是高科技中小企业直接融资需求而产生的；二板市场是证券场外交易市场的重要组成部分和高级形态。

2. 国际上主要的二板市场交易中心

从 20 世纪 80 年代到 90 年代，为了扶持本国的高科技型中小企业的发展，世界上许多国家都纷纷在主板市场之外设立了二板市场。在美国，有全世界最著名的纳斯达克市场(NASDAQ)；在欧洲，有法国的 Nouveau Marche，英国的另类投资市场(Alternative Investment Market，AIM)，比利时的 EASDAQ(欧洲证券交易所协会及自动报价系统)，德国的 Neuer market，及欧洲新市场(Euro New Market，EURO-NM)；在亚洲，有马来西亚的 MESDAQ，日本的 JASDAQ，新加坡的 SESDAQ，我国台湾的柜台市场(Over The Counter)和香港的创业板市场。在这些二板市场中，面向世界各国企业开放、运作最为成功的，当属美国的 NASDAQ。

从 20 世纪 70 年代至今，纳斯达克已拥有 5 900 家上市公司，总市值达 3 万亿美元。它培育了微软、英特尔、戴尔、康柏和美国在线等一系列信息产业公司。同时，二板市场也催生了现在许多著名的互联网企业，为互联网企业的飞速发展起到了至关重要的作用。我国的新浪和搜狐网络公司，也是在这里上市交易的。

欧洲新市场(EURO-NM)是由德国、法国、比利时、荷兰四国证券交易所的二板市场所组成的网络市场。创立欧洲新市场的宗旨是，为具有创新精神的高成长性中小企业提供上市融资机会，并为投资者提供买卖这些股票的交易场所。作为连接这些成员的网络，欧洲新市场为成员国的高成长性中小企业提供了融资窗口，使它们能够接触到欧洲范围甚至更广泛的投资者。

（三）二板市场的组织模式

按照海外二板市场运行的组织模式的不同，特别是从二板市场与主板市场组织运行之间的关系来看，我们可以把世界各国的二板市场的运行模式大体分为三类：完全独立运作模式、准独立运行模式和附属市场运行模式。

(1) 完全独立运作模式下的二板市场，是指在主板市场之外，拥有自己独立的交易系统和市场规则，是一个完全独立存在的交易系统。美国的纳斯达克是一个典型的代表。

(2) 准独立运行模式下的二板市场与主板市场拥有共同的交易系统，但两个市场拥有各自独立的市场规则。此时，从现象上看，主板市场与二板市场在一个共同的交易系统下进行交易。但是，从本质上看，两个板块上市的企业是相互独立的，两个板块的市场，各有自己独立的上市标准和监管规则。所以，主板市场和二板市场的地位实质上仍是独立和平等的。如欧洲新市场、我国香港特区设立的创业板市场，都属于这种模式。

(3) 附属市场运行模式下的二板市场完全附属于主板市场，不仅与主板市场拥有相同的交易系统，而且还与主板市场有相同交易和运作规则及监管系统，不同的只是上市标准的差别。采用这种模式的有英国的 AIM 和新加坡、马来西亚、泰国的二板市场等。

显然，上述三种模式有各自的优缺点，第一种模式的优点是独立性最强，市场定位最鲜明，并拥有高效先进的电子交易系统；缺点是成本高，这种成本包括建立系统的成本、监管成本等。第二种模式的优点是独立性较强，成本较低；缺点是这种市场定位与主板相比特色不突出，对拟上市企业的吸引力不大，维持市场高流动性可能是监管层面临的最困难的问题。第三种模式的优点是成本最低，市场定位也很有特色——典型的次级市场，与主板相关性很强；但这种市场独立性不强，特别是与主板拥有相同的监管系统和规则，这一点并不适合整体环境不规范的市场。

四、国际股票市场的形成与发展

（一）跨国公司的发展是推动各国股票市场国际化的根本动因

从 20 世纪 60 年代起，一些大型的跨国公司开始大规模涌现。出于跨国经营的需要，这些跨国公司的经营运作迫切需要能在当地资本市场获得融资，以降低其资本成本。但是，各

www.euibe.com

国股票市场的各自封闭、独立的格局，使跨国公司的境外股票融资障碍重重，如严重的信息不对称、高额交易成本、政策风险和监管障碍等。于是，如何克服这些障碍，建立一个统一有效的国际股票市场也就成为推动国际股票市场产生的内在动因。

（二）发达国家对外国企业和投资人开放本国股票市场，是各国股票市场国际化的具体体现

随着企业经营的国际化和世界经济一体化程度的不断提高，一些发达国家开始进一步放松资本项目管制和提高对外开放的程度，其主要的标志就是允许外国企业在本国股票市场发行的股票上市流通和允许外国投资人参与本国股票市场的投资。其结果是，一个原本封闭的国内股票市场，就成为全面对外开放的国际化的股票市场。

以美国为例，1975 年，美国国会颁布了《证券修正法案》，废除了固定佣金率，降低了国外资本进入美国股票市场的交易风险和监管限制，并且对所有国内外有资格的证券经纪人授予纽约股票交易所（New York Stock Exchange）会员的权利。于是，在新的法案下，美国股票市场迅速发展成为一个国际化的市场。1996 年，在纽约交易所的上市公司有 2 617 家，其中海外上市公司 290 家。

再以英国为例，英国于 1979 年取消资本项目外汇支出的管制，使英国的投资者可以购买外国的证券。1986 年，英国进一步放松对伦敦证券市场（London Securities Exchange）的管制，废除了固定佣金制，废止了严格区分批家（jobber）[①]和经纪人的单一职能限制，实现伦敦证券交易所成员身份的对外开放。这次改革的结果是，促进伦敦证券市场日益国际化，增加了伦敦证券交易所的国际竞争力。

再以日本为例，作为亚洲金融中心的东京，到 1996 年 12 月 31 日，大约有 67 家外国公司在东京股票交易所（Tokyo Stock Exchange）上市。外国股票在东京股票交易所的专门外国板块上市，国外的证券公司也可以成为东京股票交易所的会员。由于东京股票交易所的上市要求、披露和报告要求和美国一样的严格，许多在东京股票交易所上市的外国公司，其上市的动机不是为了流动性，主要是出于公司形象的考虑，由此而成为外国公司在东京上市的巨大障碍。所以，东京股票交易所的吸引力不如纽约和伦敦的大，但是，作为世界上第二大资本丰富的股票市场，它还是吸引着来自世界各地的投资者和大公司。

（三）欧元区国家股票市场的一体化进程

欧洲是现代工业文明的发源地，因此，欧洲各国的股票市场在世界股票市场占有重要地位。伦敦、巴黎、法兰克福、阿姆斯特丹、布鲁塞尔等股票交易中心都有悠久的历史。自从欧元开始实施后，欧元区国家原有的货币障碍自然消除，从而为欧元区国家股票市场一体化向

① 即股票市场上的造市商（market maker）。

深度和广度的扩大以及市场规则、管理制度等方面的统一、协调，创造了有利的契机。最为典型的代表是2000年9月，巴黎、阿姆斯特丹、布鲁塞尔和法兰克福证券交易所正式合并为新欧洲证券交易所，其规模仅次于伦敦证券交易所。

另外，自欧元运行以来，一系列泛欧层面的股价指数开始创建，并推动了欧元金融衍生产品市场的发展。泛欧层面的股市指数衍生品的交易额稳步上升，其中欧元区的股市指数衍生品的交易额占了很大比例。此外，在泛欧层面股市指数的创新和完善过程中，许多建立在某些行业股票指数基础上的期货和期权合约也已被推出，如技术股、电信股、银行股等股指期货和期权合约。各类股票价格指数在泛欧层面上的建立，为投资者管理欧洲范围内的投资活动提供了很大方便。使投资人不再是基于某个欧洲国家，而是基于整个欧元区的国家，来管理投资组合风险。从这个意义上讲，欧元对欧洲证券市场一体化起到了催化剂的作用。

（四）世界主要股票交易中心的一体化趋势为全球的投资人营造着更加统一的股票投资市场

由于国际股票的交易主要集中在作为国际股票交易中心的、主要发达国家的、以证券、股票交易所为代表的有形市场内进行，各个交易所的信息障碍，各交易所所在地的地区差异和时区的差异，成为国际股票投资人有效地进行全球股票投资组合，真正实现股票投资的全球流动性的主要障碍。

以我国香港为例，作为亚洲地区的金融中心之一，香港一直致力于不断提高其在国际金融市场上的地位。以股票市场的国际化为例，为了更方便企业实现海外上市和24小时股票的环球交易，香港的股票交易市场一直在寻求与伦敦和纽约股票市场包括公司上市和股票交易在内的一体化。由于香港地区和英国的会计制度与市场监管规则十分接近，双方一直在研究如何简化两地上市程序，实现两地公司在两地股票市场的同时上市。此外，就股票交易而言，双方也一直在研究如何用双方的电子交易系统进行两地股票的异地买卖。尽管由于香港和美国的会计制度和监管规则的差异较大，增加了两地企业相互上市合作的难度，但是，香港股票交易所仍在努力促进与纽约股票交易所交易网络一体化的合作。

再如，美国的纳斯达克二板市场的股票交易系统，也在不断致力于提高其国际化程度。1999年6月，纳斯达克与日本软银公司共同宣布将设立亚洲第一个外国股票交易所——纳斯达克日本证券交易所。纳斯达克还向美国证监会提出请求，希望与伦敦证交所合并。

一个更宏伟的设想也已在酝酿当中。纽约、东京、中国香港、新欧洲、澳大利亚、多伦多、墨西哥及巴西圣保罗等全球10家主要证券交易所联合宣布，它们开始建立一个蓝筹股的全球股权市场(Global Equity Market，GEM)。设想中的GEM将致力于把全球主要股票交易系统联结起来，向全球投资者提供一个透明、24小时全球股票交易的机制。参与组成GEM的10个证券交易所来自3个主要时区，即亚太区、欧洲区和美洲区，在这10个交易所上市的企业市值超过20万亿美元。一旦变成现实，就会形成一个全新的国际股票市场格局。

UIBE www.euibe.com 1951

第二节　企业境外股权融资的途径及相应的上市程序

国际股票的实质是一国的企业通过向外国投资人让渡本公司的股权而实现的一种资金融通。过去，在国际资本运作方式比较单一的时候，这种融通主要是通过一国企业在外国的股票交易所上市发行股票的方式而实现。而今，伴随着国际资本运作内容的不断丰富，一国企业在世界范围内通过让渡股权而融资的实现途径也多样化。于是，尽管直接在外国股票交易所上市发行股票仍然是一种非常重要的国际股票的发行形式，但国际股票的发行，已远远不仅如此。国际股票的发行，与企业境外上市途径的选择息息相关。

一、企业境外股票发行的途径选择

企业境外股票发行是指企业在境外(即外国)资本市场发行公司股票，筹集资本，并使所发行的股票在境外股票交易所等二级市场交易的行为。当然，可供企业选择的境外资本市场是指那些对外国企业开放股市的国家和地区，主要有美国、英国、新加坡和我国香港等。

一家企业可以通过多种途径实现境外股票发行，除了通过最原始意义的在境外主板市场初次上市发行外，还可选择在境外的二板市场上初次上市发行，或通过在境外主板市场上再上市的方式进入外国股票市场，再或通过存托凭证的途径、境外买壳或借壳的途径，来达到境外股票发行的目的。显然，这些途径各有利弊，适用不同的企业，且相应的程序也不相同。

(一) 境外主板上市发行与境外二板上市发行

境外主板上市发行，就是企业按照发行市场所在国证券监管部门的标准来发行股票，并在当地证券交易所上市交易的过程。通常，选择在境外主板市场上市的企业是那些能够符合在一国股票交易所上市发行股票标准的企业，是那些经营达到较大规模，并有良好的业绩支撑的大型企业。

与此类企业相对应的是那些在新经济时代下大量涌现的中小型高科技企业。这类企业代表着时代发展的方向，充满活力，具有很强的成长性和发展的潜力，是经济的增长点。但是，这些中小型高科技企业的历史短、规模小，且在创业初期没有赢利，或赢利记录短。由于这类企业存在着风险与收益不匹配的情况，很难符合银行贷款的标准。同时，一般也不能达到主板市场对公司规模、资产规模、资产负债、营业年限、赢利历史、股票流动性等方面的要求，不具备在主板市场上市的资格。对于这类企业而言，争取在境外二板市场上市，则成为其现实的选择。

(二) 初次上市发行与交叉上市发行

1. 初次上市发行与交叉上市发行的含义

初次上市发行(Primary Listing)是指一个企业由非上市企业通过在本国股票市场以公募方式发行股票而成为上市公司的过程。而交叉上市(Cross Listing),又称为第二上市(Secondary Listing)或再上市,是指已经在一国(通常是本国)证券交易所注册上市的公司(也称母公司),将其所发行的流通股中的一部分,再到另一国家(通常为外国,也称东道国)的证券交易所上市流通的过程。

2. 交叉上市的优势

一家已经上市的公司,选择再上市时,通常是为了获得下述某一方面或同时获得几方面的优势。

(1) 增强现有股票的流动性,使外国股东能够更方便地在其本国、以本币来交易该公司的股票。通常情况下,虽然一家公司没有在投资人所在国上市,但外国投资人依然可以通过经纪公司的渠道来投资于该公司的股票。但是,如果这家公司能够实现在投资人所在国的再上市,则更有利于鼓励投资人继续持有和交易这种股票,进而会增加该公司股票在二级市场上的流动性。

(2) 减小由于母国股票市场流动性较低所造成的股票在母国市场的错误定价,从而达到提高股票价格,获得溢价收益的利益。一般而言,由于到目前为止,大多数国家的资本市场已经联系日益紧密,逐渐形成了一个全球市场。而若某一国股票市场与其他国家的股票市场联系程度较低时,则该国股票市场也就处于相对割裂的状态。于是,该市场股票的价格就不可能在充分竞争的条件下形成。在这种情况下,如果东道国股票市场对该公司或该行业的定价高于其母国市场的定价,则该公司就很有可能通过在海外交叉上市中获利。

(3) 可在东道国市场为母公司再上市所发行的新股提供一个流动性更高的二级市场。因为,一家已上市的公司,是否选择交叉上市时所考虑的主要因素之一是本公司的股本规模与本国资本市场规模的相对状况。如果本国资本市场规模有限,造成本国资本市场流动性较低,则选择交叉上市后,该公司可通过在境外市场上发行股票而募集更充分的资金,并不会对本公司的股票价格造成任何直接的压力。此外,即使在本国拥有大规模资本市场的条件下,一些公司也需要在境外上市,以获取更多的资金,同时还可达到强化公司形象的目的。例如,戴姆勒奔驰公司于 1993 年在纽约股票交易所的再上市,就是出于这种目的。

(4) 有利于母公司以股票置换方式实施海外企业并购战略。因为,企业的国际并购早已成为跨国公司实施海外扩张的基本策略。在实施国际并购的过程中,尽可能不采取支付

现金的方式，而是以其他的融资渠道来完成对被兼并企业的收购，其中，一个较为经济、有效的方式就是股票置换。但是，对于被收购企业的股东而言，其愿意接受实施兼并企业的股票的一个基本前提条件是可以很容易地将他们所持有的股票在二级市场上变现。于是，实施兼并的母公司通过在被并购企业所在国的交叉上市，则可在被并购企业所在国建立起股票的二级市场，从而使股票置换的国际并购得以实现。

(5) 提高母公司在东道国当地的消费者、供应商、贷款银行和东道国政府等心目中的知名度和接受的程度。通常，跨国公司会选择在那些它们有很多实体经营的国家交叉上市。这样，有利于这些跨国公司加强公司形象，宣传它们的商标和产品，并与当地的金融机构保持良好的关系，以利于取得当地的融资。

(6) 有利于跨国公司对东道国经营管理者和雇员通过股票期权或者股票购买补偿计划进行补贴，因其有利于减少交易成本和外汇互换成本。

3. 交叉上市的主要障碍

一家母公司选择在境外交叉上市时，所面临的最大的障碍就是必须按照东道国证券监管部门的要求，执行相当严格的信息完全披露标准，持续、定期地向当地的投资人提供本公司的资产负债表和经营状况的信息。这种严格的、有时近乎苛刻的信息披露的要求，对公司来说常常是一种繁重的负担，并增加公司的经营成本。

4. 交叉上市国的选择原则

当一家公司平衡了境外交叉上市的利弊，并最终作出在境外交叉上市的决定时，接下来的一个重要的问题就是再上市地点的选择。显然，再上市国的选择主要取决于该公司再上市的动机。如果该公司是为了支持新股发行或者是为了股票互换而建立其一个二级市场，那么，就应选择目标市场作为再上市的地点。如果该公司是为了增强公司在商业和政治上的知名度，或是为了对当地的经营管理者或雇员通过股票期权的方式给予补贴，那就应该选择公司有很多实体操作的国家的市场作为再上市的地点。如果该公司是为了增加现存股票的流动性或促使股票价格的提高，就应该选择那些流动性比较强的股票市场。实际上，国际上流动性比较强的股票市场主要有伦敦、纽约(纽约股票交易所和纳斯达克)、东京、法兰克福和巴黎的股票市场。

(三) 通过全球股票存托凭证实现境外股票发行

股票存托凭证主要包括美国股票存托凭证 (American Depository Receipt，ADR)和全球股票存托凭证 (Global Depository Receipt，GDR)两种形式。ADR 是美国投资人所持有的、代表着外国公司发行的股票的凭证，指由美国以外的各国企业将其在本国或第三国资本市场上发行的股票，通过本国或第三国的承销商存入美国保管银行，然后再由保管银行通知美国存券银行发行以所存股票为基础的、供美国投资人购买的股票存托凭证。美国投资者据其持有的 ADR 领取股票股息，或可将其上市转让。GDR 则是向全球投资者发行的股票存托凭证。GDR 可以选择在美国上市，也可以在英国、新加坡等其他国家上市。

对于初次在境外上市的企业而言，其既可选择境外公募发行方式，也可选择存托凭证的方式。而对于选择交叉上市的企业来说，较为常见的方法就是直接采用存托凭证的方式来实现境外再上市。由于美国的资本市场在世界上最发达，美国的证券市场发育成熟，被国际投资者充分肯定，其发行的市盈率和上市后的市盈率都较高，可以募集较多的资金。于是，美国股票存托凭证也就成为各国上市公司选择再上市时的首选。1994 年全球共有 170 多家外国公司在美国发行了 ADR，如印度就有 43 家企业发行了 ADR。

（四）境外借壳上市或境外买壳上市

境外借壳上市就是一家国内的非上市企业与境外交易所的某一上市公司达成协议，双方进行合并，境外的上市公司通过增发股份与该国内企业置换股份后，该国内企业即成为某境外上市公司的附属企业，而这家国内企业的股东转而持有了境外的上市公司的股份，因该新增的股份可以在境外的交易所上市，从而使一家国内的企业达到了境外上市的目的。

境外买壳上市就是一家国内的企业通过收购境外某一上市公司的一定比例股份，对其拥有控股权，再通过增发股份的方式将国内企业的资产注入其中，实现新注入资产的上市。买壳上市通常是购买境外一家股票交易非常清淡的小型上市公司，或者购买一家已被停牌即将进行清盘的上市公司，然后将资产注入其中，再安排复牌，逐渐将新增的股份上市。

二、主要境外股票发行方式的程序

（一）境外主板上市的发行条件及其基本的发行程序

采用不同的国际股票发行方式，发行程序差异较大。而以在证券交易所上市为目的的股票发行，包括本问题所探讨的主板市场上市和下一个问题中讨论的二板市场上市，其程序最为复杂。

1. 主要股票市场发行条件的比较

尽管各国关于企业上市发行股票的管理原则是基本相同的，但在具体的规则及表述方式上，也仍有差别。本章此处只选择了在世界上较为著名的三个国家的作为主板市场的股票交易所上市时的要求做一粗略的比较（如表 7-1 所示），以使读者获得基本的感性认识。事实上，如果某一外国企业选择了一个确定的股票发行上市的交易所时，还需非常详细地了解其具体的规定。

表 7-1　三国股票市场发行条件的比较

	美国纽约股票交易所之一	美国纽约股票交易所之二	加拿大多伦多	新加坡主板
公司净资产	全球不得少于 1 亿美元	不少于 1 800 万美元	不少于 1 000 万加元	已投入资本不少于 1 500万新加坡元
近 3 年赢利累计	不少于 1 亿美元	不少于 650 万美元	过去 3 年平均税前利润不低于 200 万加元	不少于 750 万新加坡元
最近 1 年赢利	不少于 2 500 万美元	不少于 450 万美元	—	不少于 100 万新加坡元
营业记录	最近 3 年的财务报告	最近 3 年的财务报告	提交最近 5 年的财务报告	公司必须有不少于 5 年的营业纪录；最近 3 年公司需经营相同业务，公司的管理层及股东对公司的控制并无改变
股票流通量	公众股东所持股票价值在全球不少于 1 亿美元，全球公众股东持股量不少于 250 万股，持有 100 股以上的股东人数在全球不少于 5 000 人	全球公众股东所持股票价值不少于 1 800 万美元，全球公众股东持股量不少于 110 万股，持有 100 股以上的美国股东不少于 2 000 人，或者是美国股东不少于 2 200 人，且上 6 个月内每月平均交易股数不少于 10 万股	公众股东不少于 3 000人，共持有不少于 100 万股。如公司没有在其他为多伦多证交所承认的证交所上市，公众股东中须有不少于 300 名加拿大人；公众股东所持证券市值不低于 1 000 万加元	股东不少于 1 000 人，共持有不少于 400 万新加坡元及不少于 1/4 的已发行股票

通过表 7-1 可以看出，各国证券监管部门对申请上市公司的考察，主要侧重在公司的财务状况、营业记录和股票流通量三个方面。而其他方面的要求，限于篇幅，予以省略。

此外，需补充说明的是，纽约股票交易所对申请上市公司设定了两套标准（选择权）供选择，并规定对两套标准都必须整体接受，不能任意搭配。加拿大有 4 个主要的证券交易所，分别为多伦多、蒙特利尔、爱蒙顿及温哥华证券交易所，其中以多伦多证交所为全国最大，外国公司多选择在该交易所申请上市。非新加坡公司可以申请在新加坡的主板市场或第二市场上市。主板市场上市的基本条件比二板市场严格。

2. 公募上市发行股票的基本程序

(1) 选择主承销商

一家公司作出境外公募上市发行股票的正式决定以后，第一项首要的工作就是选择一家有良好经营纪录的、通常为发行市场所在国从事国际股票发行的金融机构作为股票发行的主承销商。现实的选择是，国际性证券公司或投资银行，如果该国不实行分业经营时，还可选择该国商业银行的投资银行部。

主承销商的选择，对首次以公募方式上市的企业股票的发行能否成功至关重要。与国际债券的发行同理，主承销商不仅要与有关证券管理部门接洽，组织股票发行工作，而且还要关注所承销的股票在发行后的表现和公司的经营情况，有时甚至在发行后还要继续参与相应的管理工作。所以，企业在公募上市的过程中，主承销商所起的作用甚至比发行人本身还重要。

拟上市公司确定了主承销商后，就要与主承销商一起就与发行有关的费用、风险、限制和责任进行仔细研究，向发行人说明公开发行的利弊得失，并决定此次股票发行形式等。

(2) 发行的准备工作

发行前的准备工作，就是按照一般的国际股票发行惯例和上市国证券监管部门的基本要求，来完成所有相关文件的起草或制定。具体而言，主要包括制定发行计划和准备有关发行申请文件。

制定发行计划是在发行人和主承销商之间不断签署一些文件，详尽地说明工作的方式和条件，通常包括以下几个方面内容：发行规模、价格幅度、最大总价差、市场销售计划、在某些情况下主承销商可以不执行的条款等。

此间，发行人和主承销商还要共同起草(但不签署)承销协议，确定承销方式。承销协议有全额包销协议、余额包销协议和代销协议三种类型。如前所述，在不同的承销协议中，发行人和承销商承受的风险和获得的收益是不同的。

发行申请文件是有关证券管理部门规定的发行股票所必备的文件，以满足信息披露要求。具体的内容、参照的会计标准和适用的法律，因国家的不同而有所区别。但一般而言，这些信息主要包括：发行概况、股票的拟发行价格以及增长幅度、拟发行数量、公司情况、风险因素、发行收入使用计划、公司资本结构、管理信息、财务报表、公司所有者姓名及持股情况、主承销商的情况、有关发行的法律文件和会计事务所的证明。

需要特别说明的是，境外上市公司财务信息所采用的会计制度，通常是发行市场所在国的会计制度或国际会计制度。因此，一家企业选择境外上市时，对其原有按本国会计制度所记录和汇总的财务信息，都需要按发行国要求的会计制度予以调整。尤其是当两国的会计制度差异比较大时，调整工作就比较繁杂。

(3) 向发行市场所在国的申请和审查

由主承销商向发行市场所在国证券管理部门提出发行申请，并同时提交按照证券监管部门所要求的、已经基本准备就绪的发行文件。只有经其审查批准后，外国公司才可在该国的股票市场发行股票并在交易所上市交易股票。

股票发行申请的审查周期、具体要求，依国家不同而略有差异，但都有基本的工作周期。以美国为例，其 SEC 的审查周期为 30～45 个工作日。

在等待审查期间，主承销商通常还同时进行着组织股票承销辛迪加、推销股票、商定股票价格等方面的工作。

(4) 组织承销辛迪加与推销股票

因为国际股票的承销风险很大，为了保证发行的成功，主承销商通常邀请其他符合要求的金融机构组织一个股票发行的承销辛迪加，参加股票的销售，每一个成员只承担其承购部分的股票发售责任。

股票的推销也就是在股票正式上市发行之前的促销活动。促销活动的目的在于激起投资者的兴趣，使股票的市场需求超过发行目标规模。通常，促销工作的主要三个方面包括：制定销售计划；分发募股说明书概要；以路演的方式开展巡回宣传活动等。

路演是关键性的促销活动，其目的是让投资者了解公司的情况。在预先选定的若干个重要城市，由公司高级管理人员先陈述公司情况，向投资者介绍公司的业务情况和未来前景，时间大约为 1 个小时，其中包括用 25 分钟左右时间来放映事先制作的公司录像，然后由投资者提出问题，公司高级管理人员做出回答，双方相互交换意见。

路演还可使发行人了解投资人对该公司发行股票的反应。投资者提出的股票定单和出价是重要的定价依据。

(5) 商定股票价格

路演结束时，主承销商应对公司拟发行的股票提出恰当的看法，对发行的收益作出恰当的估计，并据此决定股票价格。实际的价格谈判通常在下午进行，由承销辛迪加的经理、高级财务代表和发行公司高级管理人员参加。发行价格、发行数量和承销价差均在这一谈判会议上决定。这些数字将被列入发行申请文件，称为价格附则，并于当晚印刷。至此，由募股说明书概要和价格附则组成的募股说明书形成。次日上午，发行人向证券交易委员会提交价格附则，而承销商则等候发行市场所在国宣布附则有效。

(6) 发售股票和稳定后市

承销辛迪加的各承销商在收到批准发行通知后，即根据承销协议，按商定的统一价格向投资者出售股票。这一限制将一直持续到主承销商宣布取消价格和交易限制。限制可能会在发行后马上取消，也可能在发行后数天内取消，主要取决于市场的接受能力和股票价格的稳定性。此后，就允许股票在二级市场自由买卖了。

新股价格稳定和自由交易后，主承销商还应开始并持续对发行公司的股票进行追踪研究，以增强国际投资者对发行公司的信心，支持其股票的长期表现。

3. 股票发行的费用

(1) 财务顾问费

这是支付给主承销商的费用，主要包括差旅费、调研费、公关推介费、资料整理费及文件出印费、方案设计费等费用。从某种程度上讲，财务顾问费用的高低，也是主承销商能力、声誉的体现。

(2) 发行费用

主要是发行公司支付给中介机构的费用，它包括资产评估、财务审计、法律工作、广告宣传、材料印制、上市承销等环节的费用。

(3) 上市费用

主要指上市公司股票上市后，应当按照上市协议中的承诺和证券交易所的收费标准缴纳上市费用，上市费用可分为上市初费和上市月费两类。

(二) 境外二板市场上市与主板市场上市的不同之处

在境外二板市场上市发行股票，其发行程序与在主板市场上发行股票的程序基本相同。二者的不同之处，主要体现在发行条件上。一般而言，相对于主板市场的标准，二板市场上市的条件比较宽松。下面，以我国香港创业板市场上市的规定为例来加以说明。

1. 上市要求

申请在创业板上市发行的企业只需有 2 年经营活跃的记录，不设有最低赢利要求，亦允许控股股东与上市公司之间存在业务竞争。而申请在香港联交所(香港的主板市场)上市的公司则需要有 3 年业务记录，最低赢利要求为最近一年需达到 2 000 万港元，加之前两年的赢利合计则不低于 3 000 万港元，及不允许控股股东与上市公司之间存在业务竞争。

2. 业务经营要求

申请在创业板上市发行的企业必须有明确的主营业务，不允许综合企业上市，但主板市场上市则没有该要求。

3. 公众持股量

申请在创业板上市发行的企业最低公众持股量为 20%或 3 000 万港元，两者取其高；而主板市场上市的相应要求则为 25%或 5 000 万港元，两者取其高。

4. 对公司治理结构的要求

联交所对申请在创业板上市发行的企业的公司管治要求较高。除了要具备在主板市场上市的要求，如需要拥有 2 名独立非执行董事，1 名公司秘书及审核委员会之外，在创业板上市的公司还须满足下列条件：聘请 1 名会计师来监管财务、会计及内部监管的职能；委派 1 名监管董事作为监察主任；成立审计委员会，职责是审查年度、季度及半年度账目和财务报告及内部监控程序。

5. 对上市公司监管的要求

创业板的监管与监察理念是以“披露为本”及“投资者意识风险”的原则下进行投资；而联交所对在主板市场上市的企业的监管方式则较为主动。

6. 对上市保荐人的要求

创业板对上市公司保荐人的要求较高，新上市的公司须于 2 年内保留 1 名保荐人，而有关保荐人的标准，相对于主板市场的规定，也更严格。

7. 对上市程序的要求

创业板上市的申请程序相对较为简单便捷。由于发行人在提交上市申请时,所有文件都已经是最终的定稿,故由上市申请至上市聆讯时间会较短。而发行人申请在香港的主板市场上市时,从提出申请至上市委员会聆讯需要35天,并且最初提交的文件也只有初稿,所以,整个过程因此较为冗长。

8. 对信息披露的要求

创业板对上市公司的信息披露要求较主板市场的要求更为严格。一是体现在披露的内容上。为了保障在创业板市场上市的企业的质量,在某些方面的要求,甚至超过主板市场对上市企业的要求。如,在上市之前的申请中,二板市场有"活跃业务记录陈述"和"业务目标陈述"等披露要求。二是体现在披露的时间安排上。无论是年报、中期报告或季度报告的披露时间,在创业板上市的企业都要在较短的时间内完成披露,而在主板上市的企业的时间则相对较长。

(三) 通过ADR方式实现在美国上市的基本业务流程

根据发行的ADR是否有担保,通过ADR方式实现在美国上市的具体程序会有所不同。但是,通过ADR方式实现在美国上市的基本业务流程,如图7-1所示。

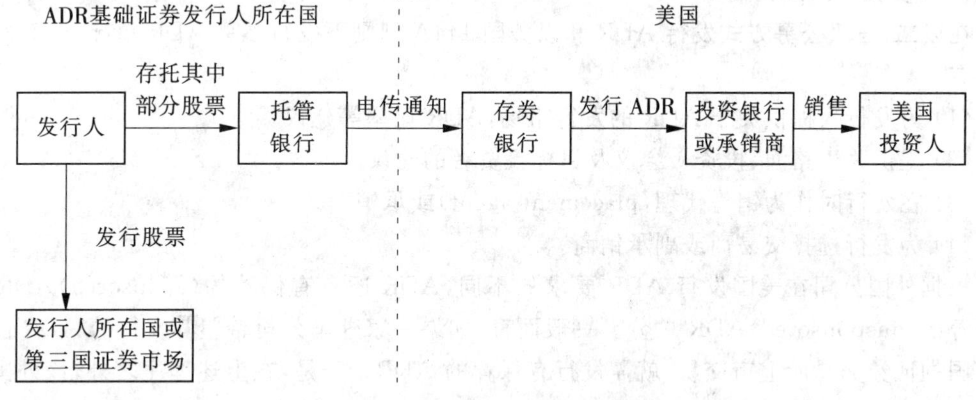

图7-1 ADR的基本业务流程

根据图7-1,我们可以发现,参与ADR发行的金融中介机构主要有三个:存券银行(DepositaryBank)、托管银行(Custodian Bank)和投资银行(Investment Bank)或承销商(Underwriter)。除此之外,还会有会计师事务所、法律顾问、投资人关系咨询机构等中介机构参与ADR的发行。

1. 存券银行

作为ADR的发行人和ADR的市场中介,为ADR的投资者和基础证券发行人提供所需的服务。其职责主要有：

(1) 作为 ADR 的发行人，存券银行在 ADR 基础证券的发行国安排托管银行。

(2) 向基础证券发行人提供 ADR 市场信息，以每 10 份或 20 份的基础证券为基础，帮助发行人建立或改进 ADR 计划。

(3) 确保发行公司符合法律要求。

(4) 在 ADR 交易过程中，负责 ADR 的注册和过户，安排 ADR 的保管和清算，及时通知托管银行变更股东或债券持有人的登记资料。

(5) 与经纪人保持经常联系，保证交易顺利进行。

(6) 向 ADR 的持有者派发美元红利或利息，代理 ADR 持有者行使投票权等股东权利。

(7) 为 ADR 持有者提供给基础证券发行人及 ADR 的市场信息，解答投资者的询问。

2. 托管银行

托管银行是存券银行在基础证券发行国所安排的银行，它通常是存券银行在基础证券发行人所在地的分行、附属行或代理行。其职责主要有：

(1) 负责保管 ADR 所代表的基础证券。

(2) 根据存券银行的指令领取红利或利息。

(3) 向存券银行提供当地市场信息。

3. 投资银行或承销商

在以二、三级公募方式发行 ADR 和以美国 144A 规则下发行私募 ADR 情况下，其职责主要有：

(1) 为发行人提供关于 ADR 的发行市场，ADR 比率等建议。

(2) 提供关于路演、投资人会议及目标投资者的建议。

(3) 在发行时作为销售代理(placement agent)或承销商。

(4) 为发行选择交易商或副承销商。

根据外国公司在美国发行 ADR 要求的不同，ADR 还有有保荐的(sponsored) ADR 和无保荐的(unsponsored) ADR 之分。一般而言，如果一家外国公司希望其发行的 ADR 能够在美国的证券交易所上市交易，就需发行有保荐的 ADR。于是，在上述程序之外，该外国公司还需向美国证监会申请注册，并取得一家美国银行对其发行的 ADR 给予担保。该外国公司支付并承担全部相关的费用。

ADR 的发行方式既有公募发行，也有私募发行。并且，公募方式还占有较大的比重。

(四) 境外买壳上市的基本程序

所谓壳公司是指一家已经上市的公司，由于各种原因而导致其业务停滞，股价极低，有的则股票已停牌但仍保持着上市公司的资格。但根据上市地的法律，一旦这些公司被注入新的经营性资产，则停牌公司可申请恢复股票交易而无须再办理上市手续，未停牌公司的交

易会趋于活跃，为配售新股扩展业务创造了条件。因此，这类公司，对于未上市公司而言，就具有了壳资源的效应。

于是，通过境外买壳上市的基本程序，也就是非上市公司兼并收购（Merge and Acquisition）壳公司，并对其进行资产重组的过程。其基本的步骤如下。

(1) 在拟上市国的证券市场寻找一个"干净"的壳公司，最好是没有债务和法律诉讼、上市资格完整、具有足够公众股份和公众股东人数（满足交易所的最低要求）的上市公司。

(2) 办理收购和兼并手续，其中最重要的工作是审核该壳公司的财务状况，谈妥收购价格，收购壳公司70%左右的股份（100%的收购则意味着该壳公司必须退出上市交易）。收购完成后，将收购方的资产并入壳公司，使壳公司成为有业务和业绩的实体公司，从而促使股价上扬。

(3) 合并复牌后的公司即为一新公司，股价上扬一定时期并达到一定幅度后，新公司可以再扩股（配售新股）集资，所募资金可以投向作为收购方的母公司，从而达到买壳上市集资的目的。

由于买壳上市可以避免一系列严格的境外上市规限和繁杂的上市程序，节省大量时间，因此，成为企业境外上市的一条捷径。然而，由于在买壳活动日趋活跃的情况下，市场上可供选择的壳公司资源越来越少，壳价不断上升，也有可能加大买壳上市的成本。

第三节　国际股票的流通市场

一、国际股票流通市场的功能

国际股票的流通，是指在国际股票发行之后，在股票投资人之间通过股票买卖而转让投资人对发行公司所有权的过程。

因此，国际股票流通市场，为股票投资人提供了两种功能。

(1) 为国际股票投资提供流动性。尽管在国际股票流通市场上形成的国际股票投资不能扩大整个国际社会的投资规模和国际资本的形成总额，但是，由于国际股票流通市场的存在，使国际股票的投资人可以随时转让其所持有的股票，以获得所需资金，也可使拥有资金的投资人可以随时购买股票，以满足其国际投资的需求。因此，国际股票流通市场的存在，解决了股票投资需求和供给之间存在的期限上的矛盾，使国际股票的投资和变现随时成为可能。

(2) 为国际股票的投资人提供了资本增值的可能性。由于国际股票市场资金供求的不均衡、上市公司的经营状况的不断变化及其他一些因素的影响，使得国际股票的价格总是处在不断的变动中。于是，国际股票市场的投资人如果把握住贱买贵卖的机遇，则可获得股票投资的增值。

二、国际股票流通的实现途径

国际股票是国际证券的重要组成部分，因此，国际证券市场上关于证券流通市场的交易原理，在国际股票的交易中也都是适用的。只是在国际股票的交易中，又包含了一些国际股票的具体特征。

（一）股票流通的场内交易

以公募方式发行的股票的基本标志就是股票发行之后可以在证券交易所上市买卖。换言之，可以在一国的证券交易所买卖的国际股票，只能是外国公司以公募方式在该国发行的股票。所以，从这个意义上讲，这些在一国特定的证券交易所内、以外国股票为代表的国际股票的流通与交易，与该国国内股票的交易没有任何区别。

在证券交易所进行股票交易的具体方式，包括以竞价买卖为主的股票流通价格的决定方式、以最高买价与最低卖价配对成交的价格确定方式、开盘价与收盘价、每日最高价与最低价，以及每一证券交易所为防止股票交易中的欺诈、操纵行为以及维护公平交易所制定有严格的规章制度，都与国内金融市场范畴的股票市场的内容相同。为避免重复，此处不再详述。

外国投资人可以通过具有证券交易所会员资格的证券经纪人买卖在该交易所上市交易的全部股票，包括市场所在国国内企业发行的股票和外国企业发行的股票。随着现代计算机及通信设备在证券交易所的普遍应用，一方面极大地提高了证券交易所的效率；另一方面也极大地方便了外国投资人的跨国股票投资，从而使国际股票的流动性更强。

（二）股票流通的场外交易

股票流通的场外市场是对在证券交易所之外，通过股票市场上的造市商、或者是股票买卖双方直接成交等各种股票流通的统称。与场内交易相比，场外交易市场是一个非统一组织的、分散的市场。所以，通过场外市场实现股票买卖的主要是各种类型的机构投资人。与股票发行方式结合在一起分析，所有以私募方式发行的股票，只能通过股票流通的场外市场来进行转让，而一些以公募方式发行的股票，虽然有资格在证券交易所内进行转让，但由于交易所费用和股票经纪人佣金等费用方面的原因，一些机构投资人有时也会选择在证券交易所之外，直接转让已挂牌上市的股票。

于是，通过场外交易来进行股票流通时，股票流通价格的决定方式主要有两种：适用于通过股票市场的造市商进行交易的报价买卖法和适用于股票买卖双方直接交易的议价买卖法。

报价买卖法是指那些在股票市场具有造市商地位的国际股票的机构投资人，通过预先

安装的交易系统，在计算机的终端直接给出某种股票买入价格和卖出价格的信息。股票流通的场外市场的投资人，可根据自己的判断，来决定是否交易及交易的方向。显然，这种股票的交易方式，也主要适合机构投资人的股票交易。

议价买卖法就是在一个买方与一个卖方之间就某种股票的交易进行讨价还价的过程。议价买卖成交的价格由双方凭各自实力决定，随行就市，可能偏离市场均衡价格。但它不涉及第三方，双方谈妥条件即可成交，因而不需要支付佣金。

三、股票指数的含义与计算

股票价格指数(Stock Price Index)，简称股价指数，也就是表明股票行市变动情况的价格平均数，是一些金融服务机构利用自己的业务知识和熟悉市场的优势，为了反映整个股票市场上各种股票的市场价格的总体水平及其变动情况，通过人为规定的方式和特定的统计与计算方法，而编制出的、并公开发布的一种相对指标。并且为了能实时地向投资者反映股市的动向，几乎所有的股价指数都是在股价变化的同时即时公布的。

通常，股价指数以某一选定的时点为基期，以这个基期的股票价格作为100，用以后各时期的股票价格和基期价格比较，计算出升降的百分比，就是该时期的股票价格指数。

而股价指数中股票价格的计算，一般采用三种计算方法：算术平均法、加权平均法和几何平均法。

(1) 按照算术平均法，股价指数等于组成此指数的各种股票价格的算术平均值。用公式表示为：

$$I=\frac{\sum_{i=1}^{n}P_i}{n}$$

其中，I 为股价指数，P_i 为组成该指数的各种股票的市场价格，n 为组成该指数股票的数量。

(2) 按照加权平均法，是以特定的指标作为权重，来对选定的各种股票的价格计算平均数。通常，是以股票的成交股数作为加权的方法。计算公式为：

$$I=\frac{\sum_{i=1}^{n}W_i P_i}{\sum_{i=1}^{n}W_i}$$

其中，I 为股价指数，P_i 为选定股票中第 i 种股票的市场价格，W_i 为第 i 种股票以成交股数为代表的交易量，n 为组成该指数股票的数量。

(3) 几何平均法，股价指数等于各种股票价格的几何平均值。计算公式为：

$$I=\sqrt[n]{P_1\times P_2\times\cdots\times P_n}$$

其中，I 为股价指数，P_i 为选定股票中第 i 种股票的价格，n 为组成该指数股票的数量。

股价指数的基本作用就是综合反映特定股票市场的股票价格的总体走势。由于股票价格起伏无常，投资者必然面临市场价格风险。股票价格指数，作为市场价格变动的指标，投资者可根据指数的升降，判断股票价格的变动趋势，为其投资决策提供必要的参考依据。

从本意上讲，股价指数是反映一国国内股票市场价格走势的指标。但是，随着一国股票市场的对外开放，在该市场的外国投资人越多，则该指标的国际性也就越强。

本章小结

首先，本章与国际资本市场其他章的关系是，国际股票与国际债券共同构成了国际证券市场。所以，本章是上一章内容的延续。但是，国际股票与国际债券以及此前的国际商业银行贷款、国际租赁等融资形式的本质区别在于，其对筹资人因资金融通而形成的权利义务是不同的。其次，本章内容的逻辑安排是，按照证券市场的原理，先对国际股票市场的概念、类型和发展予以阐述；然后，根据企业发行国际股票途径的不同，分析每一途径的利弊及相关的发行程序；最后，从国际股票流通的角度，探讨国际股票的流通方式。

重要概念

国际股票　　外国股票　　欧洲股票　　初次上市发行(IPO)
交叉上市发行　　主板市场　　二板市场　　GDR
ADR　　IDR　　境外借壳上市

同步测练与解析

一、名词解释

二板市场　　附属市场运行模式　　初次上市发行　　报价买卖法

二、简答题

1. 交叉上市对上市公司有什么意义？
2. 二板市场的运行模式有哪几类？各自优缺点是什么？
3. 交叉上市国的选择原则是什么？
4. 企业在境外主板上市发行股票的基本程序是什么？

三、单项选择

1. 一家国内的企业通过收购境外某一上市公司一定比例的股份而对其拥有控股权后，

通过增发股份的方式将国内企业的资产注入其中,实现新注入资产的上市。这一过程被称为(　　)。

A. 交叉上市　　B. 二板上市

C. 境外借壳上市　　D. 境外买壳上市

2. 属于准独立运行模式下的二板市场是(　　)。

A. 美国的 NASDAQ　　B. 欧洲新市场

C. 英国的 AIM　　D. 新加坡的二板市场

3. 二板市场与主板市场拥有相同的交易系统、相同的交易和运作规则以及同一监管系统,只是在衡量上市公司的标准上存在差别,这种二板市场属于(　　)。

A. 完全独立运作模式　　B. 准独立运作模式

C. 附属市场运行模式　　D. 以上均不正确

4. 香港创业板市场上市要求企业只需有(　　)经营活跃记录。

A. 一年　　B. 二年

C. 三年　　D. 半年

5. 迄今为止,在全世界运作最为成功的二板市场是(　　)。

A. JASDAQ　　B. NASDAQ

C. AIM　　D. EASDAQ

四、多项选择

1. 准独立运行模式的二板市场有(　　)。

A. 美国的 NASDAQ　　B. 欧洲新市场

C. 英国的 AIM　　D. 新加坡的二板市场

E. 香港地区的创业板市场

2. 传统的国际股票市场与欧洲股票市场相比较,(　　)。

A. 二者都包含了本国企业在海外发行股票的行为

B. 传统的国际股票市场是指仅在一个国家的股票市场上发行股票

C. 发行规模不同

D. 传统的国际股票市场流动性更高

E. 欧洲股票市场的流动性更高

3. 关于二板市场说法正确的是(　　)。

A. 又称创业板

B. 又称高科技板

C. 二板市场不是一个独立的证券交易系统

D. 主要以设立时间短、规模小、虽达不到主板上市条件、但具备较高成长性的中小企业为对象

E. 是证券场外交易市场的重要组成部分和高级形态

【参考答案】

一、名词解释

二板市场：是第二板市场的简称，也称创业板，或称高科技板，主要是以设立时间短、规模小、达不到主板上市条件、但具备较高成长性的中小企业，特别是高科技型的中小企业为对象，为其通过股票发行而筹集资金所提供的上市交易的系统。

附属市场运行模式：是二板运行市场的一种运行模式，完全附属于主板市场，不仅与主板市场拥有相同的交易系统，而且还与主板市场有相同交易和运作规则及监管系统，不同的只是上市标准的差别，比主板市场的标准要低。

初次上市发行：指一个企业由非上市企业通过在本国股票市场以公募方式发行股票而成为上市公司的过程。

报价买卖法：是股票场外交易的一种价格决定方式。指那些在股票市场具有造市商地位的国际股票的机构投资人，通过预先安装的交易系统，在计算机的终端直接给出某种股票买入价格和卖出价格的信息。股票流通的场外市场的投资人，可根据自己的判断，来决定是否交易及交易的方向。

二、简答题

1. 交叉上市对于上市公司的意义在于：

(1) 增强现有股票的流动性，使外国股东能够更方便地在其本国、以本币来交易该公司的股票。

(2) 减小由于母国股票市场流动性较低所造成的股票在母国市场的错误定价，从而达到提高股票价格，获得溢价收益的利益。

(3) 可在东道国市场为母公司再上市所发行的新股提供一个流动性更高的二级市场。

(4) 有利于母公司以股票置换方式实施海外企业并购战略。

(5) 提高母公司在东道国当地的消费者、供应商、贷款银行和东道国政府等心目中的知名度和接受的程度。

(6) 有利于跨国公司对东道国经营管理者和雇员通过股票期权或者股票购买补偿计划进行补贴，因其有利于减少交易成本和外汇互换成本。

2. 世界各国的二板市场的运行模式大体分为三类：完全独立运行模式、准独立运行模式和附属市场运行模式。

第一种模式的优点是独立性最强，市场定位最鲜明，并拥有高效先进的电子交易系统；缺点是成本高，这种成本包括建立系统的成本、监管成本等。

第二种模式的优点是独立性较强，成本较低；缺点是这种市场定位与主板相比特色不突出，对拟上市企业的吸引力不大，维持市场高流动性可能是监管层面临的最困难的问题。

第三种模式的优点是成本最低，市场定位也很有特色——典型的次级市场，与主板相关性很强；但这种市场独立性不强，特别是与主板拥有相同的监管系统和规则，这一点并不适合整体环境不规范的市场。

3. 再上市国的选择主要取决于该公司再上市的动机。如果该公司是为了支持新股发行或者是为了股票互换而建立其一个二级市场，那么，就应选择目标市场作为再上市的地点。如果该公司是为了增强公司在商业和政治上的知名度，或是为了对当地的经营管理者或雇员通过股票期权的方式给予补贴，那就应该选择公司有很多实体操作的国家的市场作为再上市的地点。如果该公司是为了增加现存股票的流动性或促使股票价格的提高，就应该选择那些流动性比较强的股票市场。

4. 企业在境外主板上市发行股票的基本程序是：

(1) 选择主承销商；

(2) 发行前准备工作；

(3) 向发行市场所在国的申请和审查；

(4) 组织承销辛迪加与推销股票；

(5) 商定股票价格；

(6) 发售股票和稳定后市。

三、单项选择

1. D　　2. B　　3. C　　4. B　　5. B

四、多项选择

1. BE　　2. ABCE　　3. ABDE

第八章
CHAPTER EIGHT

国际贸易短期与中长期融资

学习目标

通过本章学习，首先理解国际贸易发展、国际贸易结算和融资及国际金融产生之间的内在联系；在此基础之上，掌握国际贸易短期融资的主要形式的分类方法，特别是理解保付代理的程序、主要特征及其对出口商的作用，掌握出口信贷的基本目的及其主要形式。

重点难点提示

- 国际贸易、国际贸易结算和融资及国际金融之间的联系
- 国际贸易短期融资的主要形式的分类方法
- 国际保付代理
- 出口信贷的概念、作用与特点
- 买方信贷的信用条件
- 买方信贷与卖方信贷的异同点

第一节 国际贸易融资概述

一、国际贸易融资的含义

国际贸易融资的界定，可以有广义和狭义之分。从广义的角度对其进行的定义，是指所有以有形商品的进出口贸易或进出口商品的加工生产与国际贸易为基础而进行的资金融通。从这个角度讲，国际贸易融资中的授信者(资金提供者)既可是进出口商，也可是进出口商所在国的商业银行。与授信主体相对应，国际贸易融资的类型既有赊销或预付款等商业信用(Commercial Credit)，也有建立在国际贸易洽谈、采购、生产、运输和结算等不同环节基础上的各种银行信用(Bank Credit)。从狭义的角度对其进行的定义，国际贸易融资，亦称国际贸易信贷，仅指银行在为进出口商办理汇款、托收或信用证项下的国际结算业务时，对进口商或出口商提供的与国际结算相关的短期资金融通或信用便利。国际贸易融资已成为经营进出口贸易企业的主要资金来源，是促进对外贸易发展的重要手段。

二、国际贸易、国际结算与国际贸易融资之间的关系

(一) 国际贸易与国际贸易结算之间的关系：相互依存，又相对独立

国际贸易是国与国对货物、服务与技术所进行的一种有偿的交换活动。国际贸易是较早出现的，也是最为普遍的国际经济活动。国际贸易按商品的流向不同可分为出口贸易与进口贸易，按照商品的形态不同可分为有形贸易和无形贸易，按照贸易清偿方式的不同可分为现汇贸易和易货贸易，按照货物运输方式的不同可分为陆运贸易、海运贸易和空运贸易等。

总之，上述关于国际贸易的分类，都是站在各个不同的角度，对同一贸易过程的不同描述，以利于我们从不同的侧面来对其进行探讨和研究。此处，如果我们对有偿交换活动做进一步的认识，可以发现，这种有偿的交换活动通常表现为货物与金钱的相对给付，也就是卖方交货买方付钱。受国际贸易交易双方国际性特征的制约，在绝大多数般情况下，国际贸易是不可能采取交易双方一手交钱一手交货、银货当面两讫的方式来进行交割的，亦即出口方交货与进口方付款往往不能同步进行。所以，国际贸易的交割方式主要是两种：一是出口方发货在先，进口方付款在后；二是进口方付款在先，出口方发货在后。相对而言，首先采取主动的一方面临着更大的风险。先发货的一方存在收不到货款的潜在风险，而先付款的一方则存在收不到货物的潜在风险。

于是，在国际贸易的双方中，首先发货或付款的一方该如何减小风险，保证自身的利益

最终得以实现,就成为问题的核心。尽管有时贸易双方可以借助于双方良好的商业信誉而忽略这种潜在风险。但是贸易双方的商业信誉并非一成不变。由于商品市场行情的变化、贸易商自身经营状况的变化,以及其他对贸易双方有重大影响的诸多因素的变化,往往会导致贸易中的某一方拒不发货或是拒不付款。

在这种情况下,通过银行等金融中介来完成国际贸易中的货款的支付,将国际贸易支付中的商业信用变成银行信用,有效地解决了国际贸易结算中的一大难题,同时也促进了国际贸易的发展。这是因为银行信用明显要优于商业信用,银行发生支付危机的概率大大低于一般工商企业。同时,根据当前国际上的通行惯例,银行在从事国际贸易款项收付的国际结算时,结算过程与国际贸易的具体运作既相互联系,又存在着较大的独立性。即尽管国际结算时所有款项的支付都要依据进出口双方所签订的贸易合同来进行,但是,只要银行对款项的支付方式做出某种承诺(如开立保函、信用证等),那么,不论实际的贸易运作如何变化,银行都必须履行其做出的付款承诺。这就使得国际贸易中货款的支付变成一个相对独立的环节,可最大限度地摆脱贸易双方无法相互信赖的制约。

综上所述,国际贸易是国际结算产生的基础,国际结算的产生,又推动了国际贸易的发展。与此同时,国际结算服务于国际贸易交割的需要,但又相对独立于国际贸易的具体环节。

(二)国际贸易的发展需要融资的支持

国际贸易融资最初产生于西方工业发达国家的银行及贸易活动中。西方国家实行工业革命后,生产力高速发展,当国内市场已远远不能满足其发展需要时,它们就大力向海外扩张,通过对外贸易占领海外市场。但是,在国际贸易中,进口商不可能在任何时候都能凭自己的能力履行付款义务,出口商也很难随时支付一切生产、运输等费用。于是,为了促使对外贸易顺利进行,就需要金融机构为双方提供融资便利,商业银行的国际贸易融资业务就由此应运而生。

第一次世界大战之前,一般西方国家的商业银行除经营与本国工商业有关的短期信用业务及办理与国际结算有关的业务外,还未涉及国际商品贸易融资业务。第一次世界大战以后,由于经济危机的爆发,西方工业发达国家之间在销售市场上的矛盾日益尖锐,各国政府开始注意到了开发海外市场的重要性以及建立国际贸易专业金融机构的迫切性。英国在1919年首先设立了一些专营与国际贸易和资金融通有关的商业银行。随后,法国和美国也相继成立了进出口银行,以扩大对外贸易融资,促进出口。

第二次世界大战以后,在西方国家中,逐渐形成了以政策性金融机构为核心,商业银行等其他金融机构为骨干的进出口信资金融体系,专门负责进出口贸易融资的管理和业务经营,有力地促进了本国的商品出口。

由此看出,商业银行国际商品贸易融资的产生与发展是与国际商品贸易的发展紧密联系在一起的。随着全球经济的持续增长，国际商品贸易在广度和深度上已进一步扩大，并逐步真正实现了贸易全球化，这极大地推动了国际商品贸易融资业务的发展。

（三）贸易融资的实现形式多以国际结算中的单据为基础

在国际贸易结算中，各种运作手段都已单据化，如以汇票表示支付行为，以保险单代表受益人权益，以提单作为物权凭证等，这就形成了国际贸易中卖方交单买方付款的单据交易的基本原则。

正是由于国际贸易交割方式的单据化，使其既便捷了银行参与国际贸易货款支付时的结算，又使得银行有可能以接受国际贸易结算中的商业单据和金融单据等权利凭证作为担保，来向贸易中的一方提供资金融通。这是因为，国际贸易融资的基本特征就是资金融通建立在国际贸易的需求之上，而这种需求的实现，尤其是狭义的国际贸易融资，恰恰是通过进口商或出口商在国际贸易的不同环节，将相关的国际贸易单据转让给银行而实现的，如议付、出口押汇等，或者是以结算凭证为基础而提供资金融通或信用便利，如无保证金的开立信用证等。所以说，国际贸易融资与国际贸易结算密切相关，许多情况下常不可分割。

此外，在一些特定条件下，国际贸易融资还是国际贸易结算的基础。例如，在出口信贷的卖方信贷和买方信贷两种不同的融资方式下，支付条件也相应地分为延期付款和即期付款。

三、国际贸易融资的分类

（一）按融资期限的不同而进行的分类

按照融资期限的长短而分类，是资金融通过程中最传统的分类方法。同理，根据国际贸易融资期限的长短来划分，则可分为贷款期限在 1 年及 1 年以下国际贸易短期融资和贷款期限在 1 年以上，最长可达 10 年的国际贸易中长期融资。特别值得明确的是，国际贸易融资期限的长短，与进出口商品的类型有着内在的联系。通常，国际贸易短期融资适用于消费品和原材料等一般商品的进出口贸易。并且，贸易资金的提供者，既可能是出口商，也可能是出口国的银行等金融机构。而国际贸易中长期融资，只适用于机械设备等资本货物的国际贸易。并且，贸易资金的提供者，在绝大多数情况下是出口国的银行，在福费庭方式下可以是第三国银行，但鲜有由进口国银行提供的。

（二）按授信主体的不同而进行的分类

授信主体，是指提供资金的主体。按授信主体的不同，广义的国际贸易融资可以分为商业信用和银行信用两种类型。国际贸易融资中的商业信用，是指由对外贸易交易伙伴之间，也就是进口商、出口商和国际贸易经纪人之间相互提供的，主要以赊销、支付预付款和相互提供信贷的方式而进行的国际贸易融资。国际贸易中的银行信用，也就是狭义的国际贸易融资，则仅指银行等金融机构，为直接从事进出口商品的生产和贸易的企业所提供的信贷融资。在这些提供国际贸易融资的金融机构中，既有进出口国的商业银行，也有出口国政策性银行。

在国际贸易融资的实践中，单纯以商业信用或银行信用形式出现的国际贸易融资都可能独立存在。例如，出口商提供给进口商的延期付款支付条件，进口商向出口商支付的预付款等。但是，在很多情况下，国际贸易融资中的商业信用和银行信用是密切联系的，许多银行信用的国际贸易融资是以商业信用为基础的，如出口国银行对出口商远期汇票的议付，进口国银行对进口商本票的承兑等；还有一些国际贸易融资，以商业信用的形式出现，但贸易双方使用商业信用的同时，就明确了要依托银行信贷资金，这种形式的实质仍是银行信用。如出口信贷中的卖方信贷。所以，许多情况下，国际贸易融资是银行信用与商业信用交织在一起的。

尽管在国际贸易融资中既存在商业信用，也存在着银行信用，但是，二者的地位不尽相同。在对外贸易短期融资中，商业信用与银行信用并存。并且，授信主体既有位于出口国的出口商或银行，也有位于进口国的进口商和银行。但在对外贸易中长期融资中，则只有银行信用。并且，授信主体以出口国的政策性银行为主，辅之以出口国或第三国的商业银行，而鲜有进口国的银行。这是因为，对外贸易中长期信贷伴随的是机械设备等资本货物的出口，而这类商品价值高、金额大，需要的融资期限长，单纯的商业信用无法满足进出口商的需要，所以需要银行信用的支持。而资本货物出口国的政府，也把促进本国资本货物出口作为一项扩大本国总需求、增加本国 GDP 的有效途径，为此而提供了一些官方支持。所以，对外贸易中长期融资，常以出口国的政策性银行信用为主。因此，从总体上讲，随着国际贸易融资的发展，进出口商之间的商业信用在国际贸易融资中的比重大大减少，而银行信用在国际贸易融资中比重增加。

（三）按接受信贷资金对象（受信主体）的不同而进行的分类

根据接受信贷资金对象不同，对外贸易信贷可以分为出口融资和进口融资。出口融资是指以出口商为受信对象的国际贸易融资。进口融资是指以进口商为受信对象的国际贸易融资。

（四）官方支持和纯粹的商业融资行为

按资金融通信用条件的不同，国际贸易融资可分为纯粹的商业融资和带有一定程度优惠的官方支持的融资。纯粹的商业融资，通常是指按国际金融市场的利率水平和运行规则而提供的资金融通。官方支持的融资，是指在资金融通过程中，由于有不同形式和不同程度的政府支持，如利息贴补，政府信用支持等，使其信用条件比金融市场的信用条件优惠，如利

率等贷款费用较低，贷款期限较长等。国际贸易融资中的官方支持的融资，主要体现在对外贸易中长期信贷中的买方信贷、买方信贷和混合信贷三种形式。而其他国际贸易融资，均是金融市场上的非官方的、商业性的金融行为。

（五）按与贸易货物的相关程度不同分类

根据融资载体的不同，国际贸易融资可分为以货币为载体的融资和直接以出口货物为融资载体的融资。通常意义上的资金融通，都是指以货币为载体的融资，国际贸易融资中的绝大部分形式也是这样。但是，随着融资租赁的产生，由于租赁融资的载体是租赁的设备，而设备的出租，就产生了租赁期间和租期结束时租赁设备所有权的归属问题，由此而导致会计和财务报表的处理的不同，使其产生了与以货币为载体的融资的完全不同的效果。国际租赁秉承了这些特征。因此，国际租赁成为生产设备的制造厂商促进其产品出口的独特手段之一，从而也就使国际租赁成为国际贸易中长期融资的一种特殊形式。

四、国际贸易融资的特征

（一）资金的贷放以国际贸易为基础

正如国际贸易融资这一概念本身的界定，国际贸易融资就是专为满足国际贸易经济活动需要而进行的资金的融通。因此，国际贸易融资发放的主体、对象、期限及方式等，都必然与国际贸易的各个环节，如商务谈判、出口商品的采购与生产加工、货物的运输、货款的支付及采用的结算方式等密切关联。在合同签订之前，关于究竟是采用现汇贸易还是赊销方式的谈判，就直接涉及资金的融通问题。而在合同签订之后，为了出口商品的加工生产，为了加速商品流通，减少其资金积压，对于出口商而言，从原材料的采购、加工生产、打包、仓储、出运、装船到回收货款的各个阶段，对于进口商而言，根据采用支付方式的不同，是申请开立信用证还是承兑汇票，也都存在着如何安排融资的问题。各种国际贸易融资方式的设计，实际上都是根据上述各个环节的不同而构建的。

（二）票据融资是国际贸易融资的主要实现形式

正如我们在分析国际贸易融资与国际结算的关系时所阐述的那样，在国际贸易结算中，各种运作手段都已单据化。所以，国际贸易信贷的发放，常常是以国际贸易不同环节所形成的各种票据为基础，通过各种票据的贴现、抵押或买断等方式而进行的。

（三）以票据买断形式而实现融资的业务发展迅速

国际贸易融资中传统的票据融资业务，如议付、票据抵押、承兑信用等，进出口商以汇票、本票等票据的转让或抵押而从银行取得资金融通。此时，银行经营这些票据融资业务的

一个最大特点就是债权银行等拥有追索权。即一旦发生票据的付款人破产或无理拒付，持票人可以向出票人行使追索权，以挽回本身的经济损失。随着金融创新深化和银行业务综合化的发展，银行和其他非银行金融机构开始经营一种票据买断业务。即银行在购买这些票据后，一旦出现票据的付款人破产或无理拒付时，不能向出票人行使追索权。如像大型机械设备贸易融资业务的福费庭、一般商品贸易中的保理。买断票据融资业务的推行和发展，使出口商以延期付款方式出口时，免除了货款收不进的呆账风险，深受进出口易商的欢迎，流行范围日益扩展。

（四）融资业务综合化趋势加强

银行在做国际贸易融资业务的同时，还提供其他配套的金融服务，逐步向综合化方向发展。这也是国际贸易融资业务发展的一个新特点。最为典型的是国际保理业务。银行或保理公司等承办国际保理业务的保理商，不仅仅为出口商提供货物赊销时的资金融通，还可代出口商对进口商进行资信调查、催收账款等业务，代出口商进行出口制单、报关、记账等有关的服务工作。银行在从事买方信贷、福费庭等融资业务时，也利用其分支网络密集、客户多的特点，随时向客户提供有关信息，参加贸易谈判，促进成交，代审贸易合同条款，收取服务费，这种融资业务综合化的特点，是国际贸易融资业务发展时的一种新趋势。

（五）政府在对外贸易中长期融资中发挥重要作用

在政府参与出口信贷之前的各种国际贸易融资形式中，贸易融资资金的提供者，主要是进出口商之间相互提供信贷支持，或由银行对进出口商提供信贷支持。尽管早在“一战”之前，少数发达国家就出现了政府支持的国际贸易融资，如英国政府于 1919 年成立的、专为出口信贷提供担保的“出口信贷保证局”。但是，西方发达国家，一些发展中国家的政府的普遍参与，却是在“二战”之后。如与我国联系较多的有美国进出口银行、德国出口信贷银行、日本输出入银行等。因此，在国际贸易融资中由官方贴补利息的出口信贷方式——买方信贷和卖方信贷，由低息的政府贷款与出口信贷一起使用的混合信贷等，都获得了迅速的发展。

政府在国际贸易融资中作用的加强，其背景是克服私人资本在世界范围的政治与金融力量上的不足。以国家制定的政策为后盾，利用国家的财政资金来支持本国资本货物的出口，更加有利于促进本国经济的对外经济扩张。

第二节　国际贸易短期融资及其主要形式

从历史发展的角度讲，国际贸易融资最先出现的是国际贸易短期融资。所以，一些国际贸易短期融资的形式已有较长的历史。此后，随着国际贸易以及国际金融市场的发展，国际

贸易短期融资的形式也在发展，国际贸易融资的内容也日益丰富。所以，本节将从三个方面来阐述国际贸易短期融资的主要内容：传统的国际贸易短期融资、国际贸易短期融资的创新和国际贸易短期融资中一种较为特殊的、发展最为迅速的形式——国际保理。

一、传统的国际贸易短期融资的主要形式

在进出口商品交易的全过程中，从事对外贸易的进出口商，在洽谈国际贸易合同时，不仅要最大限度地争取对自己最为有利的贸易条件，还需要根据进出口商品的国际市场环境、贸易惯例以及进出口商自身的经济实力，考虑在既定的贸易条件下的融资问题。所以，许多传统的国际贸易短期融资的形式，主要是根据进出口商在国际贸易中的不同贸易环节的需要而设计的。目前，世界上包括我国在内的大部分具有一定规模的商业银行都开办这些传统的国际贸易融资业务。

（一）出口融资

对出口商而言，资金融通的需要在出口货物的装运前和装运后有所不同。装运前，出口商可能需要资金来采购备货或完成货物的生产，直到出口货物完成装运；装运后，若未能采用即期付款的结算方式，出口商就要等到延期付款的期限到期时才能收回货款。此时，出口商的出口商品的资金被继续占用。由于在这两个阶段内，贸易融资发放的基础不同，所以，贸易融资的方式也就有所不同。

1. 出口货物装运前对出口商的融资

(1) 由贸易伙伴所提供的预付货款（advance payment）。国际贸易中单纯的预付款融资是指进口商为稳定获取资源而预付货款给出口企业的一种融资方法，属于商业信用范畴。例如，当出口产品的生产企业位于发展中国家，难以从本国的银行获得其所需要的出口产品的生产或技术改造资金时，就希望在国外寻求可提供资金支持的长期买家。而进口商通过预付货款的方式，为出口企业提供融资同时，也获得了长期稳定的货源供应。

(2) 由银行发放的无抵押品的信用贷款。西方发达国家的一些跨国公司或大型企业，在获得外国订单时，为满足生产出口商品资金周转的需要，而向本国商业银行申请的无抵押品贷款。就贷款的具体方式而言，英美两国的银行常以透支的方式办理这种贷款；而法国和德国的商业银行则以特种账户方式办理放款。

(3) 由银行发放的、以出口商品为抵押品的抵押贷款。这是商业银行为出口商发放的、以出口商所库存的预定出口的商品、为生产出口商品所采购储备的一些原材料商品或其所拥有的其他国内货物为抵押品的贷款。出口商银行在发放这种贷款时，特别需要把握贷款金额与抵押品市值之间的比例关系，以控制贷款风险。通常，出口商品抵押贷款的金额，一般按抵押品市值的一定比例贷出，一般为50%～70%。如果在贷款期间货价下跌，银行便要求出口商偿还部分贷款，以维持贷款金额与抵押货物价格的比例，或者要求出口商提供另外

的商品作为抵押来维持该比例。

(4) 打包放款(Packing Credit)。打包放款,也叫装船前信贷,是亚洲国家的一些商业银行,对出口商从收到国外订单到货物装船前这段时间内所需流动资金而发放的一种贷款。贷款银行通常以出口商收到的国外进口商的订货凭证为抵押品,订货凭证主要有进口商开来的信用证正本、得到认可的出口成交合同和订单,或表明最终将开出信用证的证明等;贷款期限一般为3～6个月,贷款主要用于出口商采购、包装信用证项下所规定的出口货物。打包放款,从形式上看是属于抵押贷款,实际上,其抵押的对象是还在打包阶段而尚未达到装运出口程度的货物。

(5) 红条款信用证 (Red Clause Credit) 融资。红条款信用证是指信用证中含有一个特别的条款,俗称红条款。该条款规定,允许出口商在全部货运单据备齐之前可预先向出口地的银行预支部分货款。

2. 出口货物装运后对出口商的融资

出口货物装运之后,在以海运为主的国际货物运输方式下,货物在抵达进口商港口之前,还要有较长的在途时间。同时,根据进出口商在贸易合同中所约定的结算方式和支付方式的不同,进口商支付货款的时间不同,或者说,出口商收到出口货款的早晚也不同,因此,也就产生了融资需求及相应的融资方式。

无论具体的融资方式如何,以在途货物为抵押,成为这段期间内银行融资的一个基本特征。银行在以在途货物抵押提供融资时,由于提单是处置货物的单据,所以,以提单项下的货物为抵押品,就成为对银行对出口商放款的最可靠的担保品。

(1) 议付(negotiation)。议付是指在即期 L/C 结算方式下,出口商在发货之后,将其所签发的即期汇票连同该项交易下的提单等全套单据提交议付行,在议付行向开证行收取货款时,由议付行根据出口商的申请,在对出口商所提交的单证审核无误后,扣除单据传递及开证行审核单证所需的标准工作日期间的利息后,提前支付给出口商汇票票面货币货款的一种融资方式。但是,如果该项信用证遭受拒付时,议付行有权向出口商行使追索权,索回融通的资金,出口商要承担偿还议付款项的义务。

(2) 出口押汇(export bill purchase)。出口押汇主要是指中国的外汇银行,以出口商提交的出口单据为抵押品,在合理的工作日内,在收到进口商银行支付来的货款之前,按不超过汇票金额80%的比例,扣除单据到国外及款项汇回国内的邮程利息,提前为出口商办理结汇,相当于使出口商提前收到货款的一种资金融通形式。押汇银行在为出口商结汇之后,再凭汇票和单据向国外的进口商收取货款。如果单据遭到国外进口地银行的拒付,押汇银行有权向出口商行使追索权,索回融通的资金。

(3) 票据贴现(discount)。票据贴现是指远期汇票的持票人于汇票到期日前,为了提前取得资金,以贴付自贴现日至票据到期日的利息为条件,经过背书后转让给银行,银行将票据金额扣除贴现利息后的余额付给收款人使用的行为。商业汇票贴现既是一种票据的转让行为，又是银行的一种授信方式。

（二）进口融资

1. 出口货物装运前对进口商的融资

(1) 银行对进口商的直接融资。西方发达国家的银行通常以透支(over draft)的方式，即银行允许进口企业向银行签发超过其往来账户余额一定金额的支票；也可以采用信用贷款的方式。实际上，银行只对那些与其关系密切的进口提供透支信用。

(2) 授信开证。授信开证是指进口商未将足额信用证备付款项存入银行保证金账户的情况下，银行为其办理的对外开立信用证业务。对于开证行而言，在其为进口商开出信用证之后，将承担第一性的付款责任。也就是说，当开证行收到了国外议付行提交的信用证项下的全套清洁单据后，根据国际商会ICC的《跟单信用证统一惯例UCP 500》规定，开证行必须在7个工作日之内付款。所以，进口商没有提供100％进口开证保证金的情况下，开证行的风险是敞口的。因此授信开证是一种银行授信业务。但在开证时，开证银行常根据进口商资金实力及信誉的不同，决定是否向其收取开证保证金以及收取保证金的比例。一般而言，进口商资金实力越强，信誉越好，银行所收取保证金的数额越少，对进口商提供资金融通的数额就越大。

(3) 开立假远期信用证。这种信用证是指进出口商双方达成即期交易，同时规定出口商出具远期汇票并提供有关单据后便可即期收汇。对出口商来说，由于能立即收汇所以是即期的；而对进口商来说，要等到远期汇票到期时才付款(加利息)给开证行，所以和远期信用证具有同样的功效，因此也称这种信用证为假远期信用证。这实际上是开证行对进口商提供的资金融通。

(4) 银行承兑信用(acceptance credit)。银行承兑信用是国际贸易短期融资中一种主要的方式，是将国际贸易中的商业信用转变为银行信用的一种常见方式。承兑(acceptance)，是指付款人在汇票上签字，表示承担汇票到期时付款责任的行为。而银行承兑信用，则是指国际贸易中，进口商本国或第三国银行，应进口商的请求，对出口商开出的远期汇票承诺承担到期付款责任的行为。

银行承兑信用的产生，源于国际贸易中交易双方相距甚远，相互之间由于很难深入了解而缺乏彼此的信任，特别是出口商会担心交货后进口商拒付货款。因此，出口商为了防范风险，防止进口商无力支付行为的发生，要求进口商银行以承兑的方式介入进出口商之间的交易，所以就产生了银行承兑信用。通常，在银行承兑信用中，承兑银行并不负责垫付资金，它所贷出的是自己的信誉。但是，由于承兑银行的介入，出口商才会给予进口商延期付款的优惠。可以说，银行承兑信用间接地为进口商提供了资金支持。同时，由于承兑银行的介入，提升了出口商商业汇票的信用等级，使其能够比较容易地在票据市场转让。

2. 出口货物装运后对进口商的融资

进口押汇，是指在信用证结算条件下，进口商的开证行收到出口商银行寄来的出口货物单据，经审核接受后，由开证行代进口商向出口商偿付货款，进口商在一定期限内偿还银行的垫款、押汇利息。

进口押汇中，进口商以其进口的商品作为抵押从银行取得融资，所以，进口押汇是一种具有抵押性质的融资方式。当进口货物尚在运输途中，银行的贷款往往以货运单据作为抵押，有时也要求进口商提供补充的抵押品。当货物运抵进口地而进口商仍然没有支付货款时，银行就以进口货物作为贷款的抵押品。此时，运输商或进口商作为银行的代理人，凭必要的单据进行报关提货，并根据银行的指示以银行的名义将货物存仓。然后在进口商签署了总质权书的条件下，银行凭进口商签具的、以银行为抬头的信托收据出具提货单，授权仓储部门将货物转交给进口商。一般信托收据上必须写明货物出售后的全部货款在规定的日期内交付银行。银行对进口商是否作进口押汇，要依据进口商的资信及商誉而定。

二、国际贸易短期融资的创新

随着全球经济的持续增长和经济一体化的不断深入，国际间大宗商品，特别是那些生产周期长、市场需求大、价值高、易储存、易流通的大宗商品，有色金属等类商品的国际贸易活动异常活跃。此时，传统的贸易融资方法已不能满足其贸易生产的需要，于是，国际上的一些商业银行开发出新型的贸易融资业务。

（一）库存融资

库存融资，是指银行专门以某些特殊的国际贸易商品的库存仓单为抵押，向出口商提供的为采购这类商品而发放的贷款。

一些国际贸易中的大宗商品，特别是那些原材料性质的商品，其总是存在着较为稳定的需求市场，但其国际市场上的价格，却常常因市场供求状况而发生波动。因此，一些专营这类商品出口的贸易公司，在市场供给充足、商品价格低廉时，常常期望逢低大量购入这类商品，并将其储存在该类商品交易所指定的仓库，囤积起来以待价而沽。这些购入的货物很有可能在一段时间之内不能销售出去而变为公司的库存。但是，由于商品交易所指定的仓库具有严格的管理水平与成熟的业务流程，因而深受业界人士的信赖，这些仓库为客户储存商品并开出的仓单可以为全行业所接受，在市场上流通性极佳。因此，银行把仓单作为抵押品，通常会以一个较高的比例向持有仓单的贸易公司提供融资。这样，既有利于外贸公司把握良好的商机，也有利于银行控制信贷风险，从而使这种贸易融资方式深受市场的欢迎。库存融资在许多金属矿产品和有色金属半成品的贸易中应用广泛。

www.euibe.com UIBE 1951

（二）结构融资

结构融资(structure finance)就是商业银行对出口货物的生产加工企业，从出口货物的采购原料到加工生产直至最后进入市场全过程所发放的贷款。显然，银行在发放此类贷款时，非常关注商品的种类、业务过程和贸易结构，银行实际是通过完全融入该商品生产的过程来全程监控风险。因此，可以说结构融资贷款是封闭式的，其贷放决策的基础主要是该出口货物的生产和销售情况，而不是主要取决于整个公司或加工企业的财务状况。

结构融资产生于20世纪70年代末80年代初。当时，世界经济出现了衰退，波及几乎所有大宗商品市场。许多单纯经营国际商品贸易的公司为了求生存，开始介入商品生产加工业领域：一些公司是为了维护市场份额，需要确保货源供给稳定；而另外一些公司则是为业务增值，需要对一部分原料进行深度加工。然而世界上的许多原材料的供应企业都在发展中国家，因缺乏生产流动资金，使贸工双方难以密切配合扩大业务。所以，商业银行根据市场需求，开发出了这种全新的贸易融资业务——结构融资。结构融资打通了这类商品生产和流通环节资金不平衡形成的瓶颈，促进了其全球贸易的发展。

三、国际保理业务

随着经济全球化，市场主动权逐步由卖方转向了买方，导致世界贸易市场的竞争日趋激烈。随着买方市场的形成和不可逆转，出口商为扩大出口，并力求使自己的商品占领国际市场，除了以高质量、低价格作为竞争手段外，尤其重视在结算方式上向买方提供更有竞争力的贸易条件。传统的结算工具——信用证，对出口商有利而对进口商收取货物风险较大；而建立在赊销方式基础上的托收结算方式，又使得出口商的货款回收风险大增。所以，近年来，信用证结算的比例逐年下降，而受进口商欢迎的赊销方式逐渐盛行。同时，由于早在18世纪就产生于英国的保付代理(factoring)方式，因其能很好地解决赊销中出口商面临的资金占压和进口商信用风险问题，而在国际上得到了迅猛发展，成为各国出口商加强国际市场竞争能力，推动出口贸易发展的新动力。

（一）国际保理的概念

以国际保理业务中最常用的形式为基础，国际保理就是指在一般商品的国际贸易中，出口商以商业信用的形式出卖商品，在货物装船后立即将发票、汇票和提单等有关单据，卖断给保理商，也可被称为保理组织，收进全部和部分货款，从而取得资金融通的一种业务形式。在国际保理中，根据保理商与进出口商关系的不同，可分为进口保理商和出口保理商两种。位于出口商所在地的保理商被称为出口保理商，位于进口商所在地的保理商被称为进口保理商。

（二）国际保理业务的基本程序

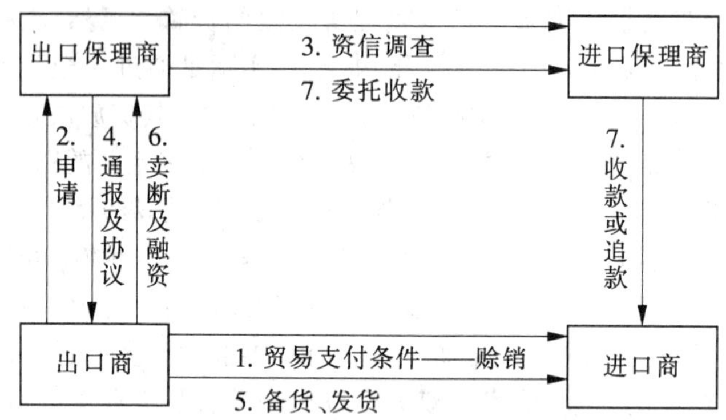

图 8-1　国际保理业务的基本程序

（1）出口商和进口商在进行贸易磋商，并约定采用保付代理的结算方式。

（2）出口商向出口保理商提出申请，出口商向出口保理商通报进口商的名称以及交易情况，出口商要填写信用额度申请表，如实填报进口商概况、出口产品、预计出口总额、价格条件、付款条件等，请求为自己的客户核定一个信用销售额度。

（3）出口保理商从进口国选择进口保理商，由进口保理商对进口商进行资信调查，确定保理商是否承揽该进口商的保理业务以及相关的信用额度。

（4）经出口保理商确认后，出口商与出口保理商签订保理协议，确定每笔交易的最高信用额度和全年信用总额（保理商对出口商放款），叫做已核准应收账款，保理公司对此提供100％的坏账担保。

（5）出口商履行合同，按出口保理商通核定的信用额度备货发货。

（6）出口商发货后，将发票和装运单据或其他有关的单据直接寄交进口商，发票副本送给出口保理商。如果出口商有融资需求，出口保理商即以预付款的方式向出口商提供不超过发票金额80％的无追索权的短期贸易融资。到期后，保理组织扣除有关费用以及贴息后，将剩余的20％的货款付给出口商。

（7）收款、追款。

通过上述程序可以看出，国际保理是一项综合性的服务，主要包括销售分户账管理、债权回收、信用销售控制、坏账担保、贸易融资等。进口商可以根据自己的实际情况要求保理组织提供上述全部或者部分的服务项目。

（三）国际保理的分类

1. 单保理和双保理

根据运作方式的不同，国际保理有两种方式：在一项保理业务中仅涉及一方保理商的单保理方式和涉及双方保理商的双保理方式。单保理方式，是指一项保理业务中只涉及一方的保理组织，或者是出口商保理，或者是进口保理商。而双保理方式就是一项保理业务同时设计进出口双方的保理商。

目前，国际保理多采用双保理方式，其业务流程就是我们在国际保理业务的基本程序中所介绍的内容。在双保理的整个过程中，进出口双方都只需和本地的保理商接触，没有语言和社会习惯等方面的障碍，方便易行。

2. 到期保理和融资保理

按保理商是否为出口商提供资金融通来划分，国际保理可分为到期保理（maturity factoring）和融资保理（financed factoring）两种类型。

在到期保理中，出口保理商根据出口商给予进口商延期付款的实际期限，或者是根据进出口商之间以往的交易计出平均到期日（平均预计收款日），于实际期限的到期日或平均到期日，才将应收账款的金额支付给出口商。而在融资保理中，出口保理商只要收到出口商的融资申请书和装运提单、发票和汇票等单据，就以预付款方式立即向出口商提供不超过发票金额80%的贸易融资额。而余下20%的价款，则于保理商收妥货款后再进行清算。国际保理中，多采用这种形式，所以，又称标准型保理（standard factoring）。

3. 有追索权保理和无追索权保理

按保理商是否承担坏账风险而划，国际保理可分为无追索权保理（none-recourse factoring）和有追索权保理（recourse factoring）。在无追索权保理中，保理商根据出口商提供的进口商名单进行资信调查，并为出口商核定出针对每个进口商的相应的信用额度。出口商在信用额度内的赊销，保理商对应收账款的收购没有追索权。国际保理中，这种形式占主导地位。在有追索权的保理中，保理商不负责为出口商核定信用额度和提供坏账担保，仅提供包括融资在内的其他服务。进口债务人因清偿能力不足而形成坏账时，保理商有权向出口商进行追索预支的货款。

4. 公开型保理和隐蔽型保理

按出口商是否告知进口方采用了国际保理业务而划分，可分为公开型保理（disclosed factoring）和隐蔽型保理（undisclosed factoring）两种类型。

在公开保理中，出口商将拟采用保理业务和所选定的保理商的名称，以书面形式通知其进口商，并指示他们将货款直接支付给保理商。在隐蔽型保理中，出口商不向进口商披露有关保理的信息，保理商的参与对外保密，进口商所支付的货款仍由进口商直接付给出口商，而有关融资与费用的清算只在保理商和出口商之间直接进行。

（四）保理在国际贸易中的作用

1. 国际保理为赊销出口提供了金融保障

对于出口商而言，采用赊销方式出口，实际上是其迫于国际贸易激烈竞争环境的妥协。但是，如果出口商无法有效地控制进口商的信用风险，也不可能大规模、广泛地采用赊销出口方式。其后果自然是制约了国际贸易的发展。而国际保理业务的产生，通过买断出口商债权的方式，相当于保理商对已核准的应收账款提供了100％的坏账风险担保。出口商只要每次赊销的金额不超过保理商所核准的授信额度，则无须再担心赊销之后进口商能否支付货款的后顾之忧。所以，国际保理业务为出口商承担并管理了进口商的信用风险，为出口商扩大出口提供了强有效的金融支持，大大增强了产品出口的竞争力，并有利于出口商对新市场和新客户的培养。

2. 保理可为进出口商提供一系列的综合服务

除了承担进口商的信用风险外，在实际操作中，保理具有较强的灵活性和适应性。保理商可以根据客户的要求提供贸易融资、进出口货物的报关、销售账户管理、应收账款的催收、信用风险控制与坏账担保等所有服务(全保理)，也可以仅提供其中某一项或几项服务(部分保理)；客户也可以选择无追索权保理或有追索权保理，选择公开型保理或隐蔽型保理。

特别是对出口商来说的融资业务，保理商可根据客户的要求，在出口方出售货物后，在信用额度内为出口商提供发票金额70％～80％的、无追索权的预付款融资，这种保理下的融资方式，是一种丧失追索权的融资。融资方式手续简便、简单易行。

3. 进口保理商在保理业务中承担着最大的风险

在国际保理业务中，一旦出现进口商无力支付货款的风险，其风险的直接承担者是进口商所在地的保理组织，对违约进口商法律诉讼以及财产保全，也都是由进口保理商来进行。因此，进口保理商在国际保理业务中起着主导作用。换言之，在一项国际保理业务中，没有进口保理商的承诺与参与，单一的出口保理商很难开展国际保理业务。

所以，保理公司通常都拥有高效率的调研部门及企业信息数据库，拥有专业的、有经验的资信人才和信贷专家。这些专业化的条件，使保理商能够迅速及时掌握客户资信变化情况，并对企业资信做出权威、专业、迅捷的评估，并应出口商要求，提供商情报告。在此基础上，对出口商的每个客户核定合理的信用销售额度，并将坏账风险降至最低。

此外，几乎所有的出口商在向海外客户收取债款时，都会面临着如何在不损害彼此良好关系的情况下收回欠款的难题。而作为专业化的保理公司，还要有一批训练有素的专业收账专家和法律顾问，拥有一套完整有效的追债程序，知道何时用何种方式向何人收债，也使其能有效地管理风险。

也正因为国际保理业务对进口保理商风险管理能力要求较高，使保理业务的成本，要高于单纯的银行结算业务的费用，也就使得作为保理商的银行的保理收费高，所以，进出口商的成本也相应较高。

第三节　国际贸易中长期融资——出口信贷

“二战”以后，由于科学技术的发展，如能源电子化工方面的科技革命，发达国家的出口贸易结构发生重大变化，由一般的机械设备转为成套设备、生产工艺和专有技术的出口，技术含量高、金额大、周期长，客观上需要出口国家提供类似出口信贷的融资方式；同时，随着国际贸易的发展，银行的业务本身也在不断发展，并与国际贸易的联系越来越紧密，为金融机构参与出口信贷提供了可能；再加上“二战”后新兴独立的国家急需大量资金、设备和技术来发展民族经济，出口信贷作为资本货物进出口的重要融资方式发展起来。

通过对出口信贷的特点、发展、作用等方面的分析，我们可以了解到出口信贷作为一种扩大资本货物出口、引进技术资金的工具，在国际贸易中起着重要的作用。

一、出口信贷的含义与特点

（一）出口信贷的含义

出口信贷(Export Credit)是一种对外贸易中长期信贷，是一国为支持和扩大本国大型设备等资本货物的出口，加强国际竞争能力，以对本国的出口给予利息补贴并提供信贷担保的方法，鼓励本国的银行对本国出口商或外国进口商（或其银行）提供利率较低的贷款，以解决本国出口商资金周转的困难，或满足国外进口商对本国出口商支付货款所需要的一种融资方式。

（二）出口信贷所具有的特点

1. 出口信贷的发放以本国制造的资本货物出口为基础

首先，由于大型机械设备等资本货物的产品附加值较高，交易金额大，因此，机械设备制造业在一国，特别是在西方发达国家的经济中占有重要地位。与一般消费品或原材料等商品的出口相比较，这类产品的出口常常对一国国内的GDP、就业有着重大影响。所以，出口信贷的发放就是要以实现、扩大信贷发放国所生产制造的资本货物的出口为必要条件。于是，只有进口由出口国制造的资本货物的进口商，才有资格申请使用出口国银行发放的出口信贷。换言之，进口商申请使用的出口信贷，只能用于进口出口信贷提供国所制造的设备，而不能用于从第三国的进口。

其次，由于20世纪60年代以后，国际分工日益普遍，世界经济一体化的程度不断提高。这样，一些大型成套设备，已不再可能完全由单一国家的企业来制造，不同的部件可能由位于不同国家的生产率高、技术成熟、产品品质较好的企业来生产制造，最后由该国企业组装而成。为了适应这种国际分工环境的变化，出口信贷的发放国也开始调整其在发放出口信贷时对资本货物中出口国制造比例的规定。一般而言，生产力水平越高的国家，其所要求的本国制造部分的比例就越低。反之，生产力水平较低的国家，其所要求的本国制造部分的比例就越高。

2. 出口信贷的发放起点较高，期限较长

由出口信贷的发放以资本货物出口为基础的特点所决定，出口信贷的发放还有起点的规定，即出口信贷的发放都规定有最低起点限额。只有出口的资本货物的金额到达出口信贷发放起点所规定的数额时，进口商才有资格申请使用该出口国的出口信贷。过去，出口信贷提供国所规定的发放起点都比较高。而近十多年来，随着国际贸易竞争程度的不断提高，为了提高本国资本货物的出口竞争能力，一些出口信贷提供国纷纷降低了发放的起点。由出口信贷的发放以资本货物出口为基础的特点所决定，资本货物的使用期限较长，所以，出口信贷的信贷期限也较长，一般都在 2 年以上。

3. 利率较低

同样是由出口信贷的发放以资本货物出口为基础的特点所决定，出口信贷的利率一般低于相同条件下国际金融市场上的利率。出口信贷利率与市场水平利率间的利差由出口国国家财政予以补贴。因为，低于市场水平的融资支持，是出口国给予进口商以优惠的具体体现之一，是国家支持本国出口的一种具体表现。

4. 出口信贷的发放以出口信贷保险为基础

出口信贷是保险与信贷融合在一起的一种融资便利。由于出口信贷期限较长，金额大，涉及不同国家当事人，因此发放贷款的银行存在很大风险，出口商也面临拒绝付款的风险。于是，出口信贷的提供国在提供出口信贷资金融通的同时，一般都设有国家信贷保险机构，对银行为促进本国资本货物出口而发放的中长期贷款给予担保，风险由国家承担。

（三）政府在出口信贷中发挥着重要的作用

出口信贷成为促进设备出口以带动国内生产就业的重要措施之一。因此，所有工业发达国家和许多发展中国家都设立了官方机构，专门办理出口信贷和信贷保险业务，一方面为弥补企业自有资金不足，一方面为实现国家对经济的干预，如英国曾规定商业银行提供的出口信贷资金超过其存款 18％时，超过部分则由英国的出口信贷保险结构给予支持。大多数出口信贷机构是国有的，属政府一个部门，也有政府私人混合所有的。出口信贷业务除了主要由出口信贷机构办理外，其他政府部门也给予适当配合，如日本财政部、中央银行等，可以说，出口信贷的巨大发展，政府起着决定性的作用。

1. 政府作为贷款人

官方出口信贷机构对出口提供信贷资金融通的方式具体可有以下几种形式：直接贷款；

再融资，即商业银行贷款给出口商后可以到出口信贷机构或中央银行办理再贷款，或商业银行也可以向上述机构办理票据贴现；对商业银行的出口信贷提供担保。

2. 政府作为保险人

官方支持的出口信贷保险一般由出口信贷机构提供，少数国家委托私营公司办理，出口信贷机构主要承担中长期政治风险，承保保单受益人在出口中因政治原因而造成的损失。由于债务危机的不断发生，许多国家政府正在削减保险中风险较大业务，同时期望与私人保险公司、商业银行、出口商共担风险。

3. 政府作为补贴者

出口信贷最基本的一个特点就是在信贷期内利率是固定的，而出口信贷所需资金则越来越多地由商业银行在市场上以浮动利率的形式筹措，在浮动利率高于固定利率时就会出现亏损，这种亏损一般由政府承担。另外，为减轻政府财政负担，各国努力促成建立国际协定，共同降低补贴水平。20 世纪 80 年代以来，发达国家在这方面取得了很大发展，出口信贷所依据的"君子协定"利率越来越与市场利率靠近，这也在一定程度上大大降低了补贴水平。

4. 政府在混合贷款中作为援助者

混合贷款是政府援助与出口信贷结合在一起的一种资金援助，也称为附加条件的援助条款(tied aid credit)，由于"君子协定"中规定出口信贷贷款不能用于当地费用支出，出口国政府在银行发放信贷同时，以预算中提取一笔基金作为官方援助，连同买方信贷或卖方信贷一起发放，以满足进口商支付当地费用的需要，该基金通常利率更低，期限更长，因而这种混合贷款对进口商更具吸引力。

二、出口信贷的主要形式及交易流程

"二战"后出口信贷的主要形式有卖方信贷、买方信贷、混合信贷和福费庭，此外还有信用安排限额、签订存款协议和向对方银行存款等。

(一) 卖方信贷

1. 含义

卖方信贷(supplier credit)是指在大型机械及成套设备等资本品的出口贸易中，为解决出口商以延期付款方式卖出设备时所遇到的资金周转困难，由出口商所在国银行(以下简称出口商银行)向出口商提供的低利率优惠贷款即为卖方信贷。

2. 基本交易流程

卖方信贷的整个流程如图 8-2 所示。

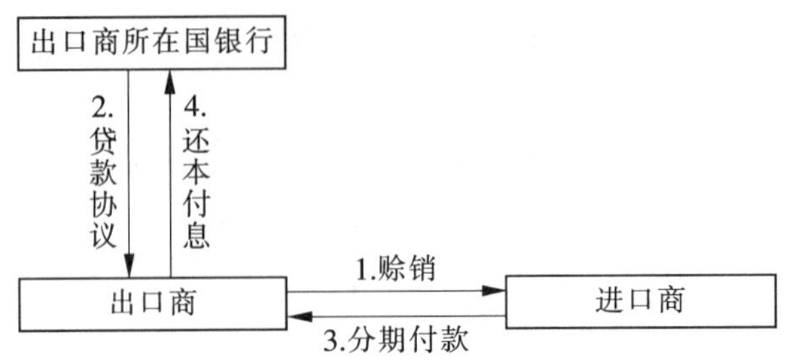

图 8-2　卖方信贷流程

(1) 贸易洽谈,并明确使用卖方信贷

一般而言,在大型机电产品和成套设备的出口中,进口商往往希望出口商向其提供信用支持,而出口商本身提供信用支持的能力有限,于是出口商求助于出口信贷机构。出口卖方信贷实际上就是出口商通过将其商务合同中的远期收汇的权益抵押给贷款银行,从银行取得信贷融资的过程。与卖方信贷相关的贸易洽谈主要体现在有关货款支付的安排。如出口商同意以赊销的方式向进口商出售成套设备,在双方签订贸易合同后,进口商预付 10%～15%的定金;此后还要支付 10%～15%的现汇货款,一般是按该批交货比例在每批货物验收合格并保证期满时支付。其余 70%～80%的货款分期偿还。

(2) 出口商与出口商银行的卖方信贷洽谈

为解决因赊销遇到的资金周转困难,出口商在正式签署商务合同之前,必须事先与贷款银行取得联系,报告项目的具体情况,特别是有关合同的支付条款,更需得到银行的认可。因为合同中规定的定金的比例,延付期限,偿还次数与每次偿还的金额会直接影响到贷款的信贷条件。因此,出口商在正式订立商务合同之前,应向贷款银行提出申请,提交的材料主要有:出口商信贷申请报告;出口项目可行性分析报告;出口合同草本;国内采购合同草本;出口企业工商执照及近 3 年的会计报表;出口企业介绍材料及进出口经营权的批文以及银行需要的其他有关材料。

另外,提供贷款的银行在受理并审核项目之后,必须向出口商明确下述要求:商务合同的现金支付一般要达到合同金额的 15%,对于船舶出口合同,至少为合同金额的 20%;商务合同的延期付款是每半年(等额贷款本金加利息)偿还一次,以与贷款的偿还一致;确定延付期限,一般也就是借贷合同的还款期限;出口商向保险机构投保出口收汇险,将保险费打入货价,并将保险单收益权转让给贷款银行;确定在商务合同下对延期付款作担保的国外银行或其他担保机构,其担保资格必须得到贷款银行的确认。

(3) 贸易合同的签订与贸易合同、卖方信贷合同的履行

在以上条件均得到满足后,出口商与进口商正式签署合同,同时出口商向保险公司投保出口收汇险,并将保险项下的权益转让给贷款银行;出口商与贷款银行正式签署出口卖

www.euibe.com UIBE 1951

方信贷借贷合同，在借贷合同中，出口商同意将商务合同下的远期收汇权益抵押给银行。

在出口商按期收到进口商银行开来的信用证或保函，并收妥定金后，出口商就要购买原材料，组织生产，这就涉及出口商的提款。提款一般有两种方式：一种是在出口商发货交单时，出口商按货款比例向贷款银行提款。这是卖方信贷比较规范的提款方式，因为只有在出口商按期交货后，他才能得到进口商银行开出的本票或承兑的汇票，贷款银行根据上述债权凭证才可以发放贷款。至于出口前期生产性资金，出口信贷一般不予考虑，并且认为商务合同中15%或20%以上的现金支付可以缓解前期生产资金问题。第二种是出口商在收妥定金采购原材料组织生产时，根据现金缺口向贷款银行提款。这种做法加大了出口信贷的风险，如果出口企业不能如约履行交货，那么出口商转让给贷款银行的远期收汇险保单及承诺抵押的远期收汇凭证都失去了意义，因此在这种情况下，贷款银行往往要求借款的企业提供一个如期履约的履约担保。

(4) 贷款的偿还

进口商在规定的期限内(一般每半年一次)偿还剩余货款，并支付延期付款的相应利息。出口商将收到的货款用于偿还本国银行贷款。

(二) 买方信贷

1. 含义

买方信贷(Buyer Credit)是指在大型机械及成套设备等资本品的出口贸易中，由出口商所在国的银行(简称出口商银行)为进口商或通过进口商所在国银行(简称进口商银行)为进口商提供的旨在扩大贷款国资本品出口的低利优惠贷款为买方信贷。

2. 买方信贷的方式

根据接受授信银行贷款主体的不同，买方信贷又可分为两种方式。

(1) 买方信贷方式一——直接提供给进口商的贷款，如图 8-3 所示。

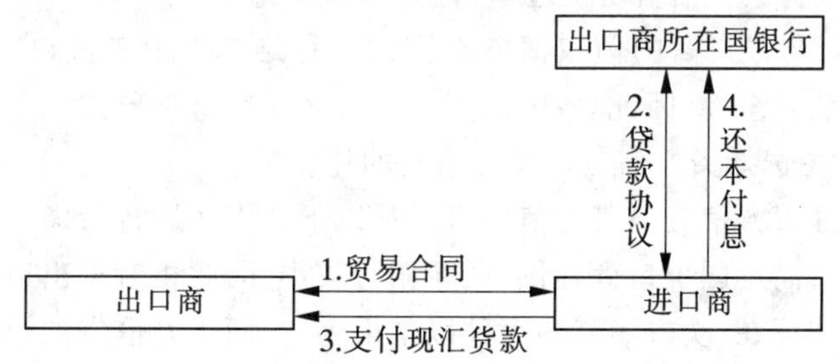

图 8-3 买方信贷方式之一——直接提供给进口商的贷款

(2) 买方信贷方式二——通过进口商银行提供给进口商的贷款，如图 8-4 所示。

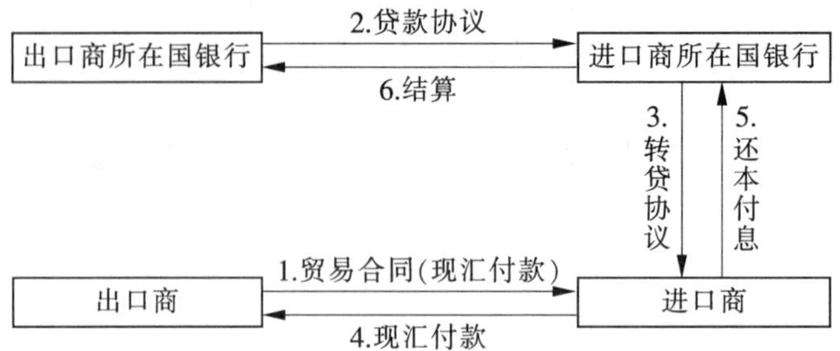

图 8-4　买方信贷方式之二——通过进口商银行提供给进口商的贷款

对比买方信贷的两种形式，显然，买方信贷方式二所涉及的关系比较复杂。由于方式二实际上涵盖了方式一，所以特详述如下。

(1) 进出商签订现汇贸易合同，并载明进口商将使用出口商银行提供的买方信贷支付货款。如果出口商银行不能提供买方信贷，则贸易合同不能生效。贸易合同签订后，进口商要支付一定比例的现汇订金，一般为货价的15%。所以，买方信贷的使用与上述卖方信贷相同，首先要由出口商提出买方信贷意向的申请，以及要求被提供的有关资料，同时出口商还要办理保险及担保事项；银行在审查项目后，若愿意提供贷款则应出具贷款意向书，并尽早参与出口合同的对外商务谈判，做好贸易合同与借款合同的衔接工作；在贷款银行与国外进口商或进口方银行签订出口买方信贷协议时，还应注意选择转贷行和担保行。出口买方信贷协议条款与卖方信贷协议相比要复杂得多。

(2) 由进口商银行与出口商银行签订贷款协议，也就是买方信贷协议。两种方式的买方信贷下的买方信贷协议的内容基本相同。

(3) 进口商银行将从出口国获得的贷款再转贷给本国进口商。

(4) 由进口商根据交货情况分批支付85%的货款。

(5) 由进口商银行根据信贷协议还本付息(一般为每半年一次)。

(6) 进口商银行与进口商的债权债务在国内进行结算。由于进口商银行的参与，增强了出口商银行贷款的安全性，因此，各国的买方信贷多采用这种形式。

3. 进出口企业在选择买方信贷与卖方信贷的比较

进出口商在选择买方信贷与卖方信贷可以从以下几方面进行考虑：第一，由于出口卖方信贷是由出口商银行向本国出口商提供，风险相对较小，因此相对于出口买方信贷手续也简便灵活一些。具体体现在：卖方信贷的币种以本币为主，而买方信贷的币种一般为国际上自由兑换货币；申请出口卖方信贷的最低合同金额一般小于出口买方信贷；虽然出口信贷都要求15%的定金，但在我国，根据具体情况，在进口商开出全额信用证，且信用证延付期限不长的情况下，也可提供全额卖方信贷，但在出口买方信贷中仍坚持15%的定金；另外，对于出口卖方信贷而言，只要进口商开来信用证或打来定金，出口商就可以提取卖方信贷，而在买方信贷中，出口商只能凭提单、发票等单证才能提取贷款，即买方信贷只是提供发运后的融资。第二，从风险角度来说，对出口商而言，买方信贷下出口商为即期收汇，既无收汇风险，又无利率汇率风险。但在出口卖方信贷下，出口商虽可投保出口信用险，但仍需承担较大风险。第三，在使用出口卖方信贷时，由于出口商直接借款远期收汇，在其资产负债表上会显示出一笔巨大的负债和一笔应收账款，将影响出口商以后的筹资，而在出口买方信贷下则不会出现上述情况。所以进出口商在签订贸易合同选择出口信贷融资方式时，应从各方面周全考虑以获得最佳融资效果。

（三）混合信贷

1. 含义

混合信贷(government mixed credit)是买方信贷与卖方信贷的新发展，指出口国为扩大本国设备的出口，加强本国设备的出口竞争能力，在出口国出口信贷机构发放卖方信贷或买方信贷的同时，出口国政府还从预算中提出一笔资金，作为政府贷款，连同卖方信贷或买方信贷一并发放，以满足进口商或出口商支付在出口国国内所发生的费用与设备价款的需要。政府贷款的利率比买方信贷或卖方信贷的利率更低，货款期限更长，因此，更有利于促进该国设备的出口。政府贷款占整个贷款金额的比例视当时政治经济情况及出口商或进口商的资信状况而定，有时可占贷款金额的30%。法国是最早使用混合信贷的国家，同时也是使用这种出口信贷方式最多的国家，意大利等国在这方面也比较积极，而美国则很少使用这种方式。

2. 混合信贷的方式

(1) 同一项目，分别提供

对某一项目同时分别提供一定比例的政府贷款和一定比例的买方信贷(或卖方信贷)。例如，意大利和法国提供的混合信贷中政府贷款占52%，买方信贷占48%，政府贷款(或赠款)和买方信贷分别签署贷款协议，两个协议中各自规定不同的利率、费率和贷款期等融资条件。

(2) 同一项目，混合提供

对某一项目的融资，将一定比例的政府贷款(或赠款)和一定比例的买方信贷或卖方信贷混合在一起，然后根据赠与部分的比例计算出一个混合利率，例如英国的ATP方式就是这样的。这种方式的混合信贷只签一个协议，当然其利率、费率和贷款期限等融资条件只有一种。

（四）福费庭

1. 含义

“福费庭”(Forfeiting)一词来源于法语，含有放弃权利的意思。福费庭业务是指在大型成套设备的国际贸易中,当出口商以赊销方式卖出商品后,将经过其预先选定的贴现行或大金融公司认可的担保行担保过的本票(或经过进口商承兑、担保行担保过的汇票)卖断给贴现行或大金融公司,以提前取得现款的一种资金融通形式。亦称包买、买单信贷、丧失追索权的贴现。

2. 福费庭交易的基本流程,如图 8-5 所示。

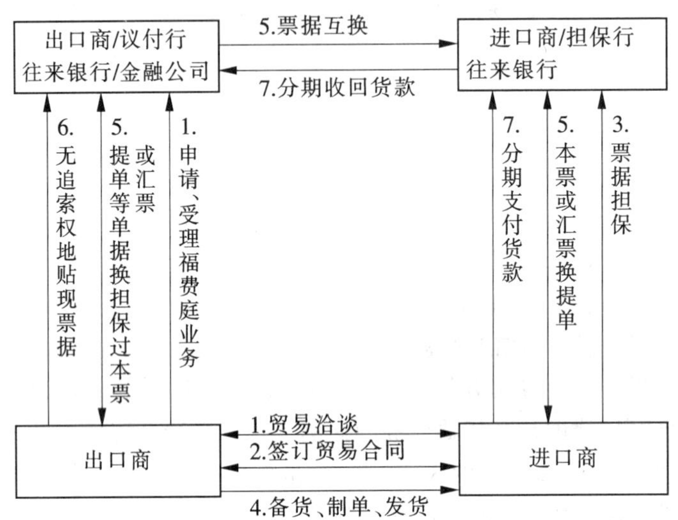

图 8-5 福费庭交易的基本流程

(1) 出口商与进口商银行贸易洽谈,除其他条件外,言明使用福费庭;同时,出口商寻求同意买断其远期票据的银行(即议付行)或金融公司,提出申请并获得批准。银行在提供福费庭服务时通常报三种费用,即贴现费、承担费和投标费。贴现率反映了银行的资金成本(通常用该期间的 LIBOR,即伦敦同业拆放利率)再加上一个差价,这个差价反映了银行所承担的风险和赚取的利润,贴现率用于被贴现汇票和期票的面值,即本金加应计利息和任何费用,为了贴现率在一定时间内(通常为 12 个月)不发生变化,承办福费庭业务的银行还要吸取一笔承担费,在给出口商是否接受承诺的选择时银行也要收一笔费用,该费用称为投标费,通常承担费和投标费均为年率 1%,但对风险大的业务则相应调高。这一点与其他业务不同。

(2) 进出口双方签订分期付款的贸易合同。

(3) 开出商业票据。在福费庭业务中,多由进口商开出承诺付款的一张本票或根据付款次数和每期付款金额同时开发若干张本票。如系 4 年期 1 000 万欧元的交易,就开出间隔半年面值为 125 万欧元的 8 张票据,并提交贴现行或金融公司认可的担保行进行担保,保证在进口商不能履行支付义务时,由其最后付款。担保的形式有两种,一种是在票据的票面上签章,另一种是出具保函。当然,也可由出口商开出一张或若干张汇票,但须经其往来银行交给进口商承兑、担保行担保。（若出口商的往来银行同意将来买断其远期商业票据，贴现行与出口商的往来银行可以对其票据进行担保时，则担保行与进口商的往来行既为同一家银行，否则为两家。）

（4）出口商备货、制单、装船发货。

（5）出口商将全套货运单据通过往来银行寄送给进口商，以换取附有银行担保的本票或经过进口商承兑的，附有银行担保的汇票。

（6）出口商将收到的上述票据，按照与承办福费庭业务的银行或金融公司的预先约定，办理银行丧失追索权的票据贴现手续，并取得现款。

（7）按国际上中长期信贷分期还款的惯例，承办福费庭业务的银行或金融公司向进口商或担保行收回票款。

3. 福费庭的产生与发展

福费庭业务于20世纪50年代产生，瑞士苏黎世银行协会首先开创了福费庭融资业务。50年代后期，西方国家贸易越来越大，出口商向银行提出越来越长的融资需求，福费庭融资方式进一步活跃起来。80年代，福费庭业务持续增长，逐渐由欧洲向亚洲及全世界发展，二级市场也逐渐形成，形成一个世界范围内的福费庭交易市场。由于福费庭业务需要灵活、复杂的财务经营和迅速的决策，许多银行都由其专门的附属机构来做福费庭业务，如英国的巴克莱银行、密德兰银行、国民威斯敏斯特银行，美国的大通曼哈顿银行、花旗银行等。

福费庭业务对出口商有许多有利的地方，例如，可以解决出口商以商业信用形式出口商品时的资金周转困难，既促成了交易的达成，又解决了出口商商品周转的资金障碍；可以减少出口商的对外负债，提高了企业的资信程度，有利于有债券的发行；可以免去信贷管理，转嫁债务风险。福费庭业务对进口商的影响利弊兼有。利用福费庭业务手续简便，不像利用买方信贷那样需进口商多方联系、洽谈；对于不能获得买方信贷或卖方信贷的进口商同样可以获得融资便利。但是，多数福费庭业务没有官方担保和利息贴补，因此，较高的利息及其他费用均计算于货价之内，所以货价较高；进口商为获得担保行的担保，还要交付一定的保费或抵押品，这笔费用在利用官方担保的买方信贷时是无须支付的。目前，许多国家政府正在考虑为福费庭业务提供一定比例的官方担保或利率支持。这些措施若能付诸实施，将会更有利于福费庭业务的发展。

（五）信用安排限额

随着银行日益介入国际贸易业务，促进并组织进出口成交所起的作用日益增长的情况下，20世纪60年代后期一种新型的出口信贷形式——信用安排限额开始在出口信贷业务中推行。信用安排限额的主要特点是出口商所在地的银行为了扩大本国一般消费品或基础工程的出口，给予进口商所在的银行以中期融资的便利，并与进口商所在地银行配合，组织较小金额业务的成交。信用安排限额有两种形式：

一般用途信用限额(General Purpose Lines of Credits),有时也叫购物篮信用(Shopping Basket Credits)。在这种形式下出口商所在地银行向进口商所在地银行提供一定的贷款限额,以满足对方许多彼此无直接关系的进口商购买该出口国消费品的资金需要。

项目信用限额(Project of Lines of Credits)。在这种形式下出口商所在地银行向进口商所在地银行提供一定的贷款限额,以满足进口国的厂商购买本国基础设备或基础工程建设的资金需要。

第四节 国际租赁在资本货物国际贸易中的应用

正如我们在出口信贷中所作的分析,资本货物的出口国为进口商提供金融支持,已经成为促进本国资本货物出口时一个必不可少的手段。然而,随着资本货物国际贸易竞争的日趋激烈,仅有单纯的信贷支持,已不能完全满足进口商关于企业现金流的管理、资产负债比例的管理、资本货物期末所有权处置等方面的需求。国际租赁恰好可以弥补出口信贷在这些方面的不足,从而使其日益成为资本货物国际贸易中,在为进口商提供融资支持的同时,还可满足其他方面需求的一种行之有效的促销手段。

由于国际贸易与国内贸易具有相同的原理,同理,以资本货物国内贸易为基础所进行的运用租赁方式促进资本货物销售的优势的分析也都适用于国际贸易。不仅如此,运用国际租赁促进资本货物的国际贸易,尚还有一些独到的优势。所以,我们先分析运用租赁方式促进资本货物销售的一般原理,然后再在原理之上,补充分析其在国际资本货物贸易中的独有优势。

一、给用户提供融资便利,包括一般融资、节税融资和表外融资

正如上文关于融资租赁的一般分析,资金融通是融资租赁所具备的最基本的功能,所以,无论通过何种具体的融资租赁方式促销时,其首先带给客户的便利,就是资金融通。然而,通过为用户提供资金支持来促进本企业机械设备的销售早已不是新鲜事物,分期付款就是最常用的手段。那么,租赁融资与分期付款又有何区别呢?在融资便利上,二者是无区别的。但是,由于融资租赁具有非全额清偿的形式,所以,非全额清偿的经营性租赁的租赁融资还具有节税融资和表外融资的特性。这种融资的特殊功效是银行贷款、分期付款等任何其他融资形式所不具备的,也是租赁融资非常独有的特征。

二、留有残值的租金计算基础,降低承租人租期内的还租压力

由租赁物的所有权属于出租人这一租赁交易的特征所决定,出租人在计算租金时,可以

对租出的设备预留一部分残值，等到租期结束时，再做处理。这样，出租人在计算租金时，就是以租赁设备的原价扣除残值后的数额作为计算租金的基数，即小于设备的全部价款。于是，与用户利用分期付款方式时的偿还相比，有利于缓解承租人在租期内支付租金的压力。

三、租期结束时租赁设备所有权处置方式的灵活性，给用户提供了更多的选择权

在科技高速发展、设备陈旧风险加大、市场竞争日趋激烈的情况下，企业越来越充分地认识到，固定资产带给企业的实际利益，源于使用，而非拥有。因此，取得租赁设备的所有权，不再成为承租人的主要目的。并且，管理设备技术风险，进而转移设备过时的风险，对企业成本控制、资金运用及其综合竞争力的提高则意义深远。

经营性租赁，让承租人拥有了退租或续租和留购的选择权，恰好可以满足承租人的这种需要。当租期结束时，如果市场上已经出现了比该租赁设备更先进的同类产品，则选择退租，从而有利于其及时更新更先进的、更能提高企业竞争力的设备。当租期结束时，如果市场上没有具有更先进技术的同类产品问世，则承租人仍可选择续租或留购，以满足其正常的生产经营需要。

所以，这种只有物权融资才能具有的租期期末所有权处置的灵活性，使融资租赁业中的这一特殊形式——经营性租赁，成为比分期付款更有竞争力的促销手段。因为，分期付款只为用户提供了融资便利。而经营性租赁，在给承租人(用户)提供融资便利的同时，还使承租人对租赁物件的所有权拥有更灵活的选择。国外许多大的、生产具有一定通用性设备的厂商，都采用包括经营性租赁在内的融资租赁方式，作为辅助本企业产品销售的手段，更有一些厂商甚至将其作为主要的营销手段。

四、带动资本货物制造厂商的市场外延

市场外延的含义是指销售厂家通过本次交易，为本次交易以外的交易创造条件，使本次交易的买卖双方在本次交易的基础之上，又成交了新的交易。

设备制造厂家利用租赁促销时可实现两种情况的市场外延：一种是带动销售厂家向买方销售与租赁设备相关的辅料、耗材的销售。如计算机制造厂商以租赁方式推销主机时，可以带动计算机外设的销售，还可带动墨盒、硒鼓等耗材的销售。再如医疗设备的制造商运用租赁推销医疗设备时，可带动许多一次性消耗的材料的销售。另一种情况是让租赁厂商获得了市场优先的便利。众所周知，市场经济也是信息的经济，谁先获得了信息，谁就把握住了商机。在租期之内，厂商需要不断地与客户联系，从而有利于与客户保持良好、密切的关系，这有利于租赁厂商及时掌握承租企业的技术更新的信息，为进一步推销本企业产品创造了机会。

五、有利于保护技术含量较低的专有技术

机械设备类资本货物技术含量的高低，直接关系到其在市场上的竞争能力。为了开发和提高本企业产品的技术含量，生产厂家往往要投入大量的人力、物力和财力。可是，受利益驱动、企业自身实力的影响，在市场上生产同类产品的另一些企业，不具备这样的研发能力，就会想办法通过不道德的手段来攫取别人的先进技术，购买别人的具有先进技术含量的产品，将其拆卸后了解其内部构造，然后，通过模仿、组装或改进自己原有产品，再以低价向市场销售。这些企业的做法，给研发新产品的企业带来极大的损害。

如何保护自己的专利或自有技术，就成为企业在研发新产品时不得不同时考虑的问题。对于资本货物来说，运用租赁促销，却有利于企业保持自己的技术垄断地位、保护自有技术的目的。因为，租赁的典型特征之一是承租人在租期内只拥有对设备的使用权，而没有处置权。因此，出租人就可以有效地避免承租用户通过拆卸来剽窃其技术的可能性，从而在一定程度上保护了自己的专有技术。

六、运用国际租赁规避国际贸易中的关税、技术等壁垒的作用

在资本货物的国际贸易中，运用租赁促销时，可以起到在国内市场促销时的相同作用，因此，运用国际租赁，就成为资本货物的国际贸易中的一个新的营销手段，成为扩大海外销售的新途径。由于在国际贸易中对国际租赁的应用与国内销售时的原理相同，在此不再赘述。

但是，由于国际贸易所面临的环境更加复杂，运用融资租赁，促进资本货物的国际贸易时，在有些国家还可以起到规避出口国的技术壁垒和进口国的关税壁垒的作用。

（一）规避出口国的技术壁垒的作用

出于保护本国国际竞争力的目的，世界上的许多国家，都对涉及本国核心技术的设备，特别是那些既可以用于军事目的，又可以用于民用目的包含着许多最先进技术的设备，有严格的出口限制或管制。

对于每一个主权国家而言，这种限制无可厚非。而对于出口厂家而言，则处在一种两难的境地，能够找到用户，扩大销售，提高市场份额，是每一个企业生产经营的基本目标，找到用户却不能卖出自己的产品，是任何企业都不愿面对的现实；然而，企业又不能不遵守国家的法令、法规。此时，利用租赁的方式，则可有效地解决上述矛盾。由于租赁物件的所有权始终属于出租人，租期结束时，租赁物件所有权处置的主动权也应在出租人一方。这样，只要厂商出租人与承租企业签订一条不改变租赁设备所有权的条款，就可以达到既将本企业生产的设备交付给用户使用、通过满足用户需要而扩大了市场份额的目的，又不违反国家的法令、法规这样一举两得的目的。例如，我国民航总局在 20 世纪 80 年代中期从美国购买的

波音飞机，其中所需要的导航设施，都采用的是租赁形式。因为，导航设施在美国属于限制对我国出口设备。如果没有租赁，即使我国能买进飞机，而若没有导航设施，这些飞机在我国就相当于是一堆废铁。90年代初，我国某油田利用跨国租赁获得美国厂家生产的先进的计算机油田监控设备，也是一个成功的案例。这台设备的生产厂家生产的是民用产品，但是，其中装载的计算机，也可以用于军事跟踪和定位。租赁方式的采用，使得买卖双方在不违反国家法律的情况下而双双受益。

（二）有利于避免进口国贸易保护主义的限制

由于融资租赁设备的所有权是在租赁交易结束之后才进行转移，所以，在各国的国际收支统计中，国际租赁被当作长期资本流动而非贸易进出口统计。这样，对出租国来说，就可以绕开进口国贸易保护主义的种种限制。通过提供出口信贷的贸易方式与出口租赁有一共同点，即都可以达到为买方融资的目的，但因其是一种贸易方式，必然要受到进口国贸易政策的影响。所以，能否避开国际贸易管制是租赁出口与贸易出口的一个根本区别。

（三）规避进口国关税壁垒的作用

为了保护本国的民族工业，世界上绝大多数国家都曾经采用过对进口货物征收关税的措施。随着1995年世界贸易组织(WTO)的建立，关税措施开始受到越来越多的限制。但是，关税在历史上曾经起到的阻碍外国产品进入本国市场的作用不可否认。即使今后WTO在国际贸易领域所发挥的作用越来越大，但是，当一国利益与他国利益发生重大冲突时，运用关税措施来保护本国利益，永远是一国政府最简便易行的手段。因此，对于出口国企业而言，规避进口国的关税壁垒，似乎是一个永恒的话题。

关税征收的基本原理是，在进口货物报关的环节，将进口货物的到岸价格调整为关税的计税价格，再乘以预先规定的税率，即为应纳关税额。通常情况下，在上述原理中还隐含着一个基本前提，货物的所有权在国际交易中发生了转移，由国外的所有者转移到国内的所有者。

于是，在跨国租赁交易（即承租人与出租人分属不同法律体制时的租赁交易）中，对于如何征收关税，就产生了如下的问题：第一，应该在何时征收关税，是租赁物件的报关环节，还是租期结束后，租赁物件由国外的出租人向国内的承租人转移所有权的时候。第二，与上一问题相联系，以什么作为跨国租赁物件关税的计算基数，是租赁物件的原值（如CIF价格），还是租赁物件转移所有权时的残值的重置价格。世界各国在这个问题上的做法，大致可分成两类，一种是在租赁物件的进口报关环节，以租赁物件的原价或应付租金（此时，应付租金以原价为基础计算）为基数，一次性或每次对外支付租金时支付。另一种是在租期结束时，以转移租赁物件的所有权时的重置价格为计算关税的基数。

显然，两种做法对承租人实际利益的影响是完全不同的。在前一种情况下，跨国租赁中进口国承租企业所支付的关税额与一般贸易进口基本相同。而在后一种情况下，进口国承租企业实际支付的关税额就会小于同一设备采用贸易进口时的负担，从而使承租企业获得了降低关税税负的利益。德国跨国租赁关税的征管方法采用的就是后一种。

（四）可以有效地享受出口国的优惠政策，而不违反 WTO 的原则

如何促进本国机械设备的出口一直是许多国家关注的焦点。传统的补贴方式导致企业低价竞争，不仅违反 WTO 的有关条款，还易造成倾销招致进口国的起诉。而当国家将类似低利率贷款这样的优惠政策通过租赁公司贯彻到机械设备的出口租赁当中时，既可避免这些矛盾，又能提高租赁公司经营本国机械设备出口租赁的积极性，降低租赁成本，增强租赁公司在国际市场上的竞争性，最终达到扩大机械设备出口的目的，使国家有限的资金发挥更大的效益。

本章小结

本章内容是国际商业银行信贷内容的有机补充，是从银行服务的目的的角度对国际银行信贷所进行的进一步的分类。尽管商业银行贷款是债权融资的最一般的形式，但当这种融资与某种目的相结合，或在某些方面发生变化时，又派生出新的融资方式。所以，国际贸易融资主要是国际银行信贷在国际贸易融资中的具体应用。而出口信贷又是商业信贷向政策性信贷的一种发展。

重要概念

国际贸易融资	打包放款	出口押汇	出口信贷
卖方信贷	买方信贷	福费庭	信用安排限额
混合信用贷款	议付	贴现	银行承兑信用
国际保理			

同步测练与解析

一、名词解释

打包放款　　公开保理　　承兑　　福费庭

二、简答题

1. 提供出口信贷的各国政府提供官方支持的手段有哪些？为什么？
2. 为什么买方信贷是出口信贷中采用最广泛的形式？

3. 运用租赁方式促进资本货物销售的独到优势是什么？

4. 分析保理业务和福费庭的异同点。

三、单项选择

1. 下列属于商业信用的是(　　)。

A. 出口商所在国银行向出口商提供信贷资金

B. 进口商所在国银行向进口商提供信贷资金

C. 出口商所在国银行向进口商提供信贷资金

D. 进口商向出口商提供信贷资金

2. 下列属于出口买方信贷的是(　　)。

A. 出口商所在国银行向出口商提供信贷资金

B. 进口商所在国银行向出口商提供信贷资金

C. 出口商所在国银行向进口商提供信贷资金

D. 出口商向进口商提供信贷资金

3. 下列属于对出口商的信贷的形式是(　　)。

A. 开立账户信贷　　B. 票据信贷

C. 预付货款　　D. 放款

4. 下列不属于国际贸易短期融资的是(　　)。

A. 商业信用　　B. 打包放款

C. 出口信贷　　D. 承兑汇票贴现

5. 保付代理中，承担信贷风险的是(　　)。

A. 进口商　　B. 出口商

C. 保理组织　　D. 出口商所在国政府

6. 保付代理和福费庭的共同点是(　　)。

A. 都是产生于大型成套设备的国际贸易中

B. 票据都需大金融公司认可、担保行担保

C. 都是国际贸易短期融资

D. 都是无追索权的融资

四、多项选择

1. 按信贷主体不同，对外贸易短期信贷可分为(　　)。

A. 对出口商的信贷　　B. 对进口商的信贷

C. 商业信用　　D. 银行信用

E. 保付代理

2. 福费庭和保付代理的共同点有(　　)。

A. 都是短期贸易融资

B. 都是长期贸易融资

C. 都是支持大型成套设备的国际贸易的融资

D. 出口商都是以赊销方式卖出商品

3. 国际贸易短期融资中,银行直接对进口商提供融资的三种主要形式是(　　)。

A. 透支　　　　B. 商品抵押贷款

C. 进口押汇　　　　D. 承兑汇票贴现

E. 无保证金开立信用证

4. 下列属于经纪人对出口商提供信贷的是(　　)。

A. 预付款　　　　B. 公司信贷

C. 无抵押采购商品贷款　　　　D. 货物单据抵押贷款

E. 承兑出口商汇票

【参考答案】

一、名词解释

打包放款:也叫装船前信贷,是亚洲国家的一些商业银行,对出口商从收到国外订单到货物装船前这段时间内所需流动资金而发放的一种贷款。贷款银行通常以出口商收到的国外进口商的订货凭证为抵押品,订货凭证主要有进口商开来的信用证正本、得到认可的出口成交合同和订单或表明最终将开出信用证的证明等;贷款期限一般为 3～6 个月,贷款主要用于出口商采购、包装信用证项下所规定的出口货物。

公开保理:保理按出口商是否告知进口方采用了国际保理业务而划分,可分为公开型保理和隐蔽型保理两种类型。公开保理指出口商将拟采用保理业务和所选定的保理商的名称,以书面形式通知其进口商,并指示它们将货款直接支付给保理商。

承兑:是指付款人在汇票上签字,表示承担汇票到期时付款责任的行为。

福费庭:指在大型成套设备的国际贸易中,当出口商以赊销方式卖出商品后,将经过其预先选定的贴现行或大金融公司认可的担保行担保过的本票(或经过进口商承兑、担保行担保过的汇票)卖断给贴现行或大金融公司,以提前取得现款的一种资金融通形式。亦称包买、买单信贷、丧失追索权的贴现。

二、简答题

1. 各国政府对出口信贷提供官方支持的手段有:

(1) 政府作为贷款人。官方出口信贷机构会对出口提供信贷资金融通。

(2) 政府作为保险人。官方支持的出口信贷保险一般由出口信贷机构提供,少数国家是委托私营公司办理。

(3) 政府作为补贴者。出口信贷时筹措资金的利率差一般由政府承担支付。

(4) 政府在混合贷款中作为援助者。

2. 买方信贷作为出口信贷中采用最为广泛的形式，主要原因是：

(1) 买方信贷下出口商为即期收汇，既无收汇风险，又无利率汇率风险，但在出口卖方信贷下，出口商虽可投保出口信用险，但仍需承担较大风险；

(2) 在使用出口卖方信贷时，由于出口商直接借款远期收汇，在其资产负债表上会显示出一笔巨大的负债和一笔应收账款，将影响出口商以后的筹资，而在出口买方信贷下则不会出现上述情况。

3. 运用租赁方式促进资本货物销售的优势在于：

(1) 给用户提供融资便利，包括一般融资、节税融资和表外融资；

(2) 留有残值的租金计算基础，降低承租人租期内的还租压力；

(3) 租期结束时租赁设备所有权处置方式的灵活性，给用户提供了更多的选择权；

(4) 带动资本货物制造厂商的市场外延；

(5) 有利于保护技术含量较低的专有技术；

(6) 运用国际租赁规避国际贸易中的关税、技术等壁垒。

4. 相同点：①都是基于国际贸易的融资。②都是无追索权的贸易融资。③出口商都以赊销的方式出卖商品。

不同点：①保付代理是短期贸易融资，而福费庭是长期贸易融资。②保付代理是适用于一般商品的贸易，而福费庭是支持大型设备的贸易。③福费庭的单据需要大型金融机构担保，而保付代理不用。

三、单项选择

1. D　2. C　3. C　4. C　5. C　6. D

四、多项选择

1. CD　2. DE　3. ABC　4. CDE

第三篇

外汇市场与外汇风险管理

第九章

CHAPTER NINE

外汇市场

学习目标

通过本章学习，了解外汇市场与国际金融市场其他构成之间的关系，掌握外汇、汇率及其标价方法，掌握外汇市场各种业务运作的基本原理等方面的内容，理解各种外汇交易之间的内在联系，不仅能够掌握各种外汇交易的应用，还应能够掌握各种外汇交易在国际经济活动中的应用。

重点难点提示

- 外汇市场的含义
- 外汇批发市场及外汇零售市场及其相互间的关系
- 即期外汇业务及其在零售市场和银行间市场上的不同交易实现形式
- 远期外汇业务及远期汇率的计算方法
- 传统外汇市场上的其他业务及与即期或远期外汇业务的关系

第一节　外汇与汇率

一、外汇的概念与理解

外汇(Foreign Exchange)是国际汇兑的简称。外汇概念理解有两个层次,即动态的外汇和静态的外汇。动态的外汇,是指把一国货币兑换成为另一国货币,用以清偿国际间债务的金融活动。而静态的外汇,实际上可以理解成由于动态的外汇而形成的相关的金融凭证,或称金融资产。国际债务清偿的全过程,可分为清偿过程中和清偿后的结果两个阶段。所以,静态的外汇又可进一步分为广义的外汇和狭义的外汇两个范畴。广义的外汇是对国际间债务清偿全过程中所形成的金融资产的统称,具体可分为以外币表示的支付凭证、信用凭证和外国货币。而狭义的外汇则仅仅是指国际间债务清偿过程中的凭证,即以外币表示的支付凭证。

对于以外币表示的信用凭证的具体形态可以有:外汇存款、外国债券和外国股票等;而以外币表示的支付凭证的具体形态可以有本票、汇票和支票等。

区分广义外汇与狭义外汇概念的意义在于,在不同的国际金融活动的过程中,外汇概念所反映的内涵也有所不同。例如,在涉及一国外汇储备的问题时,外汇储备所采取的形态,只能是以外币表示的信用凭证,而不可能是以外币表示的支付凭证。而在清偿国际债务的国际结算的过程中,所能采取的外汇形态则只能是狭义的外汇。

通过对上述外汇概念的分析,我们可以归纳出外汇构成的三要素。

(1) 国际性。即外汇必须是以外币表示的金融资产,而以本币表示的同类金融资产,则不属于外汇。

(2) 可兑换性。从字面上理解,这是指一国货币能够兑换成他国货币。但是,此处可兑换性的理解,是从经济角度对外汇概念中外币的认识。首先,“以本币表示的同类金融资产”中的外币,必须是可兑换货币。换言之,以不可兑换货币表示的信用凭证与支付凭证,则不能构成一国的外汇资产。其次,在现阶段,一国货币是否是可兑换货币,是由《国际货币基金协定》中关于外汇管制与货币可兑换性的相关条款来界定的。

(3) 以真实交易为基础。即外汇持有人用于偿还国际债务的外汇资产,必须是债权人接受的资产。而债权人之所以接受这些以账面资产形态存在的外汇,其原因在于,这些账面资产代表着债权人可以实现的求偿权。换言之,外汇资产的所有者是通过各种资源的转让而获得了外汇资产。

二、汇率及其标价方法

（一）汇率的概念

在上述关于外汇概念的分析中我们能够发现，两种货币在兑换的时候，必须要有兑换的依据。通常，依据的就是汇率。从形式上看，汇率是两种货币的比率、比价，是以一种货币表示另一种货币的价格。例如，1 美元＝110 日元就是美元和日元之间的比率，也可以说是用日元表示的美元的价格。但是，在这个例子中，究竟哪种货币是外汇商品，哪种货币是本国货币呢？1 美元＝110 日元的本质含义又是什么呢？

汇率的本质含义，是指汇率所反映的经济的内容。根据外汇市场层次[①]的不同，其所反映的内容也有所差异。在外汇零售市场，汇率是指用本国货币表示的外国货币的价格。而在银行间外汇市场，汇率是指用报价货币所表示的基础货币的价格。

（二）汇率的标价方法

汇率的标价方法，是对两种货币在建立比价关系过程中所处位置的约定。即在建立比价关系的两种货币之间，究竟是哪种货币，或者说究竟是本币还是外币处在基础货币（也可称之为标准货币）的位置上，哪种货币处在报价货币的位置上。基础货币，是指在汇率比价中以 1 或 100 等整数形态出现的货币；而报价货币，则是在汇率比价中表示基础货币价格的货币。一种货币究竟是处在基础货币的位置，还是报价货币的位置，已经成为国际金融市场上的惯例。在外汇市场上，由于确定基础货币的方法不同，也就形成了不同的标价方法。

1. 外汇零售市场的标价方法——直接标价法与间接标价法

(1) 含义

直接标价法（Direct Quotation）是以一定整数单位（如 1 或 100 等）外国货币作为标准，折算为若干数量的本国货币的汇率标价方法。在直接标价法下，外国货币的数额固定不变，本国货币的数额则随着外国货币或本国货币币值的变化而改变。间接标价法（Indirect Quotation）是以一定单位的本国货币（如 1 或 100 等）作为标准，折算为若干数量的外国货币。在间接标价法下，本国货币的数额固定不变，外国货币的数额则随着本国货币或外国货币币值的变化而变化。

(2) 应用范围

那么，哪些国家采用直接标价法，哪些国家采用间接标价法呢？目前，只有少数国家或地区的外汇市场采用间接标价法，而世界上大多数国家或地区的外汇市场，或者说是采用间接标价法以外的国家或地区，则采用的是直接标价法。由于其历史地位的决定，英国的外汇

---

① 关于外汇市场层次的分析，见本章第二节。

市场一直采用间接标价法。美国则是从 1978 年 9 月起，除对英镑（包括随后出现的欧元）继续采用直接标价法外，对其他货币改为采用间接标价法。欧元自产生之日起，同样是由于其历史地位的决定，也采用间接标价法。

例如，我国外汇银行采用的是直接标价法。以某日我国中国银行公布的即期外汇汇率为例，100 美元＝人民币 826.560 0/829.040 0 元，100 日元＝人民币 7.624 6/7.854 2 元，100 欧元＝人民币 695.220 0/697.310 0 元。而英国的银行采用的是间接标价法，如某日伦敦某外汇银行公布的即期汇率为：1 英镑＝1.450 5/1.452 5 美元，1 英镑＝2.623 0/2.625 0 瑞士法郎。

2. 外汇批发市场的标价方法——美元标价法

外汇批发市场也就是指银行间外汇市场。由于外汇银行既可以与本国的银行，也可与外国的进行外汇买卖；并且，外汇银行在进行外汇交易时，既可能是对银行所在国货币与外国货币的交易，也可能是对银行所在国以外的两种货币的交易，例如，位于我国香港的花旗银行香港分行与位于澳大利亚的德意志银行悉尼分行进行英镑与欧元的交易时，英镑和欧元对这两个交易银行来说，都是外币。所以，银行间外汇市场的标价方法就不能采用外汇零售市场上的直接或间接标价方法。因为，在银行间外汇市场的交易中，多数情况下不存在本币与外币之间关系的问题。

由于银行间外汇市场上，对美元的交易占有绝对大的比重，所以，在银行间外汇市场上，主要采用的是美元标价法。即外汇报价银行在表示各种货币与美元的汇率时，始终以美元作为基础货币，用其他货币来表示美元的价格。

三、汇率上升、下降与币值的关系

首先，当我们看到外汇市场上美元与日元之间的汇率由 1 美元＝120 日元变为 1 美元＝110 日元时，说明了汇率的何种变动？通常，在这个问题上有三种表述：

(1) 某种货币汇率上升，表示该币升值，或反之；

(2) 外汇汇率上升，表示站在本币立场上，谈论外汇的升值，或反之；

(3) 本币汇率上升，表示站在本币立场上，谈论本币对外价值的上升，或反之。

其次，汇率变化，包括汇率的上升与下降，在不同标价方法下，数字的表现方式不同。例如，当美元与日元的汇率 1 美元＝120 日元变为 1 美元＝110 日元时，站在采用直接标价法的日本的立场上，说明美元汇率下降，是以日元表示的美元的数值减小。反之，若站在采用间接标价法的美国的立场上，说明日元汇率上升，而数值看上去是变小了。所以，对这个问题的理解，关键是对汇率与币值变动关系的掌握。

四、买入汇率与卖出汇率——以外汇零售市场为讲解的基础

尽管可以从不同的角度将汇率进行若干种分类，但是，从外汇市场交易的角度讲，外汇

www.euibe.com

的买入汇率与卖出汇率是外汇市场上最基本的汇率分类方法。鉴于零售市场是外汇市场的基础，本书只对零售市场的外汇买入汇率与卖出汇率加以介绍，包括以外汇支付凭证为买卖对象的买入汇率和卖出汇率与以外币现钞为买卖对象的现钞价。

（一）买入汇率与卖出汇率的含义

买入汇率(Buying Rate)是指经营外汇交易的银行，从客户手中买入外汇支付凭证（以下简称外汇）时所使用的汇率。

卖出汇率(Selling Rate)是指经营外汇交易的银行，向客户卖出外汇支付凭证时所使用的汇率。

买入汇率与卖出汇率相差的幅度一般在1‰～51‰之间，但是，具体到各国的银行之间、储备货币与非储备货币之间，其相差的幅度都不尽相同。一般而言，买卖汇率之间的关系有三个特点：①主要储备货币差价小，非主要储备货币差价大；②大银行差价小，小银行差价大；③发达国家银行差价小，发展中国家银行差价大。

中间汇率(Medial Rate)是买卖汇率的简单算术平均数，通常是报刊文章在分析汇率时所采用的数字，也可是商业银行和企业在进行内部核算时所使用的汇率。但在现实的外汇交易中，是不可能按中间汇率来进行的。

（二）买卖汇率制定的原则

由于外汇买卖一般均集中在经营外汇业务的商业银行等金融机构，它们买卖外汇的目的是为了追求商业利润，所以，像所有商业行为一样，贱买贵卖，赚取买卖外汇商品时的差价，就成为外汇银行在制定买卖汇率时的基本原则。买入汇率与卖出汇率的差额即商业银行买卖外汇的利润。

（三）买卖汇率标出的顺序

根据上述买卖汇率的定义可以得出，外汇银行在外汇市场上挂牌的外汇汇率至少要列出大小不等的两栏数字，分别代表买入汇率与卖出汇率。

外汇银行在报出这两栏数字时，均是前小后大。但是，由于标价方法的不同，在基础货币的位置上，以商品形态出现的货币也不同。然而，在零售层次外汇市场上，外汇银行在经营外汇业务时，永远都是按贱买贵卖的原则来买卖外汇商品。由此而决定，在不同的标价方法下，买卖汇率的标出顺序也不相同。

直接标价法下，外汇银行报出的第一栏数字，也就是较小的数字，表示买入汇率，即外汇银行买进外汇时付给客户的本币数额；第二栏数字，也就是较大的数字，表示卖出汇率，即外汇银行卖出外汇时向客户收取的本币数额。在间接标价法下，情况恰恰相反。外汇银行报出的第一栏数字，也就是较小的数字，表示卖出汇率，是外汇银行在向客户收进一定量（1或

100 等)的本币而付给客户的外汇数额;第二栏数字,也就是较大的数字,表示买入汇率,是外汇银行付给客户一定量(1 或 100 等)的本币时而向客户收取的外汇数额。

(四) 现钞价

现钞价(Bank Note Rate),简称钞价,即外汇银行建立在外汇支付凭证买卖汇率基础之上而规定的买卖外币钞票时所依据的价格,包括现钞买入价和现钞卖出价。与外汇买入汇率和卖出汇率同理,现钞买入价是外汇银行买入外币现钞时所依据的价格,现钞卖出价是外汇银行卖出外币现钞时所依据的价格。

现钞买卖价与外汇支付凭证买卖汇率之间存在着如下关系,通常,外汇银行规定的现钞买入价低于外汇买入价,而现钞卖出价等于银行外汇卖出价。

现钞买入价低于外汇买入汇率的原因在于:外汇银行在购入外币支付凭证后,通过航邮划账,可很快地存入国外银行,开始生息,调拨动用。而外汇银行买进外国钞票后,要经过一定的时间,积累到一定数额之后,才能将其运送并存入外国银行以供调拨使用。于是,外汇银行在储运之前买进的外币现钞,银行就要承担滞库期间的利息损失。同时,在将外币现钞运送并存入外国银行的过程中还要发生运费和保险费等支出。于是,银行要将这些损失及费用转嫁给出卖外币现钞的客户,所以银行买入外币现钞的价格就低于买入外汇支付凭证的价格。

下面,通过举例说明如何运用外汇支付凭证的买卖汇率和现钞买卖价。

假设我国中国银行某日公布的美元与人民币的汇率为:

1 美元=8.312 0　　8.372 0　　7.962 0 元

某出口商有一张 50 万美元的汇票,到银行兑换人民币为:

$$1:8.3120=50\text{万}:X$$

$$X=415.6\text{万元}$$

同时,该企业的外商有 5 000 美元,要兑换为人民币,则:

$$1:7.9620=5000:X$$

$$X=39810\text{元}$$

第二节　外汇市场概述

一、外汇市场的含义

在阐述外汇市场含义之前,我们先来观察一下在国际经济交易中,外汇的运行过程。以国际贸易为例,出口商出口后取得外汇收入,要兑换成本币用于再生产;进口商进口商品时需对外支付,由于多数国家不能用本币直接对外支付,所以需要先将本币兑换成外汇,然后

再实现对外支付。

经营外汇业务的银行，在满足进出口商本外币兑换需要的同时，如果从进出口商那里买入和卖出的外汇、币种不一致，就有可能遭受外汇风险。因此，外汇银行应该卖出过多买入的外汇。外汇银行能够把这些过多买入的外汇卖给谁呢？受客户地域的限制，只能是卖给另一家经营外汇业务的银行。那么，这家外汇银行又如何能够找到交易对手呢？它可通过专门的银行间外汇市场交易系统，或通过外汇经纪人，来找到买入这些外汇的银行。

最后，从一国外汇市场的角度观察，由于出口大于进口，使得该国国际收支出现顺差，则会使本国外汇市场上外汇汇率下降，就会对本国宏观经济产生影响。于是，本国的中央银行就要进行干涉。而中央银行最常用的一个公开市场业务手段就是在外汇市场上买入过多的外汇供应。

所以，外汇市场(Foreign Exchange Market)，是指因国际经济交易而需要购买或出卖外汇的工商企业与个人，经营外汇业务的银行或其他金融机构，通过银行柜台或运用现代通信与网络技术，运用一定的交易方式而进行的外汇买卖的交易行为。

二、外汇市场交易主体的构成

（一）一般工商客户

外汇市场上，因从事各种国际经济交易活动，而取得了外汇收入或产生了对外汇的需求的工商企业或个人。所以，这类客户是外汇市场上最基本的外汇需求者和外汇供应者。

（二）外汇银行

在外汇市场上，以满足一般工商客户的需要而通过经营各种外汇业务而自行对客户买卖外汇的银行。这类银行通常包括专营或兼营外汇业务的本国商业银行；在本国的外国银行分行或其他金融机构。当一国的金融机构只有在获得中央银行的批准后才可经营外汇业务时，这些外汇银行又可称为外汇指定银行。

（三）外汇经纪人

在外汇市场上，以赚取佣金为目的，专门从事以介绍并促成银行与客户之间或外汇银行之间达成外汇买卖交易的中介机构。由于外汇银行之间的交易金额较大，交易频繁，但交易信息的沟通并不充分，因此，为了促进它们之间的交易，外汇经纪人依靠他们同外汇银行间的密切联系和对外汇供求情况的充分了解，来沟通外汇银行买卖双方之间的信息，促成交易，获得佣金收益。但是，由于计算机网络的出现，在现代外汇市场信息透明度增强的环境下，以及一些大的商业银行为了节省手续费，越来越倾向于彼此直接成交，使外汇经纪人在市场中的地位受到极大的削弱。然而，仍有某些大客户或大银行，为了隐蔽自己的身份，以争取比较有利的交易条件，仍然通过外汇经纪人进行外汇交易。

（四）中央银行

从根本上讲，中央银行是一国外汇市场的管理者。但是，从中央银行在调节本国的外汇储备和干预外汇市场时所采取的手段的角度讲，中央银行又是外汇市场的参与者。对于已经取消了本国经常账户和资本与金融账户外汇管制的国家来说，当国际短期资本的大量流动对本国外汇市场发生猛烈冲击时，由中央银行常常对外汇市场加以干预，其采取的最简单的手段就是在外汇短缺时大量抛售，外汇过多时大量吸进，从而使本国货币的汇率不致发生过分剧烈的波动。这种通过改变中央银行外汇储备，为干预外汇市场而参与的外汇交易，使中央银行不仅是外汇市场的交易主体，而且还是外汇市场的实际操纵者。

三、外汇市场的两个层次

上述四类参与者之间的外汇交易，形成两种层次的外汇市场：一是带有零售性质的银行与客户之间进行外汇交易的客户市场(Customer Market)；二是带有批发性质的各类银行之间进行外汇交易的银行间市场(Interbank Market)。

（一）零售市场

外汇零售市场(Retail Market)，是指银行与一般工商客户、个人之间，通过银行柜台，随时满足一般工商客户外汇与本币资金兑换需求而形成的外汇交易。

外汇零售市场的特点是：

(1) 规模较小，但却是整个外汇市场存在的基础。据统计，整个外汇市场产生于国际贸易和国际投资的外汇买卖仅占外汇交易总额的5%。但是，由于一般工商客户、个人对外汇的买卖，主要是建立在实体经济的基础之上而形成的外汇供给与需求，所以，代表着一种“真实”的外汇交易。

(2) 交易分散，且每笔交易的数额通常较小。这个特点实际上是由上一个特点所决定的。因为工商客户和个人分散在世界各地，且其外汇交易的规模受到实际国际贸易和投资规模的制约。

（二）批发市场(通常称为银行间外汇市场)

在外汇零售市场，外汇银行在经营外汇业务的过程中，不可避免地要出现买进与卖出某种外汇之间的不平衡情况。如果外汇银行当期买入的某种外汇大于卖出的该种外汇，即为该行的该种外汇的头寸[①]处于多头的位置，简称多头(Long Position)；如果外汇银行当期买

---

① 外汇头寸：指一家银行在另一家银行的外汇存款。

入的某种外汇小于卖出的该种外汇，即为该行的该种外汇处于空头的位置，简称空头(Short Position)。即当该银行在零售市场的某种外汇如果出现多头，则应想办法将多余部分的外汇卖出；如果出现空头，则应将短缺部分的外汇买进。如果在出现多头或空头时，外汇银行立即实现平衡，将处于多头位置的货币立即卖出或将处于空头位置的货币立即买进，这就是外汇银行在经营外汇业务常遵循的"买卖平衡"的原则。只有这样，银行才能避免因汇率波动造成的损失。但是，也有的银行根据自身的实力和其对外汇市场走势的判断，推迟实现平衡，将卖与买的外汇头寸调整时间向后拖延，此为外汇投机。

所以，外汇批发市场(Wholesale Market)，是指主要由外汇银行参与的、为调整平衡外汇头寸而进行的外汇买卖行为。

外汇批发市场的特点主要有：

(1) 在有形或无形的市场内进行。按市场组织形式不同，外汇市场可划分为有形市场(又称交易所市场)和无形市场（又称柜台交易)。无形的外汇市场，是指外汇交易双方通过以电话或电子计算机为基础的信息网络而达成的外汇交易。目前，世界范围内的银行间外汇交易，主要采取这种形式。可见，绝大部分外汇交易发生在银行同业间外汇市场上。

(2) 交易集中，且单笔规模和总规模都较大。外汇市场的交易集中，体现在两个方面。一是在所有的国家中，外汇银行的数量都远远地少于一般工商客户与个人的数量。因此，外汇银行间的交易就显得非常集中，银行之间的外汇交易占外汇交易总量的95%。二是就世界外汇交易而言，全球外汇交易主要集中在少数大的外汇交易中心。由此而决定，外汇银行间的每笔交易的规模也较大，通常以100万美元为单位。

(3) 反映外汇市场的总体供求情况。受工商客户分散在各地的局限，外汇零售市场上各个外汇银行的多头与空头，只能是一个地方的外汇供求状况的对比，并不能说明整个外汇市场的供求情况。于是，只有在银行间外汇市场，通过外汇银行外汇头寸调整过程与即定价格水平之间的关系，才能得到反映。当按照既定的价格，处于某种外汇多头的银行能够顺利实现平仓，处于外汇空头的银行能够实现补仓，则说明一国或某种外汇供求总体平衡。否则，如果处于多头的某种外汇不能平仓，则说明该种外汇供大于求；而某种处于空头的外汇不能补仓，则说明该种外汇供小于求。

(4) 是银行向客户报价的基础。建立在第三个特点的分析基础之上，当一种外汇供大于求时，银行在下一个交易日或随后的对客户报出的外汇汇率就应下降；反之，当一种外汇供小于求时，银行对客户报出的外汇汇率就应上升。

(三) 银行间外汇市场与银行和客户间外汇市场之间的关系

银行与客户间外汇市场是一国外汇市场的基础。因为，工商企业的国际贸易与投资等国际经济活动，是产生外汇交易的客观基础。银行间外汇市场是外汇市场的根本。因为，由于不同客户买卖的多寡，形成了不同银行的多头或空头，而只有在一国范围的，甚至是世界范围的银行间外汇市场上，才能全面反映出外汇供求的均衡状况，并由此其决定外汇的价格水平。

四、世界主要的外汇交易中心

与国际金融市场与国际金融中心的关系同理，外汇交易中心是外汇市场上外汇交易比较集中的地方。目前，交易量大而且具有国际影响的外汇交易中心主要有：英国的伦敦、美国的纽约、日本的东京、法国的巴黎、德国的法兰克福、瑞士的苏黎世、意大利的米兰、加拿大的蒙特利尔、荷兰的阿姆斯特丹和中国的香港等。在这些外汇市场买卖的外汇主要有美元、英镑、欧元、瑞士法郎、日元、加拿大元等币种，其他的货币也有买卖，但为数较小。

各个外汇交易中心都利用现代化的电子通信设备来进行交易。各个外汇银行大都设有专门的交易室，装备有外汇交易终端设备。通过这样的交易设备网络，使得世界各地的银行有机地联系成一个整体。同时，由于上述主要外汇交易中心分布在不同的时区，位于各个时区外汇银行此关彼开。当位于西欧国家的外汇银行从早上开始到下午 2 时结束营业时，纽约的外汇银行开始营业，而纽约市场收市时，东京的外汇银行开始营业，然后东京银行收盘时又与西欧外汇银行衔接，如此周而复始。于是，在营业日内一天 24 小时，位于世界各地的外汇交易者可连续不断地在世界各个外汇交易中心进行交易。所以，当前国际外汇市场已成为一天连续运转的市场。

下面，仅就世界最主要的外汇交易中心和与我国联系最为密切的香港外汇交易中心予以简要介绍。

（一）伦敦外汇交易中心

伦敦外汇交易中心是世界上最大的外汇交易中心，其外汇交易额占到世界外汇交易总额的 3/10。这里有约 300 家经英国中央银行——英格兰银行批准营业的外汇指定银行，其中大部分是外资银行，占外汇指定银行的 80%。而外汇指定银行之外的金融机构，如贴现公司等，从事外汇交易时必须通过外汇经纪人。伦敦外汇交易中心可交易的货币种类较多，美元与欧元比重较大。从外汇业务种类来看，既包括传统的外汇业务，如即期外汇交易和远期外汇交易等，也包括外汇期货与期权交易等金融衍生交易。在伦敦外汇交易中心，英格兰银行负责执行干预英镑汇率的职能，英国财政部管理外汇平准账户。

（二）纽约外汇交易中心

纽约外汇交易中心是世界第二大外汇交易中心，其外汇交易额接近世界外汇交易总额的 1/5。在美国，所有商业银行均可自由经营外汇业务，所以没有外汇指定银行的概念。但是出自成本考虑，小银行通常委托大银行办理外汇业务。由于国际贸易多以美元报价和支付，限制了美国企业对外汇的需求量，所以，美国外汇零售市场的外汇交易额所占比重较小，银行间外汇交易占90%以上。纽约外汇市场交易的外汇以欧元、日元、英镑、瑞士法郎和加拿大元为主，其他货币很少在这里交易。纽约联邦储备银行负责管理外汇平准账户，执行干预美元汇率的职能。

（三）香港外汇交易中心

香港外汇交易中心是除伦敦、纽约之外，外国银行机构最多的外汇交易中心。在这些外国银行中，占首位的是美资银行，其次是欧资银行、日资银行、当地银行和中国内地的银行。香港外汇交易中心交易的外币除了美元、欧元、日元、英镑、加拿大元、澳大利亚元等发达国家货币之外，还有泰铢、新加坡元、印度尼西亚盾、马来西亚元等东南亚国家货币。在交易规模上，美元对欧元的交易所占比重最大，其次是美元对日元。香港自1983年10月起改为实施与美元挂钩的钉住汇率制。该制度规定港币发行必须有100%的美元储备，中心汇率为1美元兑换7.8港元。所以，港币只能直接兑换美元，港币兑换其他外汇必须通过美元套购。因此，在香港外汇交易中心就不存在港币与美元，进而港币与其他货币之间的交易。

第三节　主要外汇交易形式

由于外汇市场存在两个层次，于是，尽管每种外汇交易形式都有其特定的原理，但由于交易主体的不同，使得这些外汇交易形式在不同层次的外汇市场上，在具体的运作程序上有可能出现一些差异，还有的外汇交易形式只可能出现在银行间外汇市场上。

一、即期外汇

（一）即期外汇交易的定义

即期外汇交易(Sport Foreign Exchange Transaction)，是在外汇交易双方买卖成交以后，在两个营业日内办理交割(Delivery)的外汇业务。

即期外汇交易是外汇市场上最传统、最基本的外汇业务。由于工商客户进行即期外汇交易与银行进行即期外汇交易时的需求不同，产生这种交易的基础也不同，由此而导致即期外汇交易在零售外汇市场和银行间外汇市场实现的程序有所不同。

（二）零售外汇市场的即期交易

1. 零售外汇市场的即期交易分类的基础

一般工商客户是零售外汇市场的交易主体，其进行即期外汇买卖的动机主要源于其参与国际生产与贸易的活动。工商客户在参于国际生产与贸易的活动过程中，必然产生国际间的债权债务，从而伴随着国际间债权债务的清偿。国际债权债务的清偿，与国际结算、国际汇兑息息相关，从而决定了零售外汇市场即期外汇交易的分类方法——建立在国际结算、国际汇兑基础之上的分类。

两个不同国家的当事人，因商品的买卖、服务的供应、投资与借贷及资金调拨等交易，而需要通过银行办理的两国间的货币收付业务就是国际结算。在大多数情况下，由于债权人和债务人在进行国际债务清偿的过程中，同时伴随着本币与外汇的兑换，于是，就产生了国际汇兑，"汇"，指货币资金在国际间的转移，"兑"，指不同国家货币的相互转换。这也就是我们在本章第一节中所讲过的外汇的概念。此处，我们再从动态的角度，也就是从国际结算的角度再来深入认识外汇，并形成了零售外汇市场即期外汇交易的进一步分类。

2. 零售外汇市场的即期交易的类型

根据外汇资金与结算凭证流动方向是否相同，国际汇兑可分成两种类型：顺汇（Remittance）与逆汇（Reverse Remittance）。顺汇是指外汇资金的流动方向与结算凭证的传递方向相同，即顺着相同的方向转移。各种托收方式和信用证结算方式就属于这一范畴。逆汇是指外汇资金的流动方向与结算凭证的传递方向相反，即二者相逆而行。各种汇款结算方式，包括电汇、信汇和票汇就属于这一范畴。

首先，顺汇和逆汇与外汇银行的外汇买卖的关系是：顺汇方式下，是银行买入外汇；而逆汇方式下，是银行卖出外汇。二者之间的关系如图 9-1 所示。

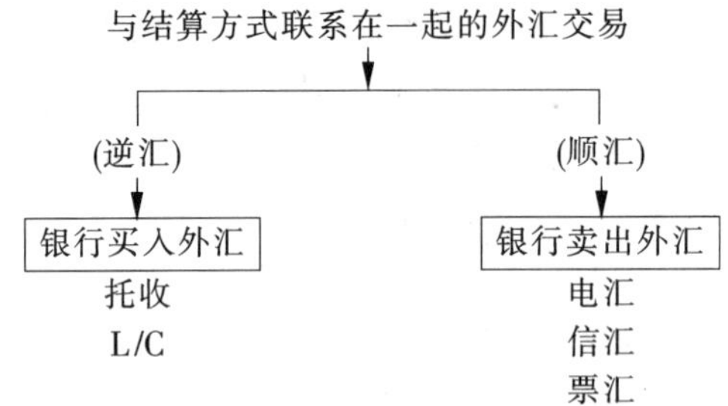

图 9-1　顺汇和逆汇与银行买卖外汇的关系

其次，在逆汇方式下，由于电汇、信汇和票汇的不同汇款方式，造成付款人实际购汇成本不同，所以，需要进一步分析。也正因为如此，才在许多国际金融教科书中出现了仅将即期外汇交易直接分为电汇、信汇和票汇的分类。

（1）电汇

即期外汇交易中的电汇（Telegraphic Transfer，T/T）是指与电汇汇款结合在一起的外汇交易。即汇款人按即期汇率向当地外汇银行交付本国货币，由该行用电报或电传通知国外分行或代理行立即付出外币的业务。电汇的凭证就是外汇银行开出的具有密押（Test Key）的电报付款委托书。

在电汇结算方式下，银行在国内收进本国货币、在国外付出外汇的时间相隔较短，使得银行不能占用顾客的资金。加之国际间电报、电话费用又较贵，所以，银行电汇汇款收取的手续费最高。综合这一费用因素，客户在采用电汇进行国际汇兑时购买外汇的成本最高。

在浮动汇率制度下，由于汇率不稳，经常大幅度波动，而电汇收付外汇的速度快，在一定程度上可减少汇率波动的风险，因此，出口商在贸易合同中常要求进口商以电汇支付货款。

(2) 信汇

即期外汇交易中的信汇(Mail Transfer，M/T)是指与信汇汇款结合在一起的外汇交易。即汇款人按即期汇率向当地外汇银行交付本国货币，由该行开具付款委托书，用航邮寄交国外分行或代理行立即付出外币的业务。信汇凭证就是信汇付款委托书，其内容与电汇委托书内容相同，只是汇出行在信汇委托书上不加注密押，而以负责人签字代替。

在信汇结算方式下，国内的银行与国外的银行从国内收进本国货币到国外付出外汇间隔的时间，由国际函件的邮程决定，相对较长，使得银行能够占用顾客的资金。加之国际函件的邮费低于电报、电话费用，所以，银行信汇汇款收取的手续费较电汇费率低。

在进出口贸易中，进口商常希望采用信汇的方式来支付货款，以此来降低购汇成本，甚至还可推迟付款时间。但是，随着外汇市场汇率波动幅度的不断加大，考虑到出口商的风险，越来越多的进口商已不再坚持采用信汇方式付款。

(3) 票汇

即期外汇交易中的票汇(Demand Draft，D/D)是指与票汇汇款结合在一起的外汇交易。即汇款人按即期汇率向当地外汇银行(汇出行)交付本国货币后，汇出行应汇款人的申请，开立以汇入行为付款人的汇票，列明收款人的姓名、汇款的币种与金额等，交由汇款人自行寄送给收款人，由收款人凭票取款的一种汇款方式。票汇的凭证即银行汇票。

采用票汇结算时，银行收到顾客交来的款项以后，经过两国间邮程所需要的时间后，才在国外付出外汇。同时，加之票汇结算方式下由汇款人自己承担凭证寄送的费用。所以，票汇的手续费率更低。

在国际贸易实务中，进出口商的佣金、回扣、寄售货款、小型样品与样机、展品出售和索赔等款项的支付，常采取票汇方式汇付。

(三) 银行间外汇市场的即期交易

银行间外汇市场即期外汇交易与外汇零售市场即期外汇交易的侧重点不同。银行间的即期外汇交易主要是为了调整外汇头寸和谋取投机利润。银行与工商业客户之间的即期外汇交易所造成的银行外汇头寸的多头或空头，外汇银行可通过相互间的外汇交易来平衡外汇头寸。同时，也有银行为进行国际间的资金流动或外汇投机而进行的即期外汇交易。由于银行间外汇市场国际一体化程度的不断提高，在银行间外汇市场占主导地位的是国际银行间外汇市场。由此决定，银行间即期外汇的交易流程、交易起点，都不同于零售外汇市场。

此处，我们仅介绍银行间外汇交易中两个基本知识点。

一是关于银行间即期外汇交易中交割日的确定方法。外汇银行在即期外汇交易成交后，不可能像零售市场那样，由银行先收进客户的本币，然后再付出外汇。银行间即期外汇交易交割时，必须根据价值对抵原则（compensated value principle），由交易双方同时划转各自交易货币的存款。其主要目的是减少信用风险，因为，先划转存款一方必然承担后划一方违约的风险。于是，根据交易银行和交易货币所在国银行所处时区的不同，而形成了三种确定交易日的惯例。①标准交割日（Value Spot，简写 VAL SP），即外汇银行成交日后的第二个营业日为交割日。②当日交割（Value Today，简写 VAL TOD），即外汇银行成交日当日即为交割日。③次日交割（Value Tomorrow，简写 VAL TOM），指外汇银行成交日后第一个营业日为交割日。如，在香港外汇市场上，港币兑美元的交易是在当天交割，港币兑日元、新加坡元、马来西亚元和澳大利亚元是在次日交割，港币兑其他货币的交易则是标准交割日。

二是关于汇率套算的方法。由银行间汇率标价方法所决定，如果即期外汇交易涉及美元，则即期汇率一目了然。然而，如果外汇银行是对美元以外的两种货币进行交易，则要通过套算求出这两种货币之间的即期汇率。汇率套算问题不仅存在于银行间即期外汇交易，而且也是国际交易中建立两种无直接联系的货币的汇率关系的基本方法。由于运用银行间外汇交易的原理来阐述汇率套算的原理比较复杂，需要涉及更多的银行间外汇交易的知识。此处，我们仅通过下例，从方法上来讲解汇率的套算。

设：已知　1 美元＝人民币　8.27　8.32 元

1 美元＝新台币　33.80　34.20 元

求：1 新台币 ＝ 人民币？

解：

(1) 确定作为分母的货币，以所求汇率中作为基础货币的汇率数字为分母。即上例中的 33.80 元和 34.20 元。

(2) 分母数字易位，分子数字不易位，分子分母对应相除

$$\frac{8.27}{34.20}=0.2418 \qquad \frac{8.32}{33.80}=0.2461$$

(3) 确定买卖价。根据计算出的结果，也就是 1 新台币 ＝ 人民币 0.241 8/0.246 1 元，是以人民币表示的新台币的价格。第一栏数字，也就是我国的银行用人民币买入新台币时所使用的汇率，即新台币的买入价。同理，第二栏数字，应该是我国的银行卖出新台币时应收进的人民币的汇率，即新台币的卖出价。

二、远期外汇

(一) 远期外汇交易的定义与种类

1. 定义

远期外汇交易(Forward Foreign Exchange Transaction)即预约买卖外汇的交易,亦即外汇买卖双方先行签订合同,约定买卖外汇的币种、数额、汇率和将来交割的时间,到规定的交割日期或在约定的交割期内,再按合同规定条件,买卖双方办理交割的外汇交易。

2. 种类

根据远期外汇交易中交割日的不同,远期外汇交易可分为固定交割日期的远期外汇交易和不固定交割日期的远期外汇交易。

(1) 固定交割日期的远期外汇交易,又被称为定期远期外汇交易,也可被称为远期外汇交易,是指买卖双方在成交的同时就确定了未来交割的日期,简单来理解,就是成交日顺延相应远期的月数。

(2) 不固定交割日期的远期外汇交易,又称为择期远期外汇交易,也被简称为择期(Optional Forward Transactions),是指在零售外汇市场上,在约定期限内,银行给予客户交割日选择权的远期外汇交易。即在成交日后的第三个营业日起至约定的期限内的任何一个交易日,客户有权可按照双方预先约定的远期汇率进行外汇交割的交易。

(二) 远期外汇交易的作用

远期外汇交易的作用,因交易主体的不同而有所差异。对于一般工商客户而言,其主要作用是有利于进行国际贸易和国际投资的企业锁定汇率,规避汇率变动的风险。在有些情况下,客户也可运用其进行外汇投机。而对于银行而言,由于顾客与银行的远期外汇交易可能使银行远期外汇头寸出现多头或空头,于是,超买或超卖部分的远期外汇就受到外汇暴露的风险。于是,外汇银行为避免远期外汇业务中汇率变动的风险,相互间进行远期外汇交易,以锁定风险。

下面,以国际贸易中的进出口商为例,来说明远期外汇的作用。在浮动汇率制度下,在进口商以延期付款方式向出口商进口商品时,从成交到结算这一期间内,对进出口双方来讲都存在着外汇风险。因汇率的波动,出口商收入的本币可能比预期的数额减少,进口商支付的本币可能比预期的数额要增加。在国际贸易实务中,为了减少汇率风险,有远期外汇收入的出口商可以与银行订立出卖远期外汇的合同,一定时期以后按签约时规定的价格将其外汇收入出卖给银行,从而防止汇率下跌,在经济上遭受损失。有远期外汇支出的进口商也可与银行签订购买远期外汇合同,一定时期以后,按签约时规定的价格向银行购买规定数额的外汇,从而防止汇率上涨而增加成本负担。

例如，美国某出口商，3月后有50万欧元的外汇收入。欧元与美元的汇率，现在是1欧元＝美元0.91，而3月后实际汇率与现在的汇率相比较，则有三种可能，即大于、等于或小于。如果该出口商到银行办理远期外汇业务，按银行提供的1欧元＝0.89美元的价格，则可将其未来3个月后的50万欧元收入固定到44.5万美元的收入(1∶0.89＝50万∶X，X＝44.5万美元)。在该出口商3个月后实际收到欧元外汇收入时，无论到期时的即期汇率是多少，该出口商都可得到44.5万美元。否则，如果该出口商预先没有与银行签订远期欧元的合同，当到期时欧元汇率下跌，1欧元＝0.85美元时，该出口商只能按到期时的汇率结算，其美元收入就会减少。这就是客户运用远期外汇业务进行套期保值的过程。

（三）远期外汇市场的参加者

在外汇市场上，远期外汇的需要者有：进口商、短期外币债务的债务人和对远期外汇看涨的投机人；远期外汇的提供者有：出口商、持有即将到期的外币债权人和对远期外汇看跌的投机人。

（四）远期外汇的期限

远期外汇业务的期限按月计算，在外汇零售市场，一般为1～6个月，也可以长达1年，通常为3个月。经过交易双方的协商，远期外汇交易的期限也可延期。而在银行间外汇市场，除上述期限外，也可存在较长的期限，如10年。

（五）远期汇率的报价方式及固定交割日期的远期汇率的计算

1. 远期汇率的报价方式概述

远期汇率的报价方法主要有两种：一种是直接报价(Outright Rate)法，即外汇银行直接报出远期外汇的实际汇率，瑞士和日本等国家采用这种方法；另一种是远期差价(Forward Margin)报价法，或称掉期率(Swap Rate)报价法，即外汇银行在报远期外汇的价格时，只标出远期差价，或掉期率，而不标出远期汇率的实际金额。远期差价和掉期率，只是因表示方式的不同而不同，而在本质上是相同的，即都反映的是远期汇率与即期汇率之间的关系。远期差价是用一定的货币单位来表示远期汇率与即期汇率的差额，而掉期率则是用点数来表示远期汇率与即期汇率之间的关系。无论哪种表示方法，客户在进行远期外汇交易时，必须先根据银行报出的即期汇率和远期差价或点数，计算出远期实际汇率，然后才能进行外汇交易。英国、美国、法国和德国等采用这种方法。由此看出，只有远期差价法才需要讲解。

2. 远期差价和掉期率法的表示方式及其远期实际汇率的计算

(1) 远期差价的表示方式及其远期实际汇率的计算

在远期差价表示的方法下，分别以升水(at Premium)、贴水(at Discount)和平价(at Par)来表示。升水是指远期外汇的价格比即期外汇贵，表示外汇汇率趋升；贴水是指远期外汇的价格比即期外汇贱，表示外汇汇率趋降；平价是指远期汇率与即期汇率相等，表示汇率走势相同。

在以升水、贴水和平价方式来表示远期差价时，还需掌握升水、贴水的表示单位。在多数情况下，升水、贴水是以一国货币单位的百分位来表示。如美元的百分位是美分，而瑞士法郎的百分位是生丁。而在少数情况下，通常是该国货币面值较低的时候，则直接以货币单位来表示升水和贴水的单位，日元就是这样。

在掌握了升水、贴水和平价的概念和它们的表示单位以后，远期实际汇率的计算就变得比较容易了。根据升、贴水的定义，由于汇率的标价方法不同，远期实际汇率的计算方法也不相同。在直接标价法下，远期外汇升水时，远期汇率等于即期汇率加上升水数字；远期外汇贴水时，远期汇率等于即期汇率减去贴水数字；平价时，汇率不变。在间接标价法下，远期外汇升水时，远期汇率等于即期汇率减去升水数字；远期外汇贴水时，远期汇率等于即期汇率加上贴水数字；平价则不加不减。

例如，在多伦多外汇市场，某外汇银行公布的加元与美元的即期汇率为：1 美元＝1.781 4－1.788 4 加元，3 个月远期美元升水 6～10 加分，则 3 个月远期美元汇率分别为：1 美元＝1.781 4＋0.06＝1.841 4 加元和 1 美元＝1.788 4＋0.10＝1.881 4 加元。再如，在伦敦外汇市场，某外汇银行公布的即期汇率为：1 英镑＝1.460 8－1.466 8 美元，3 个月远期美元外汇升水 0.9～0.7 美分，则 3 个月美元远期汇率为：1 英镑＝1.460 8－0.009＝1.451 8 和 1 英镑＝1.466 8－0.007＝1.459 8 美元。

(2) 掉期率法的表示方式及其远期实际汇率的计算

掉期率法是在银行间外汇市场上远期汇率的一种报价方法，即以点数(Points)来表示。所谓点数就是以汇率数字中小数点后第 4 位为一个基本，以外汇银行给出两个大小不等的点数作为掉期率的远期汇率的表示方法。

在这种方法下，远期实际汇率的计算依点数排列顺序不同而决定。当点数是由小到大时，即远期汇率第一栏点数小于第二栏点数，远期实际汇率等于即期汇率加上相应的远期的点数。当点数是由大到小时，即远期汇率第一栏点数大于第二栏点数，其远期实际汇率等于即期汇率减去相应的远期的点数。直接标价与间接标价均按此原则计算。

例如，在纽约外汇市场，某外汇银行公布的美元与瑞士法郎的汇率如下：

	即期汇率		3 个月掉期率
美元/瑞士法郎	1.451 0	1.457 0	100～150

于是，美元对 3 个月远期瑞士法郎的实际汇率为：

```
    1.451 0          1.457 0
 +) 0.010 0       +) 0.015 0
 ----------       ----------
    1.461 0          1.472 0
```

尽管以点数表示的掉期率法比以升水、贴水和平价的表示方法更为简便，但是，点数的经济含义，仍然要以升、贴水的方式加以说明。因为，当我们谈到远期汇率时，其主要的目的还是要判断外汇的走势。于是，我们可通过远期差价法和掉期率法中的计算方法及其与标价方法之间的关系，而建立起两种表示方法之间的关系，由此而实现运用升、贴水的定义来说明点数的经济含义的目的。因为，当点数是由小到大时，我们已知远期实际汇率等于即期汇率加点数，此时，如果所计算的外汇市场采用的是直接标价法，则点数表示的是升水；反之，如果所计算的外汇市场采用的是间接标价法，则点数表示的就是贴水。当点数是由大到小时，与上述原理刚好相反。以上例加以说明。所给点数是100～150，即由小到大，并且，所计算的是以间接标价法所表示的外汇，根据升、贴水原理中间接标价法下远期实际汇率等于即期汇率加贴水的公式，说明，3个月远期瑞士法郎对美元是贴水。

（六）择期外汇业务中远期汇率的决定

择期外汇业务中，择期远期汇率(Option Forward Rate)的确定原理，与上述固定交割日期的远期外汇交易中远期汇率的确定原理是相同的，依据的都是在下一个问题中介绍的利率平价理论。但是，由于在合同有效期内交割日期的不确定性，外汇银行确定择期汇率时，就要考虑到在整个合同有效期内究竟在哪一时点交割的问题，从而决定了银行定价的一般原则。我们用图9-2来说明。

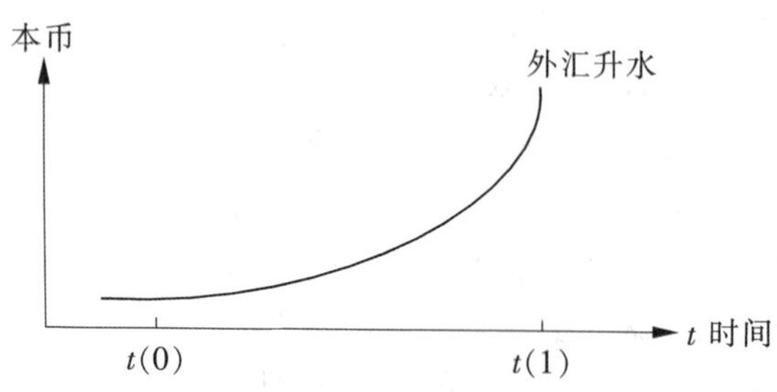

图9-2　外汇汇率变化曲线

设横轴 t 代表时间，纵轴代表本币，曲线代表外汇。当外汇升水时，该曲线随着时间的延长而上升，表示外汇的价格越来越高。而外汇贴水时，该曲线的变化趋势相反。而银行在向客户提供择期外汇交易时，由于无法在成交时确定交割的日期，客户处于有利地位，银行处于被动地位。于是，为弥补这种不利情况，银行只能选择对其有利时刻的汇率作为其向客户的报价。

1. 远期外汇升水时

当远期外汇升水时，银行按最接近择期期限开始时的汇率，也就是 $t(0)$ 时刻最低的汇率作为买入汇率，按照最接近择期期限到期时的远期汇率，也就是 $t(1)$ 时刻最高的汇率作为卖出汇率。

2. 远期外汇贴水时

当远期外汇贴水时，银行按最接近择期期限到期时的汇率，也就是 $t(1)$ 时刻最低的汇率作为买入汇率，按照最接近择期期限开始时的汇率，也就是 $t(0)$ 时刻最高的汇率作为卖出汇率。

换言之，银行按照 $t(0)$ 时刻的汇率作为择期远期汇率，相当于银行买入升水择期远期外汇时，没计升水，而在 $t(1)$ 时刻卖出升水择期远期外汇时，向客户收取了最大幅度的升水；反之同理，在买入贴水的择期远期外汇时扣除最大的贴水，卖出贴水的择期远期外汇时则不计贴水。

（七）利率平价——说明远期汇率与利率关系的理论

远期汇率与两种货币的利率的关系极为紧密，在其他条件不变的情况下，一种货币对另一种货币是升水还是贴水，升水或贴水的具体数字以及升水或贴水的年率（Annual Rate），最直接地受两种货币之间的利率水平与即期汇率的影响。

首先，远期外汇是升水还是贴水，受利率水平的制约。在其他条件不变的情况下，利率低的国家的货币远期汇率会升水，利率高的国家的货币远期汇率会贴水。

其次，升水或贴水的具体数字可从两种货币利率差与即期汇率的关系中推导计算。计算一种货币对另一种货币升水与贴水的具体数字，其公式为：

$$\text{某月数升水（或贴水）的具体数字}=\text{即期汇率}\times\text{两地利率差}\times\text{月数}\div 12$$

上述内容，也就是利率平价理论的结论的最简单的文字表示。受本课程教学目标的制约，我们省略了利率平价理论的推导过程。并且，在上述公式中所使用的汇率与利率，是中间汇率和存贷款利率的平均数。

最后，升(贴)水年率也可从即期汇率与升水（或贴水）的具体数字中推导计算出来。因为，一种货币对另一种货币升水（或贴水）的具体数字不便于比较，特别是当我们要对同一变动趋势货币进行比较时，只有折成年率才便于比较。升(贴)水具体数字折年率的公式是这样推导的。

根据计算变化率的最基本的原理：升(贴)水的变化率可通过升(贴)水的具体数字除以即期汇率而得出，即：

$$\text{升(贴)水变化率}=\frac{\text{升(贴)水具体数字}}{\text{即期汇率}}$$

对上述公式进行调整，将升(贴)水具体数字替换为利率平价理论中的计算公式，并根据所用升(贴)水具体数字的时间，将其调整为年变化幅度，于是，可得出：

$$\begin{aligned}\text{升(贴)水年率}&=\frac{\text{即期汇率}\times\text{两地利差}\times\text{月数}\div 12}{\text{即期汇率}}\div\text{月数}\times 12\\&=\text{两地利差}\end{aligned}$$

可见，在其他条件不变的情况下，即升水、贴水的年率与两地的利率差总是趋于一致的。

必须指出，利率较高的货币其远期汇率表现为贴水；利率较低的货币其远期汇率表现为升水，这只是确定远期汇率的一般因素。除了利率因素外，远期实际汇率还有可能受到国际外汇市场对某种货币上浮、下浮的预期而引起范围较大、力量较强的投机活动的影响，受到某些重大的政治事件及国际形势的突发变化的影响。现实社会中，这些因素都有可能在远期实际汇率中得到反映，即造成远期汇率中的贴水、升水数字不同于根据利率平价理论计算出来的数字。同理，升(贴)水年率也不等于两地利率水平的差异。

三、传统外汇市场上的其他交易形式

传统外汇市场上的其他交易形式所具有的一个共同特点是，它们都是建立在即期外汇交易或远期外汇交易的基础之上而产生的，是对即期外汇交易或远期外汇交易的灵活应用。

(一) 套汇交易

套汇业务是利用不同外汇市场的汇率差异，在同一时刻，在汇率低的市场大量买进某种外汇，再在汇率高的市场卖出，以套取投机利润的外汇交易。

根据套汇交易者在套汇过程中利用的外汇汇率多少的不同，套汇交易可分成直接套汇和间接套汇两种类型。直接套汇(Direct Arbitrage)，是指套汇投机者利用两地外汇市场的汇率差异所进行的同时买进卖出外汇的交易，又被称为两角套汇(Two Point Arbitrage)或两国或两地套汇。间接套汇(Indirect Arbitrage)，包括三角套汇(Three Point Arbitrage)和多角套汇。三角套汇指套汇投机者利用三个外汇市场的汇率差异所进行同时买进卖出，再买进再卖出外汇的外汇交易。而多角套汇，是指在四个或四个以上的外汇市场进行套汇的活动，又被称为复合套汇(Compound Arbitrage)。

由于现代计算机与通信技术在外汇交易中的应用，使得纽约、伦敦、巴黎、法兰克福、东京及香港地区等世界主要外汇交易中心建立起密切的联系。在一般情况下，由于电信联系的发达，信息传递的迅速，资金调拨的通畅，同一货币在不同汇交易中心的汇率是非常接近的。从这个意义上讲，套汇的机会已经越来越小。但是，也有的时候，不同外汇交易中心的汇率在很短暂的时间内发生相对较大的差异，从而为套汇提供了可能。也正因为如此，在国际上银行间外汇市场上，一方面由于汇率常趋于一致；另一方面由于买卖差价的存在，只有不同外汇交易中心的汇率差异足够大时，才有可能弥补间接套汇中多次买卖外汇时的差价损失。在今天，套汇交易主要以两角套汇为主。

(二) 掉期交易

掉期交易是指外汇交易者在买进一种交割期限外汇的同时，卖出另一种交割期限的该种外汇，或反之。

按交割期限的差异，掉期可分为一日掉期、即期对远期掉期和远期对远期掉期。

www.euibe.com UIBE 1951

(1) 一日掉期(One-Day Swap)指两笔数额相同、交割期限相差1天、方向相反的外汇买卖交易。一日掉期存在三种安排的可能性。①今日对明日掉期(Today-Tomorrow Swap),即将第一个交割日安排在成交的当日,并将反向交割安排在第二天的掉期。②较为常见的明日对后天掉期(Tomorrow-Next Swap),即将第一个交割日安排在成交的第二天,并将反向交割安排在第三天的掉期。③即期对次日掉期(Spot-Next Swap),即把第一个交割日安排在即期交易中的标准交割日,并将反向交割安排在随后一个营业日的掉期。一日掉期仅适用于银行同业在进行隔夜资金拆借时来规避汇率风险。所以,这种掉期只存在于银行间外汇市场。

(2) 即期对远期掉期(Spot-Forward Swap)是指在买进即期外汇的同时卖出同一笔远期外汇,或者在卖出即期外汇的同时买进同一笔远期外汇。这种类型的掉期交易,既可存在于外汇零售市场,也可存在于银行间外汇市场。二者的区别主要体现在期限安排上有所不同。在外汇零售市场上,较常见的交割期限安排为1个月、2个月、3个月和6个月。而在银行间外汇市场上,除了外汇零售市场的期限外,还可有更短的期限,如1周,或更长的期限,如10年。这种掉期交易主要适用于避免外汇资产到期时外币即期汇率下降或外币负债到期时外汇即期汇率上升时所造成的汇率变动损失。

(3) 远期对远期掉期(Forward-Forward Swap)指在买进较近期限的远期外汇的同时,卖出较远期限的同种远期外汇,或者反之。例如,某银行买进1月期100万美元,同时卖出了3月期100万美元。它既可用于避免汇率波动的风险,又可用于某一段时间的投机。

(三) 套利交易

套利(Interest Arbitrage)又译成利息套汇,是指套利者利用两个不同金融市场上短期资金存贷利差与远期掉期率之间的不一致进行谋利性质的转移资金,从中谋取利率差或汇率差利润过程中所派生出来的外汇交易。

套利交易存在的前提条件是外汇市场上同一货币的即期汇率与远期汇率的差距(Forward Margin),与同期的两种货币的利率差不相等,无论是汇率差小于利率差,还是汇率差大于利率差。

根据套利者在套利活动中是否组合进掉期交易,套利可分为无抵补套利(Uncovered Interest Arbitrage)和抵补套利(Covered Interest Arbitrage)两类。

无抵补套利又称为单纯套利,是指套利者在套利过程中要承担汇率变动的风险的外汇交易活动。简单而言,当套利者在套利开始时,在即期外汇市场将利率低的货币兑换成利率高的货币,并存入利率高的货币的银行。在存款期届满时,套利者再在届满时的即期外汇市场上,将利率高的货币的本息兑换成利率低的货币。显然,单纯套利是建立在套利投资人对汇率预期的基础之上而进行的。并且,如果投资人预期的即期汇率变动率为零,那么,套利投资者应将资金由利率低的国家调往利率高的国家。如果两国利率正好相等,那么,投资者应将预期的即期汇率下降的国家的货币资金调往预期的即期汇率上升的国家。

抵补套利是指套利投资者在套利过程中与掉期交易结合在一起，通过在套利活动开始时就锁定套利存款期届满时的汇率水平，而实现不承担汇率风险的套利外汇交易。简单来说，当套利者在套利开始时，在即期外汇市场将利率低的货币兑换成利率高的货币，并存入利率高的货币的银行的同时，就与银行同时签订了存款期届满时，套利者可得的高利率货币的本息卖给银行的远期外汇业务。从而在套利开始就确定了未来的收益。

套利投资者对抵补套利进行可行性分析时，所采纳的一般原则是：

(1) 如果利率差大于较高利率货币的贴水幅度，那么，应将资金由利率低的国家调往利率高的国家。其利差所得会大于高利率货币贴水给投资者带来的损失。

(2) 如果利率差小于较高利率货币的贴水幅度，则应将资金由利率高的国家调往利率低的国家。货币升水所得将会大于投资于低利率货币的利息损失。

(3) 如果利率差等于较高利率货币的贴水幅度，则人们不会进行抵补套利交易。因为它意味着利差所得和贴水损失相等，或者是升水所得与利差损失相等。无论投资者如何调动资金，都将无利可图。

(4) 如果具有较高利率的货币升水，那么，将资金由低利率国家调往高利率国家，可以获取利差所得和升水所得双重收益。但是，这种情况一般不会出现。这是因为它所诱发的抵补套利交易会影响各国货币的利率和汇率。如果不考虑投机因素的影响，抵补套利的最终结果是使利率差与较高利率货币的贴水幅度趋于一致。

本章小结

本章是从广义国际金融市场分类角度考察国际金融市场时所不可或缺的部分。因为，在国际资金融通的过程中，必然伴随着外汇的交易。同时，在国际贸易和国际投资等实体经济的国际交往中，也必然伴随着外汇交易。所以，本章是国际金融市场构成的基础部分。在本章内容具体安排的过程中，又沿用了原生金融产品和衍生金融产品市场分类的逻辑，在率先阐述了外汇市场的基本原理之后，具体介绍了外汇市场上的各种交易。

重要概念

外汇	汇率	欧式标价法	美式标价法
直接标价法	间接标价法	买入汇率和卖出汇率	Bid rate & Offer rate
中间汇率	现钞价	银行间外汇市场	外汇零售市场
即期外汇交易	远期外汇交易	套汇交易	掉期交易
套利交易	外汇造市商		

同步测练与解析

一、名词解释

买入汇率　　空头　　三角套汇　　一日掉期

二、简答题

1. 外汇构成的三要素是什么？
2. 银行间外汇市场有哪些特点？
3. 套利投资者对抵补套利进行可行性分析时，所依据的一般原则是什么？

三、单项选择

1. 下列选项中，属于狭义外汇的是(　　)。

　A. 外汇存款　　B. 外国债券
　C. 外国股票　　D. 汇票

2. 关于外汇市场买卖汇率之间的关系特点，说法不正确的是(　　)。

　A. 主要储备货币差价小　　B. 大银行差价小
　C. 小银行差价大　　D. 发达国家银行差价大

3. 我国外汇银行采用的是(　　)。

　A. 直接标价法　　B. 间接标价法
　C. 直接标价法与间接标价法共存　　D. 美元标价法

4. 通常说来，外汇银行规定的现钞卖出价(　　)外汇卖出价。

　A. 高于　　B. 低于
　C. 等于　　D. 无法判断

5. 即期外汇交易是指外汇交易双方在买卖成交以后，在(　　)个营业日内办理交割的外汇业务。

　A. 1　　B. 2
　C. 3　　D. 5

6. 关于择期外汇交易，下列说法正确的是(　　)。

　A. 当远期外汇升水时，银行按最接近择期期限到期时的远期汇率作为买入汇率
　B. 当远期外汇升水时，银行按最接近择期期限到期时的远期汇率作为卖出汇率
　C. 当远期外汇贴水时，银行按最接近择期期限到期时的远期汇率作为卖出汇率
　D. 当远期外汇贴水时，银行按最接近择期开始时的远期汇率作为买入汇率

7. 根据利率平价理论，下列说法正确的是(　　)。

　A. 利率较高的货币其远期汇率表现为升水

B. 利率较高的货币其远期汇率表现为贴水

C. 利率较低的货币其远期汇率表现为贴水

D. 以上说法均不对

8. 假设我国中国银行某日公布的美元与人民币的汇率为 100 美元＝780.29 元/783.41 元/774.03 元。某出口商有一张 500 000 美元的汇票，到银行兑换时，可得到人民币(　　)。

A. 64 079 元　　B. 3 901 450 元

C. 3 917 050 元　　D. 3 870 150 元

9. 根据掉期率法，在中国的外汇市场上，如果工商银行公布的人民币与美元的即期汇率如下：即期汇率 ＄/RMB 7.802 9/7.834 1　3 个月掉期率 100～150

人民币对美元 3 个月远期的汇率为(　　)。

A. 7.792 9　7.819 1　　B. 7.787 9　7.824 1

C. 7.902 9　7.984 1　　D. 7.812 9　7.849 1

四、多项选择

1. 下列属于狭义外汇的是(　　)。

A. 外汇存款　　B. 以外币表示的汇票

C. 以外币表示的本票　　D. 以外币表示的支票

E. 外国股票

2. 一日掉期的安排可以是(　　)。

A. 即期对远期掉期　　B. 远期对远期掉期

C. 今日对明日掉期　　D. 明日对后天掉期

E. 即期对次日掉期

3. 在外汇市场上，远期外汇的提供者有(　　)。

A. 进口商　　B. 出口商

C. 短期外币债务的债务人　　D. 持有即将到期的外币债权人

E. 对远期外汇看跌的投机人

【参考答案】

一、名词解释

买入汇率：指经营外汇交易的银行，从客户手中买入外汇支付凭证时所使用的汇率。

空头：外汇银行当期买入的某种外汇小于卖出的该种外汇，即处于空头。

三角套汇：指套汇投机者利用三个外汇市场的汇率差异所进行同时买进卖出，再买进再卖出外汇的外汇交易。

一日掉期：指两笔数额相同、交割期限相差 1 天、方向相反的外汇买卖交易。存在三种安排的可能性：今日对明日掉期；明日对后天掉期；即期对次日掉期。

二、简答题

1. 外汇构成的三要素是：

(1) 国际性。即外汇必须是以外币表示的金融资产，而以本币表示的同类金融资产，则不属于外汇。

(2) 可兑换性。首先，"以本币表示的同类金融资产"中的外币，必须是可兑换货币。以不可兑换货币表示的信用凭证与支付凭证，则不能构成一国的外汇资产。其次，在现阶段，一国货币是否是可兑换货币，是由《国际货币基金协定》中关于外汇管制与货币可兑换性的相关条款来界定的。

(3) 以真实交易为基础。即外汇持有人用于偿还国际债务的外汇资产，必须是债权人接受的资产。

2. 银行间外汇市场的特点主要有：

(1) 在有形或无形的市场内进行。

(2) 交易集中，且单笔规模和总规模都较大。

(3) 反映外汇市场的总体供求情况。受工商客户分散在各地的局限，外汇零售市场上各个外汇银行的多头与空头，只能是一个地方的外汇供求状况的对比，并不能说明整个外汇市场的供求情况。于是，只有在银行间外汇市场，通过外汇银行外汇头寸调整过程与即定价格水平之间的关系，才能得到反映。

(4) 是银行向客户报价的基础。建立在第三个特点的分析基础之上，当一种外汇供大于求时，银行在下一个交易日或随后的对客户报出的外汇汇率就应下降；反之，当一种外汇供小于求，银行对客户报出的外汇汇率就应上升。

3. 套利投资者对抵补套利进行可行性分析时，所采纳的一般原则是：

(1) 如果利率差大于较高利率货币的贴水幅度，那么，应将资金由利率低的国家调往利率高的国家。其利差所得会大于高利率货币贴水给投资者带来的损失。

(2) 如果利率差小于较高利率货币的贴水幅度，则应将资金由利率高的国家调往利率低的国家。货币升水所得将会大于投资于低利率货币的利息损失。

(3) 如果利率差等于较高利率货币的贴水幅度，则人们不会进行抵补套利交易。因为它意味着利差所得和贴水损失相等，或者是升水所得与利差损失相等。无论投资者如何调动资金，都将无利可图。

(4) 如果具有较高利率的货币升水，那么，将资金由低利率国家调往高利率国家，可以获取利差所得和升水所得双重收益。但是，这种情况一般不会出现。这是因为它所诱发的抵补套利交易会影响各国货币的利率和汇率。如果不考虑投机因素的影响，抵补套利的最终结果是使利率差与较高利率货币的贴水幅度趋于一致。

三、单项选择

1. D　2. D　3. A　4. C　5. B　6. B　7. B　8. B　9. D

四、多项选择

1. BCD　2. CDE　3. BDE

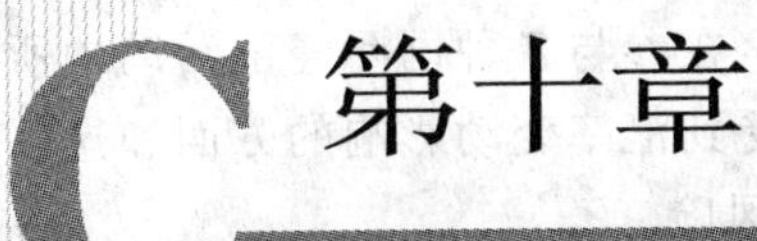

第十章 CHAPTER TEN

外汇风险的种类与外汇交易风险的管理

学习目标

通过本章学习，了解外汇风险的概念、构成要素及其关系和外汇风险的种类；掌握各种外汇风险管理手段的内在原理；理解各种风险管理手段的相互关系；重点是学会如何运用各种外汇风险的管理手段。

重点难点提示

- 外汇风险的概念的理解
- 外汇交易风险及管理的必要性
- 管理外汇交易风险的主要方法

外汇风险是各个经济主体，如企业、机构或个人等，在参与各种国际经济活动中所面临的一种主要风险。外汇风险的管理，就是要找出那些受到汇率变动影响的方面和这些方面受影响的程度，以及如何反映这些影响，如何控制这些风险。

第一节 外汇风险概述

一、外汇风险的概念

外汇风险(Foreign Exchange Risk 或 Foreign Exchange Exposure)，也称汇率风险，是指经济主体在参与国际经济活动中，其以外币计价的资产(债权、权益)或负债(债务、义务)，因汇率波动而引起的以本币衡量的价值上涨或下降的可能性。如果一个经济主体对这种可能性不采取任何措施，而是听任这种可能性完全由市场汇率的变化而决定，则实际的结果可包括两种情况：风险损失或风险报酬。

外汇风险的风险损失，是指由于汇率的变化而给外汇资产所有者造成的资产缩水或负有外汇债务的债务人偿还债务支出增加。外汇风险的风险报酬，是指由于汇率变动而给人们带来的利益。例如，当外汇汇率下降时，外币债务的持有人用于偿还债务的支出就会减少。正是由于风险报酬的存在，所以，在经济生活中有些经济主体愿意承担外汇风险。然而，由于从总体上看，风险损失和风险报酬是不对称的，风险损失的不确定性比风险报酬对经济主体的干扰更大。所以，在一般情况下，人们提到外汇风险时更注重风险损失这一方面。于是，就产生了外汇风险的管理问题。

二、外汇风险的构成要素及其关系

本币、外币和时间，是外汇风险的三个基本构成要素。换言之，只要缺少其中任何一个因素，企业便不会面临外汇风险。

多数情况下，一个经济实体在进行国际经济活动时，都要涉及外币与本币的转换问题。因为，对于大多数国家的企业而言①，其参与国际经济活动时都需以某种国际上通行的外币来计价。而本币是一个企业在经营过程中所采取的基本的货币形态，也是一个企业衡量经济效果的基本标准。所以，在国际经济活动发生后，如企业在从事国际贸易、国际生产许可证的转换、国际特许权的转让、国际技术转让、设立国际合资企业和进行国际直接投资时，自然就涉及从本币到外币或从外币到本币的折算和兑换问题。于是，本币和外币也就成为外

---

① 此处，我们只探讨一般工商企业的行为。对于银行等金融机构而言，其所涉及的国际经营活动更为广泛和复杂，需专门的知识来讨论。

汇风险的构成要素。没有外币和本币，自然也就不存在外汇风险的问题。

但是，仅有本币和外币两个因素，还不能确定一个企业就存在了外汇风险。因为，假设该企业能够在瞬间将本外币的兑换完成，则该企业也就不存在外汇风险的问题了。然而，在绝大多数情况下，这种假设是不成立的。因为，企业在各种国际经济活动的过程中，必然都伴随着时间的因素。例如，在国际贸易中，即使是即期付款，进出口商从成交到货款支付之间还是要间隔一定的时间。于是，在这个间隔的期间内，由于期初和期末的汇率波动，就使得其转换的结果不同。所以，在存在时间因素时，才存在着两种货币兑换的不确定性的可能。

因此，本币、外币和时间构成了外汇风险的三个基本因素。一个企业在从事国际经济活动的过程中，只有同时存在这三个因素，才会存在外汇风险的问题。

并且，通过上述关于外汇风险构成三要素及其关系的分析，我们还可引申出如下观点。

(1) 如果一个企业在从事一项国际经济活动中，都以本币来计价与收付，因为它不牵涉外币与本币的折算问题，则对该企业而言，这笔交易就不存在外汇风险。尽管它的交易对手要存在着外汇风险。

(2) 如果一个企业在从事所有国际经济活动中均使用外币，而不使用本币，则其存在外汇风险的类型有限。如泰国的贸易商在其全部的进出口交易中始终使用美元计价、结算，则该企业只有外汇的经济风险和会计风险，而无外汇的交易风险。

(3) 时间越长，风险越大。一般说来，时间越长，汇率波动的可能性越大。所以，外汇风险的程度就越高。

三、外汇风险的种类

尽管经济主体的存在形式是多种多样的，但在外汇风险的管理问题上，从事国际经济活动的企业是外汇风险管理的最主要的主体。一个企业组织的全部活动，可分为预期经营收益、经营活动的过程和经营活动的结果三个过程。在不同的阶段，由于外汇汇率变化而引起的外汇风险的形式不同，所以，一个企业组织在全部经营活动中所面临的外汇风险可分：预期经营收益的风险，即经济风险(Economic Exposure)；经营活动过程中的风险，即交易风险(Transaction Exposure)；对经营活动结果进行核算反映时的风险，即会计风险(Accounting Exposure)。

1. 经济风险

经济风险，又被称为经营风险，是指由于有关真实汇率的波动而引起的企业价值变动的风险。由于企业价值是建立在由未来的营业收入和营业成本所构成的现金流的现值的基础上而确定的，换言之，企业价值也就是对企业未来经营效果的一种预测。所以，当决定企业营业收入的因素，主要是企业本地销售额和出口额，以及决定企业营业成本的因素，主要是本地投入的成本、进口投入的成本、固定资产折旧和营运资金等，受到相关货币汇率真实汇率波动的影响，使企业实际经营效果与企业预先预测的企业价值不一致时，即企业遭受了外汇经济风险。

从上述定义中我们可以看出，首先，经济风险是一种几率分析，是企业在开放经济条件下从整体上对企业未来的经营或投资进行预测、规划和进行经济分析的一个具体过程。其次，经济风险指意料之外的汇率波动而给企业经营效果带来的不确定性，其对比的基础是计划收益。

所以，对外汇经济风险的管理，很大程度上取决于企业的预测能力，企业通常在计划和决策过程中才使用经济风险的概念，故它实质上是一种潜在风险。企业预测的准确程度直接影响着其在融资、销售与生产方面的战略决策。然而，这种风险的管理与金融活动无关，所以，本文不再深入讨论。

2. 会计风险

会计风险，也称转换风险(Translation Exposure)，是指企业出于会计核算和财务报告的目的，对其资产负债表中那些以外币计价的项目，或在对海外子公司与分公司合并财务报表时，由于汇率变化而引起的以本币确认的账面价值变动的风险。

在折算过程中并不发生现实的外汇与本币的交易，所以，会计风险并不涉及现金流动或财富转移。例如，英国某跨国公司设在美国的子公司在 5 月 1 日向母公司借款为期 1 年的 10 万英镑，借款时的汇率为 1 英镑等于 1.4 美元。则借款时该子公司账面上反映的对母公司负债为 1.4 美元×10 万 ＝ 14 万美元。如果到年末该子公司编制资产负债表时，美元对英镑贬值，实际汇率为 1 英镑等于 1.5 美元。那么，如果该子公司采用现行汇率折算法(Current-Rate Method)，其应该确认的账面价值就为 15 万美元。于是，该子公司账面负债增加了 1 万美元[(1.5－1.4)×10 万＝ 1 万美元]。此时，由于该子公司欠母公司的债务尚未到期，并不存在实际的偿还，所以，它只是承担了 1 万美元的账面损失，并导致其账面赢利的减少。

所以，外汇的会计风险涉及企业效益的评估、企业管理和税收等一系列方面，企业管理者十分重视这种外汇风险。会计风险受不同国家的会计制度与税收制度的制约，非本章研究的范围，在本章下面的内容中也不再探讨。

3. 交易风险

(1) 外汇交易风险的概念

外汇的交易风险是指企业以外币计价的现金流量已经确定，因汇率波动而影响到其以本币计价的现金流量发生变化的可能性。

(2) 外汇交易风险的形成

如上所述，外汇的交易风险建立在企业进行国际经济活动中所确定形成的、以外币计价的现金流量。从现金流的方向角度讲，包括外币的流入和外币的流出。外币流入形成企业的外币资产，而外币的流出，形成企业的外币负债。于是，企业外币流入与流出的对比，形成了从企业角度讲的外汇头寸(Exchange Position)的概念。外汇头寸是指经济主体外币资产

或负债的存量。外汇头寸可以表现为三种基本形态:①头寸轧平(Square),即外汇资产等于外汇负债;②多头,即外汇资产大于外汇负债,又称超买(Overbought);③空头,又称超卖(Oversold),指外汇资产少于外汇负债。于是,只要企业外汇资产与外汇负债不等,企业就存在着敞口头寸(Foreign Exchange Exposure),即外汇资产与负债的差额。那么,这部分外汇敞口头寸,也就是企业所存在的外汇风险。

例如,美国某出口商与日本的进口商签订了价值为900万日元的出口合同,并约定进口商于成交6个月后付款。在这种情况下,该美国出口商就面临着900万日元资产的外汇风险。如果6个月后支付时,日元对美元贬值,而该出口商又未采取任何保值措施,他就会遭受汇率损失。

(3) 外汇交易风险的基本形式与现实组合

当一个企业在从事国际经济活动的过程中存在着敞口的外汇头寸时,这一外汇交易风险必然同时包含着本币、外币和时间这三个要素。而这三个要素的组合,形成了外汇交易风险的两种最基本的形式,即价值风险和时间风险。价值风险,又称货币风险,是指本币和外币之间兑换的风险。而时间风险,则是指只有在存在时间间隔的情况下,价值风险才会成为现实的外汇交易风险。所以,外汇的价值风险,是外汇交易风险产生的基础。但是,如果一个企业仅有外汇的价值风险,还不等于该企业就有了外汇交易风险。只有再组合进时间要素之后,企业才面临着外汇交易风险。反之,如果企业仅有时间风险,而无价值风险,也不存在外汇交易风险。

在现实经济活动中,外汇交易风险的实际情况,可表现为以下多种组合。

① 企业只有外币的流入,则外汇资产有交易风险;

② 企业只有外币的流出,则外汇负债有交易风险;

③ 企业流入的外币与流出的外币,币种、金额及时间相同,无外汇交易风险;

④ 不同时间的相同外币、相同金额的流出与流入,既不处于多头,也不处于空头地位,所以只有时间风险;

⑤ 同一期间内,一种外币流出,另一种外币流入,具有双重货币的外汇交易风险。

对外汇交易风险的管理,通过谈判来实现在合同上的特定安排,或是运用国际金融市场上已有的一些金融工具来对已有的风险进行套期保值,以达到消除或减缓外汇交易风险的目的,是本章的主要目的。

第二节　外汇交易风险的管理方法与手段

在各种管理外汇交易风险的方法和手段中,有的方法和手段只能消除时间风险,有的方法和手段只能消除价值风险,还有的方法和手段既能消除价值风险,又能消除时间风险,即消除了全部外汇交易风险。外汇交易风险管理的最佳目标是消除全部外汇交易风险。但是,在多数情况下,效果越佳,其管理成本也就越高。所以,在本章下面介绍的外汇交易风险的管理方法和手段,可实现的效果也各有不同。读者可根据自身交易所处的实际情况来作出恰当的选择。

按照各种外汇交易风险管理方法与手段在国际经济活动过程中应用阶段的不同,可分为两大部分,一部分是在合同的洽谈阶段采用,进行国际经济活动的企业,通过与交易对手的谈判,来达成对自己减缓或规避外汇交易风险有利的合同条款。如货币选择法、国际结算法和货币保值法,就属于这一部分。而另一部分方法与手段是在交易达成之后,进行国际经济活动的企业在面对既定的外汇交易风险时,通过利用国际金融市场上的各种金融工具,来实现减缓或规避风险的目的。如货币组合法、提前收付或拖延收付法、远期外汇交易法、期货法、期权法、BSI 和 LSI 法等。

一、货币选择法

货币选择法指企业在进行国际经济活动的过程中,通过在谈判过程中争取采用对自己一方有利的计价货币,来管理外汇交易风险的方法。具体包括下面两种确定选择货币的方法。

1. 选择本币计价

通过选择本币计价,可使经济主体在进行国际经济活动的过程中消除产生外汇交易风险的一个要素,即外汇,从而避开货币兑换问题,也就完全避免了外汇交易风险。

但是,交易一方的本币,对交易的另一方来说就是外币。因此,采用这种方法的前提是对方能够接受从而不至于使企业丧失贸易机会。此外,这种方法还受到两个条件的制约。一是该国货币的国际地位。事实上,只有少数发达国家的自由可兑换货币,才具备这种选择的可能性。二是与国际贸易惯例相关。如在国际石油贸易中,都是用美元来作为计价货币时,这种方法就不适用。

2. 债权争取用硬币计价,债务争取用软币计价

由于硬币是指其汇率具有上升趋势的货币,软币是指其汇率具有下降趋势的货币,所以,国际经济交易中的债权人,使用硬币计价,可以避免外币资产因外币贬值而遭受损失,甚至还有可能得到汇率变动带来的利益。而作为国际经济交易中的债务人,选择软币计价,可以使自己避免汇率波动可能带来外币债务的成本增加。

但是,这个原则实际上是个二律背反的原则。因为,如果一项国际交易中的一方是债权人,则另一方必然是债务人。所以,只要债权人以硬币计价,则对债务人不利;或反之。所以,债权争取用硬币计价,债务争取用软币计价,只能是一种货币选择的原则。而对这个原则的具体应用,还应结合风险管理者当时的实际情况。例如,紧俏商品的出口商适宜采用这一原则,而滞销商品则不适宜采用这一原则。再如,在一项交易中,交易总额的一半用硬币,

一半用软币来计价，也是对这一原则的灵活应用。

计价货币的实际走势与事先的预测是否一致，取决于人们对汇率走势预测的准确性。即使预测准确，这种方法也只能起到减缓外汇交易风险的目的，而不能完全避免外汇交易风险。

二、货币保值法

（一）基本原理

这种方法通常是由债权人来主动采用的。作为债权人的出口商，受传统的商业习惯或其他原因的制约，在灵活运用“债权用硬币计价”原则的时候，为了保障其外汇收入不受或少受汇率波动的损失，可通过采取将其未来的外汇收入与某一“稳定的货币单位”之间建立起直接或间接的特定联系的保值措施，在经过与作为债务人的进口商协商同意后，将约定的具体措施作为保值条款而写进合同，以减小在收汇时可能遭受的汇率损失。

（二）具体方法

根据可作为“稳定的货币单位”的具体内容的不同，货币保值法可分为以下几种具体方法。

1. 黄金保值法

黄金保值法是指作为债权人的出口企业用黄金来作为合同的计价货币。在签约日，进出口双方将商定的合同金额，按当日以合同金额计价货币表示的黄金的价格，将其转换成一定数量的黄金，再在支付日时，将特定数量的黄金按当时金价转换成一定数量的现实的货币，并以此来支付。这样，只要黄金价格保持相对稳定，无论计价货币（实际上也是支付货币）汇率如何波动，都不会显著地影响双方的收入或支出。

所以，这种保值方法盛行于固定汇率制时期。当浮动汇率制度下黄金自身价格不断波动后，黄金保值法已不能起到避免外汇交易风险的作用。

2. 综合货币单位保值法

综合货币单位，也称一篮子货币，所以，综合货币单位保值法就是指作为债权人的出口企业用综合货币单位，也就相当于用一个包含着货币篮子的价值单位来作为合同的计价货币。与上述黄金保值法同理，在签约日，进出口双方将商定的合同金额，按当日以合同金额计价货币表示的特定的综合货币单位的价格，将其转换成一定数量的综合货币单位，再在支付日，将特定数量的综合货币单位按当时汇率转换成一定数量的现实的货币，并以此来支付。

在当前的国际金融市场上，综合货币单位实际形态只有特别提款权。欧元产生之前的欧洲货币单位也曾属于综合货币单位，但由于其现已被欧元所取代，已不复存在。但欧元不等于综合货币单位，因为，尽管其价值是由欧元区国家的经济情况所决定的，但在定值方法上，不是由欧元区原各国货币的价值来计算的，所以，就不能算做综合货币单位。

运用综合货币单位对合同金额进行保值时，由于构成货币篮子的货币，通常由一定比重的硬币与软币搭配组成，故其价值相对稳定，所以可在一定程度上减缓外汇交易风险。

3. 硬币保值法

这种方法也是对债权用硬币计价原理的灵活运用。运用硬币保值法的基本原理是，合同的计价货币与作为债务人的进口商的支付货币不相同。由于计价货币决定着作为债权人的出口商的未来收入规模的多少，所以，用硬币来作为计价货币，有利于出口商避免出口收入的外汇风险；同时，用软币作为支付货币，也就等于出口商接受进口商以软币支付货款，也就意味着出口商给了进口商一定程度的让步，即给予了进口商用软币支付的便利。但是，由国际交易条件所决定，出口商为了保障其到期收到的软币不遭受汇率下降的损失，运用一定的计算方法，在进口商的支付货币与合同计价货币之间建立起某种直接或间接的联系，以确保进口商的支付货币能如数兑换成计价货币。

根据所用计算方法的不同，可分为三种情况：

(1) 计价用硬币，支付用软币，支付时按计价货币与支付货币的现行牌价进行折算，以保证出口商以硬币衡量的外汇收入不减少。

(2) 计价与支付都用软币，但签订合同时明确约定该计价货币与另一硬币的比率，即"商定汇率"。如支付时实际汇率发生变化，则按现行实际汇率对"商定汇率"的变动幅度调整原货价。

(3) 是对(2)的变通。即在规定"商定汇率"的同时，还规定其调整幅度。只有当支付时实际汇率超过"商定汇率"一定幅度时，才对原货价进行调整。例如，规定的调整幅度为1.0%时，如果支付的软币对计价的硬币贬值幅度小于1.0%时，则不调整货价，以示给予对方的折让与照顾；如软币贬值幅度超过1.0%时，才对原货价进行调整。这种方法通常适用于交往有素的客户。

4. 调整价格保值法

调整价格保值法是出口商运用价格变动指数来锁定其出口外汇收入水平的方法，包括签订物价指数保值条款和滑动价格保值条款两种方式。

运用物价指数保值条款方法，是指出口商在签订贸易合同时，先不确定合同的实际支付金额，而是以支付时某种商品的价格指数或消费物价指数对合同金额进行调整后，作为债务人实际支付的依据。运用滑动价格保值条款方法，其原理与运用物价指数保值条款法相同，只是调整的范围上有所差别，不是对全部贸易合同金额，而只是对其中部分商品价格，根据履行合同时市场价格或生产费用的变化，来加以调整。通常，在贸易商品存在较高的通货膨胀率时，采用这种方法，有利于生产出口商品的制造商避免由于通胀率上升而造成出口商品成本上升，进而外汇收入减少的损失。

三、结算方式的选择法

（一）基本原理

结算方式的选择法，即主要是作为出口商的债权人选择对自己有利的结算方式来收取外汇货款。这种管理外汇交易风险的方法，主要针对的是国际贸易交易。出口商在出口收汇时应遵循的一个基本原则是"安全、及时"。"安全"有两层含义，一是出口收汇不致遭受汇价波动的损失；二是出口商的外汇收入不致遭到进口商的拒付。"及时"与"安全"的关系密不可分，"及时"是出口外汇收入不致遭受汇价波动损失的一个客观保证。因为，按照外汇风险三要素关系的分析，时间越短，风险越小；同时，收汇间隔的时间越短，进口商拒付的可能性也受到限制。而不同的结算方式，进口商拒付的可能性不同，收汇间隔的时间也不同。所以，还应根据业务实际，慎重考虑出口收汇的结算方式，就成为外汇交易风险的一种管理方法。

（二）具体结算方式的选择

在国际贸易中，可采用的结算方式主要有信用证结算方式(L/C)和托收结算方式。在信用证方式下，根据收汇时间的不同，可分为即期 L/C 结算方式和远期 L/C 结算方式。在托收方式下，首先根据银行在托收过程中是否伴随着以提单为主的票据，可分为跟单托收和光票托收；而在跟单托收方式下，再根据进口商可取得提单方式的不同，分为付款交单(D/P)方式和承兑交单(D/A)方式。显然，在不同的结算方式下，其安全性和及时性都有所不同。

由各种结算方式的结构所决定，在即期 L/C 结算方式下，由于 L/C 是以银行信用为基础的结算方式，而即期 L/C，与各种延期 30 天、60 天等支付方式相比，收款间隔的时间短，所以符合安全及时收汇的原则。而具有电报索汇条款的即期 L/C 结算方式，由于其比信汇付款期 L/C 结算更快，所以，最符合安全及时收汇原则。在远期 L/C 结算方式下，收汇安全有保证，但收汇不及时，遭受汇率发生波动风险的概率就高。

至于托收结算方式，由于是商业信用代替了银行信用，所以，遭受拒付的可能性增大，安全性大大减弱。就跟单托收和光票托收而言，由于出口商以于托收之间，将作为出口货物物权保障的提单交给了进口商，债权失去了物权的保障，所以，光票托收最不安全。而在跟单托收中，D/A 方式安全及时性最差；而在 D/P 方式下，在贸易对手国家进口商品行情下跌、外汇管制加强的情况下，会出现进口商以放弃货物为代价的拒付。

因此，对于出口商而言，为达到安全及时收汇的目的，要根据业务实际情况，在了解对方资信的情况下，慎重而灵活地选择适当的结算方式。通常情况下应争取采用 L/C 结算方式。只有在出口商品库存积压，国际市场价格疲软，且贸易对手资信可靠，该出口商品在进口国尚有一定销路、且进口国外汇管制相对不严的情况下，也可接受跟单托收方式。除了鲜活商品的出口外，一般应拒绝采用光票托收方式。然而，在一项具体的交易中，无论采用哪种结算方法，都需交易双方事先商定并在合同中予以明确。

四、货币组合法

货币组合法的基本原理是利用轧平外汇头寸，即可消除外汇交易风险的基本原理来管理外汇交易风险。货币组合法主要包括平衡法和组对法，此外，还有一种对货币选择法和组对法综合应用的多种货币选择法，也包括在此。

（一）平衡法

平衡法是指企业在国际经济活动中，通过在同一时期内，创造一个与存在风险相同货币、相同金额、相同期限的反方向资金流动，使外币债权通过外币债务，或外币债务通过外币债权相互抵消，来消除外汇交易风险的管理方法。例如，我国某公司有100万欧元的3月期应收账款，如果该公司能签订3个月付款的100万欧元进口合同，便能消除原有外汇资产的敞口头寸，使自己完全消除外汇交易的风险。

然而，平衡法有很大的局限性。一个企业要实现外币的资产与负债的“完全平衡”（Perfect Matching），在一般情况下是难以实现的。既要取决于该企业充分的国际化经营，即该公司只有具备既能向世界任何地方以任何货币计价销售产品，又能从世界任何国家以任何货币计价购买其所需要材料的条件时才可能达到完全匹配；又要有赖于该公司内部的采购部门、销售部门与财务部门的密切合作。

（二）组对法

组对法是指进行国际经济活动的企业，针对其存在的某种外汇的敞口头寸，创造一个与存在风险货币相联系的另一种货币的相等金额、相同期间、但方向相反的资金流动，以此来减缓风险货币的外汇交易风险。

例如，某公司2个月后有一笔美元应收款，从外汇交易风险管理的角度考虑，该公司可以用港币来组对，即创造一笔2个月后的港币流出，而流出港币的金额取决于预先可以基本确定的港币和美元之间的比率（1美元＝7.8港元）和美元应收款的数额。因为，港币和美元之间采用的是联系汇率制，所以，港币与美元会保持同向同幅度波动，即美元趋硬，港币也硬，或美元趋软，港币也软。于是，在这种安排下，该公司通过对港币的组对，管理了美元敞口头寸的外汇交易风险。

所以，与平衡法相比较，组对法灵活性大，易于采用。但是，组对法能够实现的一个前提条件是，存在外汇交易风险的货币必须具备一个与之密切关系的货币。通常，作为组对的两种货币，常常是由一些机构采取钉住政策而绑在一起的货币。同时，组对法只能减缓风险货币的外汇交易风险，却不能消除全部风险。并且，如果选用组对货币不当，组对的货币与存

在风险的货币没有按预期的同向变化，则对运用组对法管理外汇交易风险的企业而言，还有可能产生两种货币对本币都发生价值波动的双重货币风险。

（三）多种货币组合法

多种货币组合法亦称一揽子货币计价法，是指在一项国际经济交易中，对合同金额用两种以上的货币来计价，通过不同货币之间汇率波动方向的不同，如以硬币升值的收益来抵补软币贬值的风险，或者说风险因分散开来而被减轻，以此来减缓外汇汇率波动的风险。同时，采用这种方法还可避免在使用单一货币计价时，因汇率的突然骤变，使不利的一方遭受重大损失。

五、提前收付与拖延收付法

（一）基本含义

提前收付（Leading ）与拖延收付法（Lagging），又称迟收早付或迟付早收法，是指存在着外汇敞口头寸的经济主体，根据自己的汇率变动情况的预期，通过改变应收外汇款或应付外汇款的日期，来减缓外汇交易风险的方法。

（二）基本原理

从上述提前收付与拖延收付法的定义中看出，在运用提前收付与拖延收付法时，可分为两个实施步骤：第一步是明确为什么要改变收付款的时间结构及如何改变收款或付款的时间结构；第二步则是如何根据汇率变动的实际情况及自身的实际头寸，作出究竟是提前还是拖延收款，或提前还是拖延付款的具体决定。

通常，只有在发生汇率剧烈波动的情况下，运用这种方法规避外汇交易风险才有现实意义。因为，企业在运用这种方法时，特别是在需要提前收款或拖延付款时候，不仅要取决于企业自身的决定，还要取得其交易对方的同意。只有在交易对方接受提前付款或拖延收款的前提下，企业的这种愿望才能变成现实。因此，运用这种方法管理外汇交易风险的企业，为了取得交易对方的同意，通常要给予对方一定金额的折扣（Discount）。所以，只有在汇率发生剧烈波动时，运用这种方法管理外汇交易风险的企业，从汇率波动中获得的收益大于其折扣的数额时，采用这种方法才有现实意义。通过改变应收与应付款的时间结构，达到降低购汇成本或增加换汇收入的目的。

那么，又应该如何改变应收款与应付款的时间结构呢？一个简单的原则是：进口付汇时，选择支付本币最少的时刻；出口收汇时，选择兑换本币最多的时刻。

于是，根据风险货币汇率的预期走势及企业外汇敞口头寸的具体方向（即有应收款的多头还是有应付款的空头），共有四种情况的组合，如表 10-1 所示。

表 10-1　应收款与应付款的时间结构

汇率预期	外汇头寸	具体措施
汇率上升时	有外汇应收款(多头)	争取拖延收汇
	有外汇应付款(空头)	争取提前付汇
汇率下降时	有外汇应收款(多头)	争取提前收汇
	有外汇应付款(空头)	争取拖延付汇

与提前收款和拖延付款对交易对方的影响相反,如果一个企业提前付款或拖延收款,对对方是有利的,但却对本企业不利。而事实上,这种不利也是有限制条件的,即只有在一国存在比较严格的外汇管制、该国企业不能自主地决定购汇或换汇的条件下,企业的对外收付与购汇或换汇必须同时进行时,这种不利才是现实的。否则,企业可按合同约定时间收回外汇,但拖延结汇的时间,或者企业应提前购买所需外汇,但按合同约定时间,到期后再支付货款。此时,企业既可获得汇率变动的收益,又可避免在拖延收款所造成的收汇不及时的风险,或者是提前付款时的利息损失。

此外,就防止外汇交易风险而言,提前收付和拖延收付法的作用并不相同。提前收付可以提前消除外汇交易风险。但是,拖延收付法具有投机性质。如果企业汇率预期发生失误,采用拖延收付法会蒙受更大的外汇交易风险损失。

(三) 应用举例

苏联 8·19 事件发生后,导致当时的德国马克骤然贬值。美元对马克的汇率从事件前 1 美元 = 1.71 马克贬为 1 美元 = 1.86 马克。于是,对于德国的进口商而言,如果其有已到期的应付汇,则应争取拖延付款。因为,此时马克对美元的贬值,是由于突发事件所造成的。随着事态的发展,马克有逐步回升的迹象,所以,拖延付款可减少德国进口商因马克贬值而造成的购汇成本增加的损失。而对于德国的出口商而言,如果此时有未到期的应收款,则应争取提前收汇,从而可使其以每一美元的出口外汇收入多换得 0.15 马克的本币收入。

六、运用单个金融工具法

(一) 基本原理

运用单个金融工具法,是指存在外汇交易风险的企业,根据其在现货市场上外汇交易风险的状况,运用金融市场上,主要是外汇市场上的市场工具,来对其在现货市场上的外汇收入或支出进行套期保值,以达到其在国际经济活动发生的同时,就锁定汇率,从而达到减缓或避免外汇风险的目的。

www.euibe.com

（二）运用单个金融工具进行套期保值的具体方法

根据所用金融工具的不同，运用单个金融工具进行套期保值的具体方法可包括以下方面。

1. 远期外汇交易法

从事国际经济活动的企业，运用远期外汇交易，包括固定交割日期的远期外汇业务和不固定交割日期的远期外汇业务管理外汇交易风险时，就是在交易成交的同时，对其已经确定的外汇应收款或外汇应付款，通过与银行签订远期外汇合同，把未来到期交割时的汇率提前固定下来。无论到期时的汇率如何，企业都不再受任何汇率变动的影响。所以，运用远期外汇交易法，在银行提供的远期外汇交易的期限种类的范围内，是一种可以完全消除外汇交易风险的方法。特别是在国际贸易中，进出口商的应收或应付款，最适宜采用这种方法管理外汇交易风险。如果企业未来的应收款或应付款的日期是确定的，则采用固定交割日期的远期外汇业务；如果企业未来的应收款或应付款的期限是确定，但具体的交割日期因供货、装船等原因而不能准确确定时，则采用择期外汇交易。

2. 货币期货法

运用货币期货法，实际就是利用同一商品的期货价格和现货价格之间存在平行变动趋势的原理，根据企业在外汇现货市场的头寸状况，利用期货市场做反向交易，从而达到用一个市场的赢利弥补另一个市场的亏损，进而降低外汇风险的目的；或者，利用期货市场替代现货市场，达到预先锁定汇率，进而达到降低、甚至可消除外汇交易风险的目的。

3. 外币期权交易法

运用外币期权交易法管理外汇交易风险，其原理与货币期货法是相同的。外币期权交易提前将协议价格固定下来，可以达到避免外汇交易风险的目的。

4. 掉期交易法

掉期交易要求企业同时进行两笔金额相同、方向相反的不同交割期限的外汇交易，它是国际信贷业务中典型的套期保值手段。尽管掉期交易并不是套期保值的同义词，因为套期保值并不要求两笔交易同时进行，也不要求两笔外汇交易金额完全相同。但是，从一定意义上讲，以掉期法来防止外汇交易风险也可视为套期保值，因为掉期和套期保值都是采取两种交易连在一起来做，利用反方向资金流动达到保值目的。

七、综合运用金融工具法

（一）基本原理

通过组合运用相关的金融工具，使从事国际经济活动的企业，将其“未来”的外汇收入或支出变为“现在”的外汇收入或支出，于是，消除了企业外汇交易风险中的时间风险。然后，再按照现行的汇率，将已经变为“现在”的外汇收入或支出，按照现行汇率予以兑换，即锁定了未来外汇付款的本币成本或未来外汇收入的本币收入，进而达到消除外汇交易风险的目的。

（二）具体方法

最常用的综合运用金融工具管理外汇交易风险的方法是 BSI 法和 LSI 法。

1. BSI 法

BSI 是 Borrow、Spot 和 Invest 三个英文单词的缩写，即借款—即期外汇交易—投资。实际上，这三个单词本身，已经说明了这种方法的基本操作程序。即企业通过举借与未来应收或应付款相同金额的贷款，就相当于是将未来的收入或支出变成了现在的收入或支出；然后，再按现行的汇率将借入的贷款予以转换，以此来消除货币风险，并达到了消除全部外汇交易风险的目的；最后，在应收款或应付款到期之前，企业可对提前准备好的款项进行投资，并在到期时，以实收或实付的款项来偿还举借的贷款。

下面，分别用应收款与应付款两个案例来加以说明。

例如，我国某公司 3 个月后有 100 万欧元的应收账汇，该敞口头寸使其承受外汇交易风险。在运用 BSI 法管理外汇交易风险时，该公司可先借入 100 万欧元，根据人民币与欧元的即期汇率，如 1 欧元＝8.40 元，将所借欧元兑换成人民币 840 万元。这就意味着，该企业已经把未来的 100 万欧元外汇收入锁定在 840 万元的水平。在应收款到期之前，该公司可用提前收到的人民币进行投资，以弥补偿还贷款时的利息支出。而在 3 个月后，其 100 万欧元应收账汇到账时，该公司只需用收到的货款偿付其所借的款项，无论到期时的汇率如何，都不再会对该公司的欧元外汇收入产生任何的影响。这就是运用 BSI 法管理外汇应收款风险时的操作过程。

BSI 法不仅可以为外币债权人作为外汇交易风险管理工具，而且可以被外币债务人作为避险手段。再如，我国某公司 3 个月后有 100 万欧元的应付账款，该敞口头寸存在着外汇交易风险。在运用 BSI 法管理外汇交易风险时，该公司可根据欧元与人民币的即期汇率水平，先借入一笔相当于 100 万欧元的人民币贷款，并按即期汇率将借入的人民币兑换成欧元。在付款日到期之前，可先用这部分欧元进行投资。到付款日，该公司用收回的欧元投资支付应付的欧元货款，同时，用付款日时公司应有的本币周转金偿还 3 个月前从银行借入的用于购买欧元外汇的本币贷款。此时，无论汇率怎样波动，该公司都不再受到任何影响。

通过上述两个运用 BSI 法管理外汇交易风险的举例，我们一方面比较形象地说明了这种方法的操作流程；另一方面，我们也可以总结出，在运用 BSI 法管理外汇交易风险时，除了要掌握它的基本操作流程外，需要注意的一个关键点是，不能在运用 BIS 法的过程中，再产生新的外汇交易风险，这就是要把握好举借货币的币种的确定。为了避免在今后还汇时不

能再产生新的外汇交易风险，因此，在运用 BSI 法管理应收款的外汇风险时，应举借外币，而运用 BSI 法管理应付款的外汇风险时，应举借本币。这样，就达到既消除了外汇交易风险，又不产生新的风险的目的。

在一国外汇市场尚不充分发达、外汇市场能够提供给交易主体的管理风险的手段较少时，BSI 法是一种有效的、易于操作的管理外汇交易风险的手段。

2. LSI 法

LSI 是 Lead、Spot 和 Invest 三个英文单词的缩写，即提前收款或付款—即期外汇交易—投资。所以，与 BSI 法同理，实际上，这三个单词本身，也已经说明了这种方法的基本操作程序。即有外汇应收款的企业，通过提前收汇、运用即期外汇交易将其兑换成本币、然后运用本币进行投资来消除外汇交易风险。而有外汇应付款的企业，在运用 LSI 法管理外汇风险时，与 BSI 法基本是相同的，要先借入本币，按照即期汇率兑换成支付货币，然后不是进行投资，而是提前支付货款。通常，企业在运用 LSI 法时，如果是提前收款，等于是要求对方提前支付，所以要给对方相应的折扣；如果是提前付款，等于是对方提前收款，可向对方要相应的折扣。

综上所述，企业无论运用 BSI 法，还是运用 LSI 法管理外汇交易风险时，都没有从本质上改变经济主体的资金流动计划。这种外汇交易风险管理的基本代价取决于折扣率、借汇利率和投资收益率之间的差异。

本章小结

本章是外汇市场一章内容的直接延续，是从外汇市场角度对国际资金融通的再认识，重点解决如何在实体经济中运用各种外汇市场工具的问题，其核心目的是管理实体经济中的外汇交易风险。

重要概念

外汇风险的概念	构成要素及其关系	外汇风险的种类
货币选择法	货币保值法	结算方式的选择法
货币组合法	提前收付与拖延收付法	运用单个金融工具法
综合运用金融工具法等方法	交易风险	组对法
多种货币组合法	提前收付	拖延收付
BSI	LSI	

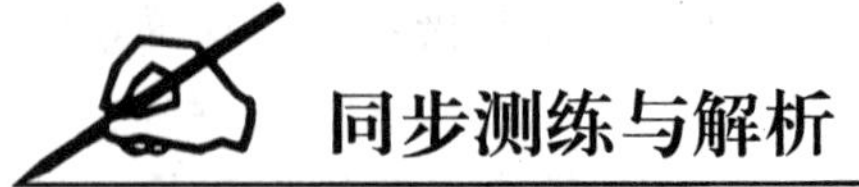

同步测练与解析

一、名词解释

头寸轧平　　交易风险　　平衡法　　LSI

二、简答题

1. 简述外汇风险的构成要素及其关系。
2. 根据货币选择法的原理，管理外汇债权债务的基本原则是什么？
3. 简述提前收付与拖延收付法的基本含义与基本原理。
4. 分析组对法的优点和缺点。

三、单项选择

1. 在管理外汇风险时（　　）。
   A. 债权人应争取用软币计价
   B. 债权人应争取用硬币计价
   C. 债务人应争取用硬币计价
   D. 无论是债权人还是债务人，都应争取用黄金计价
2. 具有双重货币外汇交易风险的情况是（　　）。
   A. 企业只有外币的流入
   B. 企业只有外币的流出
   C. 企业流入的外币与流出的外币的币种、金额及时间相同
   D. 在同一期间内，企业有一种外币流出，另一种外币流入
3. 有外汇应收款时，应该（　　）。
   A. 在预期外汇汇率上升时，提前收汇
   B. 在预期外汇汇率上升时，拖延收汇
   C. 在预期外汇汇率下降时，拖延收汇
   D. 不论外汇汇率如何，都应提前收汇
4. 下列选项中，不属于运用单个金融工具管理外汇交易风险的方法是（　　）。
   A. 远期外汇交易法　　B. 掉期交易法
   C. 货币期货法　　D. BSI 法
5. 关于 BSI 法，下列说法中错误的是（　　）。
   A. 可以作为外币债权人的外汇交易风险管理工具
   B. 可以作为外币债务人的避险手段
   C. 运用 BSI 法管理应收款的外汇风险时应借入本币

D. 运用 BSI 法管理应付款的外汇风险时应借入本币

四、多项选择

1. 一个企业有外汇应收款时,可以采取的管理外汇风险的方式有(　　)。

A. 选择硬币计价　　B. 选择软币计价

C. 预期外汇汇率上升时,拖延收汇　　D. 预期外汇汇率上升时,提前收汇

E. 预期外汇汇率下降时,提前收汇

2. 一个企业组织,在其经营活动中所面临的外汇风险可分为(　　)。

A. 经济风险　　B. 交易风险

C. 政治风险　　D. 会计风险

E. 道德风险

3. 下列选项中,属于运用单个金融工具管理外汇风险的方法是(　　)。

A. BSI 法　　B. LSI 法

C. 远期外汇交易法　　D. 货币期货法

E. 掉期交易法

【参考答案】

一、名词解释

头寸轧平:企业的外汇资产等于外汇负债。

交易风险:指企业以外币计价的现金流量已经确定,因汇率波动而影响到其以本币计价的现金流量发生变化的可能性。

平衡法:指企业在国际经济活动中,通过在同一时期内,创造一个与存在风险相同货币、相同金额、相同期限的反方向资金流动,使外币债权通过外币债务,或外币债务通过外币债权相互抵消,来消除外汇交易风险的管理方法。

LSI:是 lead、spot 和 invest 三个英文单词的缩写,即提前收款或付款—即期外汇交易—投资。指有外汇应收款的企业,通过提前收汇、运用即期外汇交易将其兑换成本币、然后运用本币进行投资来消除外汇交易风险。有外汇应付款的企业,先借入本币,按照即期汇率兑换成支付货币,然后不是进行投资,而是提前支付货款。

二、简答题

1. 本币、外币和时间,是外汇风险的三个基本构成要素。只要缺少其中任何一个因素,企业便不会面临外汇风险。多数情况下,一个经济实体在进行国际经济活动时,都要涉及外币与本币的转换问题。因为,对于大多数国家的企业而言,其参与国际经济活动时都需以某种国际上通行的外币来计价。而本币是一个企业在经营过程中所采取的基本的货币形态,也一个企业衡量经济效果的基本标准。所以,在国际经济活动发生后,如企业在从事国际贸易、国际生产许可证的转换、国际特许权的转让、国际技术转让、设立国际合资企业和进行

国际直接投资时，自然就涉及从本币到外币或从外币到本币的折算和兑换问题。于是，本币和外币也就成为了外汇风险的构成要素。没有外币和本币，自然也就不存在外汇风险的问题。

但是，仅有本币和外币两个因素，还不能确定一个企业就存在了外汇风险。因为，假设该企业能够在瞬间将本外币的兑换完成，则该企业也就不存在外汇风险的问题了。然而，在绝大多数情况下，这种假设是不成立的。因为，企业在各种国际经济活动的过程中，必然都伴随着时间的因素。例如，在国际贸易中，即使是即期付款，进出口商从成交到货款支付之间还是要间隔一定的时间。于是，在这个间隔的期间内，由于期初和期末的汇率波动，就使得其转换的结果不同。所以，在存在时间因素时，才存在着两种货币兑换的不确定性的可能。

2. 根据货币选择法，管理外汇债权债务的基本原则是：债权争取用硬币计价，债务争取用软币计价。由于硬币是指其汇率具有上升趋势的货币，软币是指其汇率具有下降趋势的货币，所以，国际经济交易中的债权人，使用硬币计价，可以避免外币资产因外币贬值而遭受损失，甚至还有可能得到汇率变动带来的利益。而作为国际经济交易中的债务人，选择软币计价，可以使自己避免汇率波动可能带来外币债务的成本增加。

3. 提前收付与拖延收付法，又称迟收早付或迟付早收法，是指存在着外汇敞口头寸的经济主体，根据自己的汇率变动情况的预期，通过改变应收外汇款或应付外汇款的日期，来减缓外汇交易风险的方法。

其基本原则是：进口付汇时，选择支付本币最少的时刻；出口收汇时，选择兑换本币最多的时刻。

根据风险货币汇率的预期走势及企业外汇敞口头寸的具体方向(即有应收款的多头还是有应付款的空头)，共有四种情况的组合，如下表。

汇率预期	外汇头寸	具体措施
汇率上升时	有外汇应收款(多头)	争取拖延收汇
	有外汇应付款(空头)	争取提前付汇
汇率下降时	有外汇应收款(多头)	争取提前收汇
	有外汇应付款(空头)	争取拖延付汇

4. 因创造一个与存在风险货币相联系的另一种货币的相等金额、相同期间，但方向相反的资金流动即可，而不是像平衡法那样一定是要创造和风险货币一样的币种的资金流动。因此，组对法灵活性大，易于采用。但是，组对法能够实现的一个前提条件是，存在外汇交易风险的货币必须具备一个与之密切关系的货币。通常，作为组对的两种货币，常常是由一些机构采取钉住政策而绑在一起的货币。同时，组对法只能减缓风险货币的外汇交易风险，却不能消除全部风险。并且，如果选用组对货币不当，组对的货币与存在风险的货币没有按预

期的同向变化，则对运用组对法管理外汇交易风险的企业而言，还有可能产生两种货币对本币都发生价值波动的双重货币风险。

三、单项选择

1. B　　2. D　　3. B　　4. D　　5. C

四、多项选择

1. ACE　　2. ABD　　3. CDE

第四篇

国际黄金市场

第十一章

CHAPTER ELEVEN

国际黄金市场

学习目标

通过本章的学习，首先要理解黄金与金融资产的关系，即黄金的社会属性使其成为国际金融资产的重要形态之一；其次，掌握国际黄金市场交易主体、客体、类型及其交易方式等方面的内容。

重点难点提示

- 黄金的双重属性
- 黄金与国际金融资产的内在联系
- 黄金价格与美元汇率走势之间的一般关系
- 世界主要黄金交易中心及交易特征

第一节　黄金与金融资产的关系

一、黄金的双重属性及其与金融资产的联系

关于黄金的特性，社会上流传着两句高度概括的话：一为黄金是财富的象征；二为金银天然不是货币，但货币天然是黄金。实际上，这两句话也就概括地说明了黄金既具有一般商品资产，又具有金融资产的双重属性。

（一）黄金作为一般资产的自然属性

黄金是人类较早发现和利用的一种金属。由于它的稀少和物质结构的特性，自古以来被视为五金之首，有"金属之王"的称号，享有其他金属无法比拟的盛誉，其显赫的地位几乎永恒。又由于它所具有的物理上的特性，如极高的抗腐蚀的稳定性，良好的导电性和导热性等任何一种其他金属都不具备的、独一无二的完美的特性，使其成为"金属之王"，并被广泛地应用到重要的生产领域，如电子、通信、宇航、化工、医疗及首饰等行业中。

（二）黄金作为金融资产的社会属性

黄金自然属性中的一些特性，使其具有了作为金融资产的社会属性的物质基础。传统上，一种理想的货币材料应该具备的特性：耐久性、可分性、标准性、易认性及轻便性，黄金都具备了。因为：一是黄金的产量有限，决定其价值相对稳定，从而使其具备了作为衡量商品价值尺度的标准性的功能和相对轻便性的功能；二是黄金的物理性质，如不易磨损，颜色统一、鲜明，使其具备了耐久性和易认性的功能；三是黄金的易于分割，且分割后不改变其价值，使其具备了可分性，天然地满足了用货币度量商品价值时所需的不同度量单位的要求。用钻石作对比，可从反面进一步验证这一论点。钻石与黄金一样具有单位价值高，不易贬值等优良品质，并且，钻石的体积越大，其价值越高。换言之，一块钻石若被切割成若干份后，不仅每一块的价值要远远低于原来体积的钻石的价值，而且，被切割后各块钻石价值之和，也要小于原来体积的价值。但黄金却与此不同。整块黄金在经过多次切割后，无论是单位价值还是总价值，都保持不变。

基于上述特性，黄金对于通货膨胀具有免疫的效果，人们对于黄金具有永恒的信心。黄金似乎是货币中的货币(the moniest money)，相比之下，纸币及银行存款只是补充品(supplements)与替代品(substitutes)。所以，历史上黄金成为许多国家货币形态的首选。又由于各种黄金货币之间，除成色为，无本质的差异性，使得黄金天然地具有了国际货币的职能，成为国际间的最后支付手段，各国的国际储备资产，执行着世界货币的职能。

今天,随着社会经济与金融的发展,黄金的地位不断地发生变化。历史上黄金曾充当货币的职能,如价值尺度、流通手段、储藏手段、支付手段和世界货币。而随着建立在国家信用基础之上的纸币制度的发展,黄金已退出货币流通领域。它的货币职能的社会属性的地位在下降。但其在珠宝、装饰、各种工业甚至高科技领域等方面的应用正在逐渐扩大。但是,黄金的双重属性依然存在。在许多国家的国际储备的构成中,黄金至今仍占有相当重要的地位。在国际金融市场上,黄金仍然具有保值和投资的功能。这也是我们仍将黄金市场作为国际金融市场组成部分的原因所在。

二、黄金作为金融资产的具体表现形式

(一) 黄金曾经是货币的具体形态与货币发行的基础

1. 在金币本位制下,黄金直接就是货币的具体形态

在随资本主义生产方式的发展而确立的金本位货币制度下,一些较为发达的资本主义国家所采用的金币本位制的货币制度,就是直接以黄金作为货币的具体形态。在这种制度下,黄金直接就是货币资产。具体体现在:

(1) 由国家以法定重量和成色的黄金铸成金币,在市场上流通,其他金属辅币和银行券可以自由兑换成金币或等量的黄金;

(2) 准许黄金自由买卖、储藏和输出入国境,私人持有的金块可以交给国家铸成金币;

(3) 国家的储备和办理国际结算都使用黄金;

(4) 外汇汇率由各国货币含金量确定,汇率波动受黄金输送点限制;

(5) 各国国际收支通过“物价与现金流动机制”自动调节,金融当局无须干预。

例如,英国早在1861年通过《金本位法案》,以法律的形式规定黄金作为货币的本位,1862年开始铸造金币,货币单位为英镑。1865年,法国、比利时、瑞士三国组成拉丁货币同盟,发行了货币史上流通最久的金法郎,规定其单位法郎的含金量为0.903 225 8克纯金。这种可在国际间通用的黄金铸币,一直到20世纪30年代才完全停止流通。

2. 金块和金汇兑本位制下,黄金是纸币发行的基础

在金本位制下的金块本位制和金汇兑本位制的形式下,国内流通的是银行券,而不是金币本身。但是,在这两种形式下的银行券,都直接或间接地与黄金联系。在金块本位制形式下,国家通过银行发行的银行券是以金块的储备量做基础。换言之,通过允许本国居民可用其持有的一定数额以上的银行券按含金量兑换金块而制约银行券的发行数量,以防止银行券发行过量。而在金汇兑本位制形式下,通过允许本国居民可用其持有的一定数额以上的银行券按固定的汇率兑换金币本位制下或金块本位制下国家的货币,而间接地与黄金建立兑换关系。此时,只要保持本国汇率不变,其银行券的发行量就受到金币本位制或金块本位制国家黄金储备量的制约。所以说,在金块本位制和金汇兑本位制的形式下,虽然不在直接

流通，但流通中的纸币仍受黄金的制约。因此，货币与黄金仍有相关性。

例如，第一次世界大战后，英国、法国、比利时、荷兰等国曾相继采用了金块本位制。如英国在 1925 年规定，以英镑银行券可兑换净重 400 盎司的金块。

3. 布雷顿森林体系下，黄金曾经是汇率稳定的基础

在第二次世界大战后，通过建立国际货币基金组织而确定的以美元为中心的国际货币体系，即布雷顿森林体系中，实行的是以黄金为基础，以美元作为最主要的国际储备货币的美元—黄金本位制。根据国际货币基金协定，各国货币直接与美元挂钩，美元直接与黄金挂钩，通过允许各国政府或中央银行随时可用美元向美国政府按一盎司折合 35 美元的黄金官价向美国兑换黄金，而使世界其他国家的货币间接与黄金挂钩。

此时，各国货币与美元汇率的稳定，进而各国货币之间汇率的稳定，则主要建立在以美元表示的黄金价格(即黄金官价)是否稳定的基础之上。又由于这一阶段黄金价格的特点是官价黄金，市场失去特性，黄金市场成为虚拟的市场，于是，黄金官价的稳定与否事实上就仅建立在美元价值的基础上。布雷顿森林体系运行的二十多年的实践，也恰恰证明了这一点。

在布雷顿森林体系建立之初，以美元表示的黄金官价稳定，所以，各国货币与美元的汇率也稳定。而随着美元危机的不断爆发，给黄金官价带来了一次又一次的压力。为了维持以美元表示的黄金官价的稳定，美国与西方发达国家采取了包括黄金总库在内的一系列的措施来稳定黄金官价，进而达到维持固定汇率制度的目的。但是，由于美元危机的不断加深，随着美元对黄金的贬值，由一盎司黄金等于 35 美元、38 美元及 42 美元，再到黄金双价制的出现，直至最后放弃黄金的官价。当美国放弃美元与黄金的固定比价时，布雷顿森林体系中的固定汇率制度也就丧失了稳定的基础，从而也就不复存在。

(二) 黄金是国际储备资产的构成

国际储备是一国货币当局所持有的能够用于弥补国际收支逆差和稳定该国货币汇率的各种形式的资产的总称。黄金储备始终都是世界各国国际储备资产的构成之一。黄金储备是国家为维持货币信用和应付国际支付而由官方集中保管的黄金块或金币。

黄金储备的作用，在实行金本位制度下，体现为三个方面：

(1) 作为国家支付的准备金，即作为世界货币的准备金；

(2) 作为国内货币流通的准备金；

(3) 作为支付存款和兑付银行券的准备金。随着黄金与货币联系程度的变化，黄金储备在金本位制度下的一些作用不再存在。

但是，无论是在黄金直接或间接与货币相联系的条件下，由于黄金可以用于国际支付、稳定汇率，从而使其成为各国国际储备的重要组成部分。

在黄金非货币化的今天，虽然货币不再与黄金有直接或间接的联系，并且，在各种储备资产形式中，黄金也是国际储备中赢利能力较差的一种，但黄金仍是国际储备不可或缺的组

成部分，甚至占据外汇储备的相当比率。以国际货币基金组织为例，其至今仍有3 217万盎司的黄金储备。根据英国黄金矿业服务公司的研究结果，1997年全世界官方持有的黄金储备达到3.19万吨，占黄金存量的23.7%。世界上许多中央银行的国际储备资产都有相当一部分为黄金。世界主要国家和地区的黄金储备量如表11-1所示。

表11-1　世界主要国家和地区黄金储备量　　单位：万盎司

年份	1995	1996	1997	1998	1999	2000	2001
美国	26 170	26 116	26 164	26 161	26 167	26 161	26 200
加拿大	341	309	309	249	181	118	105
日本	2 423	2 423	2 423	2 423	2 423	2 455	2 460
欧元区	—	—	—	—	40 276	39 954	40 187
英国	1 843	1 843	1 842	2 300	2 055	1 567	1 142
中国大陆	1 270	1 270	1 270	1 270	1 270	1 270	1 270
中国香港	7	6.7	6.7	6.7	6.7	6.7	6.7

资料来源：根据《国际金融报告》各期整理，刘明康主编，经济科学出版社

（三）黄金与其他金融资产价格的反向波动规律，说明黄金是投资人的最后避风港

1. 影响黄金商品供求因素的一般分析

与所有商品价格变化的规律相同，国际黄金的价格是国际黄金市场实现供求均衡的结果。并且，其价格的走势，随市场对黄金供求对比的变化而变化。

从国际黄金市场黄金供应的角度分析，呈基本停滞、甚至有所下降的态势。南非是生产和供应黄金最多的国家，它所生产的黄金已占到西方国家黄金产量的70%以上。因此，南非的黄金年产量的变化，对世界黄金市场供应量的增减有着举足轻重的影响。1970年，南非黄金产量达到1 000吨左右。从1974年开始，产量有所下降，但较为稳定。这种世界范围内黄金供应量基本稳定的状况，恰好也是黄金自然属性的具体体现。同时，也从另一个角度说明，整个黄金市场的价格变化，主要是由市场对黄金需求的变化所引起的。

从国际黄金市场需求的角度分析，国际市场对黄金的需求，主要可分为两种情况。一是实体经济对黄金消费的需求，主要是以黄金作为原材料的生产领域的需求。尽管近年来生产领域对黄金的需求量逐年增加，但其所需的总量，主要受生产能力和消费规模的制约，其对黄金需求的增长是有限的。二是虚拟经济中，作为一种金融投资工具，国际金融市场对黄金的需求常常呈现出与市场对其他主要国际资产需求相反方向变化的态势。而这种反方向的变化规律，恰好说明黄金投资常常是投资人的最后避风港。

2. 黄金需求因素的特殊性及其与黄金投资的关系

（1）黄金与外汇，主要是美元汇率变化的关系

迄今为止，一般地说，当某种货币地位疲软，出现汇率下跌，导致货币实际贬值时，人们

就会急于抛售持有的该种货币去抢购黄金，以求保值。这样以该种货币所表示的黄金价格就会上涨。以美元为例，美元仍是世界上主要的储备货币。所以，美元也是外汇市场上主要的投资对象之一。由于美元仍是目前国际清算支付以及储备中使用最多的货币，其在国际外汇市场交易中所占比例最大，而黄金的价格通常是用美元表示的。所以，当美元汇价出现波动时，国际黄金市场上的黄金价格就会相应地出现波动。当美元汇价出现疲软时，往往会引起大量抛售美元抢购黄金的风潮，从而导致黄金价格的大幅度上涨，也就吸引了投资人投资黄金；反之，当美元汇价“坚挺”时，黄金价格一般都处于比较平稳或稳中略有下降的趋势。

(2) 黄金与石油价格变动的关系

石油是西方经济的血液，所以是一项重要的资产。并且，在国际市场上石油一向以美元标价。如果石油价格上涨，美元就会贬值，而美元的贬值又会导致人们抛售美元抢购黄金来保值，进而刺激黄金价格上涨。如 1973 年 10 月第四次中东战争爆发，为了抵制以色列对阿拉伯国家的侵略，中东产油国决定对非友好国家实行石油禁运，同时大幅度提高油价，使油价上涨近 4 倍，对西方的经济产生了深刻的影响。一方面西方工业国家石油进口费用急剧增加，国际收支状况普遍恶化，通货膨胀加剧，货币对外价值低落；另一方面，产油国美元收入显著增加。为了减少美元汇率下跌造成的损失，这些产油国便将出口石油所得的美元，部分抛向黄金市场，形成黄金价格节节上涨的局面。1972 年，国际黄金的平均价格为 58.16 美元/盎司，而 1973 年，国际黄金的平均价格为 97.32 美元/盎司，1974 年更达 159.26 美元/盎司。而 1981 年后，由于石油供过于求，油价不断下跌，又造成了 1982 年上半年黄金价格的下跌。1981 年国际黄金的平均价格为 460.03 美元/盎司，而 1982 年为 375.57 美元/盎司。

(3) 重大国际事件与黄金价格

政治局势的动荡与突发性重大事件的发生，常常对国际黄金市场产生最迅速的需求，促使黄金价格上涨。一般而言，黄金投资是一种最保守的选择策略。但是，当一国出现政权的更迭、战争或其他重大政治经济案件时，由于黄金的自然与社会属性所决定，该国的投资人，如果能将其手中所拥有的其他资产转换成黄金，则是一种最安全、有效的保值手段。

例如，1980 年当时的苏联发动了入侵阿富汗的战争，同时，伊朗国内还爆发了类似战争的革命运动的国际政治事件，从而使当年黄金价格上涨至市场有史以来的最高点 850 美元/盎司。1990 年伊拉克侵略科威特战争爆发时，黄金价格立刻飙升了 60 美元，达到 400 美元/盎司。2003 年，当美国对伊拉克发动战争的威胁日益加剧，以及人们难以预料世界经济的未来走势时，黄金的价格一度升到了近 6 年来的最高水平。在日本、中国香港和悉尼等地市场上，黄金现货价格最高达每盎司 353.75 美元，为 1997 年 3 月以来的历史最高水平。类似的事例可以说举不胜举。战争阴影导致了黄金的避险光芒再度焕发。而一旦战事趋于明朗，投机商们又会大量抛售黄金，黄金价格相应回落。这已成为黄金价格变动的规律之一。

和战争因素相似的是恐怖袭击，也导致投资人大量购买黄金以求保值。2001 年 9 月 10 日，当日国际黄金价格仍围绕在每盎司 270 美元水平波动，而且市场处于自 1980 年黄金顶峰时期算起的20年来的250美元最低价格水平之中。那时，黄金早已被投资者认定为夕阳投资项目。同时，随着20世纪90年代开始的股市牛市，国际投资家都集中于股票市场。但是，当"9·11"事件发生后，这些投资家迅速撤离股票市场，蜂拥而至黄金市场，其市值立即提升，猛涨至290美元的水平。但在"9·11"事件之后，黄金价格随后又呈现一路下滑的状态。

除了上述事件外，一些重大的经济事件的发生，也会诱使黄金价格的变动，也就隐含着投资人对黄金投资的变化。例如，美国安然公司的破产，不仅使500亿美元的巨额资产损失，而且还使投资人看到了美国金融市场和企业财务监督的脆弱性，从而动摇了投资人对上市公司的信心。加之对经济复苏前景不乐观，一些大的基金投资人纷纷从股市抽逃资金，通过购买黄金规避风险。当时，道—琼斯工业指数不断下跌，纳斯达克指数则跌破了1 800点，而国际黄金价格却不断上涨，突破了300美元/盎司的高位。再以阿根廷为例。当2002年阿根廷出现金融动荡、政权更迭、社会骚乱、货币贬值、物价飞涨等政治、经济混乱时，使其民众对本国的信心几近崩溃。当阿根廷民众只能持有比索，而不能兑换外汇时，抢购黄金便成为唯一的选择。特别是一些房地产商，急于大批出售自己的房地产，换取黄金，以求保值。

通过上述实例可以进一步证明，就黄金这一古老的金融产品而言，丝毫没有"新经济"的光环，但它却绝对是抵御实体经济波动的坚实支柱。即使是在金融、金融市场与金融工具都得到极大发展的条件下，一旦政治经济发生动荡，黄金的金融产品的社会属性又凸现无疑。

第二节　国际黄金市场概述

一、黄金市场的含义及扼要沿革

（一）黄金市场的含义及其理解

黄金市场是指专门以黄金作为交易对象的交易行为以及与黄金交易行为相关的惯例和制度。而国际黄金市场，既包括由国际投资人通过现代化通信工具而参与的黄金交易，也包括依托一国黄金交易所而实现的黄金交易。

此外，在现实社会中，或在有关黄金市场的文献中，人们有时用黄金市场来指黄金交易所，还有时用某地黄金市场来指在世界范围内具有黄金交易中心地位的某一城市，如纽约黄金市场等。但严格地讲，黄金市场、黄金交易所和某一具体的黄金交易中心是三个与黄金交易相关、但各有侧重的概念。本文在以下的论述中，将尽可能地单独使用各个概念，但不排除由于习惯而替代的情况。

（二）国际黄金市场的扼要沿革

最初的黄金交易与黄金作为本位货币直接相关。早在19世纪60年代，资本主义较为发达的英国、德国、法国、美国和苏联等，先后实行了金本位制。随着黄金社会属性的日益增强，对黄金交易的需求也就随之增大。以在国际黄金市场占重要地位的伦敦黄金交易中心为例，早在19世纪初就成为金条精炼、黄金销售和金币兑换的中心，于1919年9月正式成为一个组织比较健全的黄金市场。

自此，黄金市场作为各国金融市场体系的重要组成部分，日益兴旺起来。黄金市场所具有的金融市场性质也与日俱增。黄金作为本位币为外汇市场的发展提供了稳定的基础，如金本位制度下，汇率的波动幅度受到黄金输送点制约。黄金市场在金融市场领域，特别是并不十分发达的金融市场领域内，起着举足轻重的作用。

而今，随着黄金非货币化，黄金作为金融产品的社会属性被大大削弱。与此相对，随着金融创新与衍生金融工具的飞速发展，国际证券市场和外汇市场的内容日益丰富，从而对黄金市场在金融市场上的地位构成了极大的挑战。不可否认，黄金市场在金融市场上的地位，已今非昔比。但是，正如我们在上一节中关于黄金仍是投资人的最后避风港所进行的分析，黄金作为金融产品，特别是在国际范围内可接受的、无差异的金融产品的社会属性依然存在，国际黄金市场也就仍属国际金融市场的组成部分。

二、黄金市场交易的主体与客体

（一）黄金市场交易的主体

国际黄金市场的交易主体，就是黄金市场的参与者。国际黄金市场拥有一批较为固定的黄金交易参与者。按参与者特性的不同，可分为以下几类。

1. 黄金的开采和加工企业

金矿的开采企业、黄金制品的生产和专门从事黄金买卖的经销商、首饰行等与黄金开采、加工和销售相关的公司。除了一些大的金矿开采企业和大的黄金加工企业外，其他一些参与者所从事的黄金交易，属于黄金的自然属性范畴，即从事一般商品形态的黄金交易的主体。

2. 作为官方机构的中央银行与一般商业银行

银行是直接或间接地参与黄金交易的主体。作为各国官方机构的中央银行参与黄金交易的主要原因是国际储备管理的需要。如苏联曾在国际黄金市场出卖黄金储备来缓解因外汇储备不足而造成的国际支付困难。参与黄金交易的商业银行，通过充当黄金生产者和投资者等交易人之间的经纪人，或直接参与黄金的买卖、保管、冶炼和清算等，而成为作为金融市场组成部分的黄金市场上的主要当事人。如瑞士联合银行、瑞士银行和瑞士信贷银行三

www.euibe.com UIBE 1951

大银行，加拿大丰业银行（Bank of Nova Scotia-Scotia Mocatta）、德意志银行（Deutsche Bank）和作为英国五大金商组成的英国汇丰银行（HSBC）等，都是国际上比较著名的从事黄金交易的商业银行。

3. 包括各种法人机构和私人个人投资者在内的黄金投资人

黄金投资人是指那些为获得买卖差价的收益而参与黄金买卖的各类企业或个人。近年来，在国际黄金市场上最为活跃的投资人是形形色色的、以各种类型的基金为代表的机构投资人，这些机构投资人利用其在各国政治和金融界的经济信息上的优势，运用其庞大的资金规模，在国际黄金市场上低吸高抛，从中渔利。国际黄金市场上几乎每一次大的金价波动，都与投资基金公司介入相关。

4. 黄金经纪人公司

是指那些专门从事为客户，尤其是那些不是交易所会员的客户代理黄金买卖、并收取佣金的经纪组织，也可称为经纪行。在纽约、芝加哥和中国香港等黄金交易中心，活跃着许多的经纪公司。

国际黄金市场众多的参与者和灵活多样的交易方式，为黄金交易提供了方便，一方面满足了不同层次投资者的需要，使国际黄金市场秩序化；另一方面也进一步加强了国际黄金交易的市场化步伐，成为国际黄金交易的坚实基础和有力保障。

（二）黄金市场交易的对象

在黄金市场上交易的黄金，可有四种具体的形态。

1. 各种成色和重量的金块

这是私人或企业集团新开采出来的、未经加工的黄金，一般都是对黄金实物交易。

2. 大金锭

大金锭一般是由重量为400盎司、成色99.5%的黄金铸成。大金锭在投入世界黄金市场的买卖之前必须由国际公认的检验机构检验并做印记。主要产金国如南非、苏联和加拿大等国所开采的黄金一般都是以这种形式投放市场的。另外，各金库储存的大量黄金也是采取这一形式。

3. 金条和金币

金条一般是成色、重量不等的长条形的金块。最常见的小金条重1千克、标准成色为99.5%；最重的金条为12.5千克左右，也称金砖；最轻的在1千克以下，售价要高于大金锭。金币有旧金币和新金币两种。旧金币是实行金本位制国家流传下来的当时的货币，如英国的金镑、法国拿破仑金币和德国的帝国马克金币等。新金币是重1盎司的金质纪念币形式。小金条、新金币主要是私人个人储藏者交易的对象。小金条与金币不仅携带方便，而且在很多国家还可以逃避遗产税。因此，不少人争相购买。而旧金币的可供量有限，是一种稀有金属，一般是古玩收藏家购买的对象。旧金币的价格可高于其本身所含金量实际价值的30％～50％。

4. 黄金券

黄金券是黄金的凭证，持有人可随时向发行银行兑换黄金或与其等价的货币。黄金券的面额有多种，最小的仅0.5盎司。黄金券有编号和姓名，不得私自转让，但遗失可以挂失。对于购买人来说，由于黄金券可以随时兑现，与持有黄金实物无异，既可以用于保值，又可以用于投资，而且比持有黄金实物更为安全，所以很受欢迎。对于发行银行来说，由于黄金交易量逐渐增大，而黄金的可供量有限，往往不能满足交易的需要。但通过发行黄金券，不仅可以扩大黄金交易量，而且还可以增加自身的收益，所以，近年来黄金券的交易量在逐年增加。

三、国际黄金市场的类型

（一）国际黄金市场根据不同的划分标准而进行的分类

1. 黄金交易的自然属性与金融属性

由黄金自身的自然属性和金融属性所决定，与此相对应的黄金交易，也可分为一般商品的交易和作为金融工具的交易。黄金作为一般商品的交易，主要是以黄金的消费为目的买卖，如黄金饰品销售、工业生产用黄金的销售等。一些个人投资为目的的黄金零售交易市场，如黄金储蓄、金币销售等，也可归为这一范畴。黄金作为金融工具的交易，是黄金社会属性的体现。事实上，本章所探讨的国际黄金市场的内容，都是以黄金作为金融工具的属性为前提的。换言之，本章所讨论的内容，都是建立在金融市场的基础上，而没有包含黄金一般商品交易的内容。

2. 根据市场组织形式不同的分类

根据市场组织形式的不同，可分为有形市场与无形市场。黄金的有形市场，是指通过黄金交易所而实现的黄金的交易。黄金的无形市场，则是指通过电话等通信工具或通信网络而实现的黄金的交易。

3. 根据交易方式不同的分类

根据交易的方式，可分为现货市场和期货市场。由于这部分内容是黄金市场的核心，将在下面的问题中专述。

4. 根据黄金交易中心在国际黄金市场上地位不同的分类

根据黄金交易中心（也有的书表述为黄金市场）在国际黄金市场上地位的不同，可分为起主导作用的黄金交易中心（市场）和区域性黄金交易中心（市场）。黄金交易中心是指那些黄金交易相对集中的地方，通常是一国的某一具有金融中心地位的城市。起主导作用的黄金交易中心，即指国际性黄金交易集中的地方，其价格的形成及交易量的变化，都会对国际黄金市场产生很大的影响。如伦敦、苏黎世、纽约、芝加哥和中国香港等地的黄金交易，都具有这样的作用。区域性黄金交易中心，通常为本国黄金交易集中的地方，其交易量的变化，通常不会对其他黄金交易中心的交易产生大的影响。

（二）黄金市场分类在现实社会的具体体现

现实社会的黄金市场通常是上述三种分类的有机组合。从国际范围来看，黄金市场流通所采取的形态主要包括分散在各个黄金交易中心的银行间无形黄金市场、黄金现货交易有形市场和黄金期货交易有形市场等。

总之，国际上的黄金市场流通体系，实际上是一个多层次、多形态市场的集合。每一种市场形态的出现，都是特定环境的产物，因而都有其合理性。银行间市场是以高度发展的市场环境为前提的，简单乃至原始的现货交易所交易市场则是个体或小规模企业沟通供求的适宜场所。

四、国际黄金交易方式的基本内容

（一）黄金现货交易

1. 含义

黄金现货交易(Gold Spot Markets)，与外汇、股票等金融工具的现货交易相仿，是指在交易双方成交之后的两个营业日内办理交割的交易。国际黄金市场的黄金现货交易主要集中在伦敦和苏黎世黄金交易中心。

2. 市场组织的有形与无形

黄金现货交易市场的组织有有形与无形市场之分。黄金现货交易有形市场，如黄金现货交易所，是黄金市场流通的一种重要方式，也是黄金市场流通体系发育过程中的一种重要形态。我国香港的金银业贸易市场、土耳其黄金市场是这方面的典型代表。这两个市场的一个共同特点是，当地的黄金需求量较大，而黄金供给来源比较集中，主要依赖于国际市场进口，因此需要借助集中的交易场地实现黄金的有效分配。银行间无形黄金现货交易，是黄金流通的主要渠道。经营黄金现货交易的商业银行，依靠其雄厚的资金实力、严格规范的经营方式，组成庞大的交易网络。在这个网络中，商业银行不仅仅是黄金现货流通市场上的造市商，而且在黄金的实金流通、熔炼与储运、黄金金融产品供给等方面发挥着重要作用。例如：位于伦敦由银行与经纪人等 5 大金商构成的黄金现货交易体系、位于苏黎世的 6 家银行组成的黄金现货交易体系和其中瑞士银行、瑞士联合银行和瑞士信贷银行 3 家银行组成的黄金库等。

3. 价格形成机制

国际黄金市场现货交易没有形成惯例的统一的价格形成机制，而是依赖于各交易中心所在地的具体情况，形成在当地相对统一的价格决定机制。

以伦敦黄金交易中心的现货交易为例，有定价交易和报价交易两种定价方式。定价交易方式下，由在伦敦黄金交易中心具有主导地位的5大金商，每天于伦敦时间上午10:30和下午3:00召开定价会议，定价是在英国最大的金商洛西尔（Rothschild）父子公司的交易厅进行，该公司担任首席代表，其他各金商均选一名代表参加。在定价前，市场交易要停止片刻，此时，各金商对外均不报价。由首席代表根据市场金价动态定出开盘价，并随时根据其他代表从电话里收到的订购业务调整价格。若定价交易开盘后无买卖手进入市场，则定价交易结束。若有新的买卖手订购，首席代表就不能结束定价，订购业务完毕时的金价即为黄金现货买卖的成交价格。确定的价格只有一个，买卖均按此价，但要交手续费。在实际交易中，并不一定要按定价水平交易，买卖双方还有继续讨价还价的余地，交易数量可能还比定价时的交易量要多。尽管如此，定价交易仍然是世界黄金行市的"晴雨表"，世界各黄金市场均依此调整各自的金价。定价交易结束后，即恢复正常的黄金买卖报价。报价交易由买卖双方自行达成，其价格水平在很大程度上要受定价交易的影响。但一般来说，报价交易达成的现货交易数量比定价交易要多。

此外，在苏黎世和香港外汇黄金中心，也有其独特的定价方法。

总之，一般而言，每一黄金交易中心，一般都由当地授权经营黄金业务的几家银行，根据黄金的供需情况，协商确定当天金价的平均价格。

（二）黄金期货交易

1. 黄金期货交易的含义与产生

黄金期货交易（Gold Future Markets），是根据期货市场的一般原理、以黄金作为基础产品而进行的交易。世界上的黄金期货交易主要集中在美国的纽约商品交易所和芝加哥期货交易所、新加坡的国际金融交易所和英国伦敦的黄金期货市场。

黄金期货交易基本是在20世纪70年代以后开始出现的。1973年布雷顿森林体系崩溃后，主要黄金交易国又相继解除本国黄金买卖的禁令之后，国际黄金市场的价格波动起伏不定。1980年国际黄金市场曾创850美元/盎司的历史最高纪录，也曾在1999年达到252美元/盎司的底部。这给黄金供需双方制造了一个很不稳定的外部市场环境，黄金生产企业客观上需用现代金融工具开展套期保值业务，规避金价波动风险，保证以预期的相对稳定的价格销售黄金，黄金期货应运而生。黄金期货交易成为满足市场参与主体对黄金保值、套利及投机等方面的需求的主要手段，是黄金市场的有关参与者规避、降低价格风险的重要途径。

黄金期货市场最先产生于美国的纽约和芝加哥两大交易所，并发展速度极快。受此影响，不仅新加坡、澳大利亚相继开辟黄金期货合约，就连一贯以现货交易著称的伦敦交易中心也于1982年建立了伦敦黄金期货。

黄金期货交易的产生与发展，使得黄金市场的结构和布局发生了重大的变化。目前全球有12个黄金期货交易所和8个现货交易中心，可以24小时进行交易，目前世界黄金年交

www.euibe.com UIBE 1951

易量高达到30万吨，而实金交易量每年仅为4 000多吨，仅占其交易总量的1.3%，而97%以上是黄金衍生产品的交易。

2. 黄金期货合约的基本内容

以纽约商品交易所和新加坡国际金融交易所推出黄金期货合约为例，其合约的交易单位是100金衡盎司、0.995纯度的黄金。而其他的内容，如价格波动的上下限、交易日期、合约期限、交易时间等，与一般期货合约的原理相同，都有极为详尽和复杂的描述。

黄金期货合约的价格一般也以现货价格为依据，再加上期货期限的利息而定。实际上近年来黄金价格波动频繁，期货升水、贴水的水平很难与实际价格完全相符，所以期货交易多为投机者所利用。

由于利用黄金期货交易进行保值的越来越少，而由于国际黄金市场价格波动的起伏越来越大，利用黄金的期货交易进行投机的越来越多。于是，与其他期货交易相同，黄金期货交易中到期交割的较少，绝大部分是对冲。

（三）各类黄金的具体交割方式

1. 黄金的储藏与保管

由于黄金的储藏和保管需要一些专门的条件，如需要有宽敞、坚固、安全的黄金储存设施和管理技术。而并非所有的黄金持有者都具备这些条件，或者说自己储藏和保管是经济的。而美国和英国由于历史发展的原因，完备地具备了这些条件。所以，大多数的黄金持有者都将其所拥有的黄金寄放于美英两国。如世界上约有70多个国家的官方机构，数量总计达11 000吨的黄金寄放在美国。而英格兰银行一方面替其他国家或国际组织储存黄金，另一方面又把自己大部分黄金储备寄放于美国。

2. 黄金交易的交割

虽然黄金具有完整的实物形态，但与一般钱货两清的商品交割不同，在国际黄金市场上，无论是现货交易还是期货交易，很少是直接以黄金实物来交割的，即不将黄金搬出保险库直接启运。一般都是采取账面划拨的办法，即仅在存放单上划拨，交易一方把存放在某一国家金库的黄金转到交易另一方的名下。这种方法既节省了黄金实物交割时所需花费的昂贵的运输保险费用，又可避免了运送的风险。

第三节 主要国际黄金交易中心

在经历了数百年的历史变革后，至今，国际黄金市场已形成了以伦敦黄金交易中心、纽约黄金交易中心、苏黎世黄金交易中心、新加坡黄金交易中心和中国香港黄金交易中心为主的国际黄金市场体系。

这些黄金交易中心虽分布在世界各地，但彼此之间的联系却相当紧密。首先，各交易中心都有共同的参加者，即国际黄金商；其次，由于各交易中心所处的地理位置以及现代化的通信网络，使它们基本上形成了一个可 24 小时进行交易的全球性黄金市场。最后，由于各黄金交易中心仍然存在着价格间隔上的差异，由此给黄金的国际投资人带来了在不同的黄金交易市场套利的机会，并且，这种套利的活动十分活跃。

一、伦敦黄金市场

（一）伦敦黄金市场的产生与发展

与世界各黄金交易中心相比，伦敦黄金交易中心历史最悠久，其产生可追溯到三百多年前。1804 年，伦敦取代荷兰阿姆斯特丹成为世界黄金交易的中心。1919 年伦敦金市正式成立。第二次世界大战前，伦敦是世界上最大的黄金交易中心，其黄金交易的数量，约占到全世界交易总量的 80%，是世界上唯一可以成吨买卖黄金的地方。

由于“二战”的影响，1939 年 9 月至 1954 年 3 月，伦敦黄金交易市场关闭达 15 年之久。1954 年，伦敦黄金市场重新开放。但是，伴随着 20 世纪 60 年代初开始的美元三次危机，伦敦黄金市场价格上涨到每盎司 41.5 美元，英、美、法等 8 国为维持黄金官价稳定也造成英国黄金储备的不断流失。仅 1968 年，为遏制由于美元的三次危机而形成的黄金抢购风潮，仅半个月内，英国的黄金储备就流失了 14 亿美元。1979 年 10 月，英国取消了全部外汇管制，英国居民由此可以自由买卖黄金。

今天，伦敦黄金交易中心虽已不是世界上最大的黄金交易市场，但仍不失为世界主要的黄金现货交易市场，其价格变化，被看做是国际黄金市场价格的“晴雨表”，并影响着纽约和中国香港黄金交易的价格。

（二）伦敦黄金交易中心的主要特点

(1)市场的交易主要由 5 大成员(2 家清算银行、2 家经纪公司和 1 家黄金加工企业)，也称金商所控制。

(2)由 5 大金商控制着市场的交易价格，并且，其价格成为衡量世界黄金价格的指标之一。

(3)以现货交易为主，是国际黄金市场最大的现货交易中心。

二、苏黎世黄金交易中心

（一）苏黎世黄金交易中心的产生和发展

位于瑞士的苏黎世黄金交易中心，是“二战”后产生并发展起来的国际黄金交易中心之一。“二战”结束后，由于伦敦黄金交易中心曾因战争的破坏被迫关闭，又由于瑞士所具有的坚持中立立场的银行体系和辅助性的黄金交易服务体系，为国际黄金交易者提供了一个既自由又保密的环境，加上瑞士与南非也有优惠协议，获得了80%的南非金，以及苏联的黄金出售也聚集于此，使得苏黎世不仅成为世界上新增黄金的最大中转站，也成为世界上最大的私人黄金的存储中心。在国际黄金市场上，苏黎世的地位仅次于伦敦。

（二）苏黎世黄金交易中心的独有特点

(1) 苏黎世黄金交易中心是由瑞士的3大银行：瑞士银行、瑞士信贷银行和瑞士联合银行为主，联合当地另外3家银行，凭借其分布广、密度大的分支机构网络而建立起来的无形的黄金交易市场。这些银行与世界各地建立了广泛牢固的关系，有一批固定的客户和可靠的交易渠道。

(2) 作为瑞士黄金交易中心的3大银行，不仅是客户黄金交易的中介，而且还大规模地直接参与黄金的买卖。一是从黄金产地直接购进，二是从伦敦购进，然后再销往其他国家。所以说，苏黎世黄金交易中心是世界最大的现货交易地之一。

(3) 由3大银行在非正式协商的基础上建立的苏黎世黄金总库（Zurich Gold Pool），不受政府管辖，作为交易商的联合体与清算系统混合体在市场上起中介作用。每家银行在市场上买进数量多于卖出数量时，就把多出的黄金交给黄金总库；反之，则从黄金总库中取出黄金。不过，黄金仍由3家银行各自持有，所以，黄金总库实际上相当于一个黄金交易的清算系统。

三、纽约黄金交易中心

以纽约黄金交易中心为代表的美国黄金市场，是自1974年，美国政府解除私人持有和购买黄金的禁令以后发展起来的。其主要标志是以纽约商品交易所(COMEX)和芝加哥商品交易所国际货币市场(IMM)为代表的黄金期货交易。

目前纽约商品交易所和芝加哥商品交易所是世界最大的黄金期货交易中心。黄金期货交易也就成为纽约黄金交易中心的独有特点。

由于黄金期货交易中期货的杠杆效应，使得纽约的黄金交易量占到了世界交易量的绝对比例，从而也对世界黄金现货市场的价格影响很大。纽约黄金交易中心的建立和发展，使得世界黄金市场的格局发生了重大变化：一方面促进了纽约黄金市场的发展；另一方面纽约黄金期货市场巨大的交易量，使伦敦黄金市场的每日定价制的权威受到影响，有时，伦敦的每日定价还不如纽约黄金交易中心的价格更具有影响力。

四、香港黄金交易中心

（一）香港黄金市场的产生和发展

香港黄金市场已有90多年的历史。其形成以香港金银贸易场的成立为标志。1974年，香港政府取消了对黄金进出口的管制后，香港的黄金交易发展极快。由于香港在时差上刚好填补了纽约、芝加哥市场收市和伦敦开市前的空当，可以连贯亚、欧、美，形成完整的世界黄金市场，加之其是全球唯一在周六也可进行黄金交易的地方，其优越的地理条件引起了欧洲金商的注意，伦敦的5大金商、瑞士3大银行等，纷纷在港设立分公司。它们将在伦敦交收的黄金买卖活动带到香港，逐渐形成了一个无形的香港本地的“伦敦金市场”，促使香港成为世界主要的黄金市场之一。目前香港已成为世界四大黄金交易中心之一，仅次于伦敦、苏黎世和纽约。

（二）香港黄金交易中心的市场构成

根据香港黄金交易中心市场组织体系的特性，可以说，香港是黄金交易种类最多元化的市场。这也是香港黄金交易中心所独有的特点。按组织体系的不同，香港黄金交易中心的市场构成由三部分组成：传统的金银业贸易场、香港本地伦敦金市场和香港期货交易所的黄金期货市场，前两者主要买卖现货黄金，而后者则经营黄金期货。

1. 香港金银业贸易场

香港金银业贸易场成立于1910年，迄今已有90多年的历史，它差不多是现今世界现货黄金交易中，唯一设有交易会场的地方。贸易场一周交易6天，周一到周五全天交易，时间分为上午9点至中午12点，下午则由2点至4点30分，周六只在上午开市，由9点至中午12点。贸易场内，买卖方式是采用粤语公开叫价，买卖双方以手势表示所出价位，合者则双方碰手以示成交。

贸易场交易的黄金，以纯度99%为标准，即一般所谓九九金。以中国司马两(每司马两合1.2盎司)为计量单位，港元报价、港元成交，买卖最低的交易单位为100两(俗称一手金)，最低价格变动为每两1港元，场内行员买卖信用额是2 000两，在这范围内，免付保证金，之后每手须缴付保证金5万港元(即每两500港元)与贸易场。贸易场内的所有买卖，均以即日平仓结算为原则，但也可以延至翌日，甚至无限期延长，但需受议定的息口所限制，并支付每手每日之宿仓费，这一制度称为议息制度。因此，贸易场的黄金买卖不单有现货性质，同时又具有期货交易性质。

2. 香港本地伦敦金市场

香港本地伦敦金市场是以伦敦交易方式进行的黄金交易，即由设在香港的伦敦、瑞士黄金交易商，在非伦敦黄金交易的时间内，将金价折算成伦敦报价的形式，而进行的黄金现货交易。这是一个由具有金商地位的银行与经纪人及客户之间，通过电信手段进行交易的无形市场。

3. 香港黄金期货交易

香港的黄金期货由香港期货交易所提供。香港的黄金期货交易按美国芝加哥方式进行交易。但由于香港金银业贸易场及本地伦敦金市场都兼有期货交易的功能，所以香港期货交易所推出的黄金期货，成交并不活跃。

五、新加坡黄金交易中心

（一）新加坡黄金交易中心的产生和发展

1969 年 4 月，新加坡政府首次颁发执照给 7 家商业银行和 3 家交易商行从事黄金交易，但最初的交易对象和黄金交易品种都受到了一定的限制。1978 年 6 月，新加坡全面放开了外汇管制后，黄金可以自由进出口，为国际性商品期货交易提供了更为有利的条件。同年 11 月，新加坡黄金交易所开业，正式进行黄金现货和期货的买卖活动。新加坡黄金交易所是新加坡唯一正式的黄金市场，同时也是亚洲太平洋地区的首家黄金期货市场。1983 年，黄金交易所又改组为国际金融交易所，使新加坡黄金市场步入了一个新的时期。

（二）新加坡黄金交易中心的独有特点

新加坡黄金交易中心的独有特点也体现在其市场组织体系上。与香港的市场组织体系类似，包括以现货交易为主的本地金条市场和新加坡本地伦敦金市场。新加坡黄金现货市场有两部分，一是本地金条市场，二是新加坡伦敦金市场。本地金条市场买卖纯度为 0.999 9，重量为 1 千克的金条，可用美元、新加坡元或其他币种报价，其交易条件因交易商而异。交易商之间以电话联系、报价，其价格水平主要根据伦敦及苏黎世的价格加上运输、保险费及利润率而确定。成交后在新加坡交割，客户应于签订契约次日上午 9:30 之前，按成交价格付款，并收取黄金证书。新加坡伦敦金市场买卖伦敦现货，成色为含金量 99.5%，重量为 400 盎司，交割地点在伦敦，成交后买主须付交易价格 10%的定金。

新加坡的黄金期货交易由新加坡金融交易所提供。新加坡国际金融交易所拥有世界上最先进的期货合约清算系统，它是亚洲第一个与美国芝加哥商品交易所建立清算联系的金融期货交易所。该交易所在世界期货交易中首创相互冲销系统。通过该系统，两个交易所的交易商可在其中任何一个交易所进行结算。由于二者所处时区不同，二者的联网，延长了交易时间，有利于控制隔夜风险，提高黄金期货交易的流动性，降低交易成本，从而极大地提高了新加坡黄金交易中心的国际地位。

除上述黄金交易中心外，东京、巴黎、卢森堡、法兰克福、日内瓦、曼谷和中国澳门也是世界上重要的黄金交易地。

本章小结

由于黄金非货币化和金融市场其他金融工具的不断推陈出新，黄金与金融的联系正有逐渐被淡化的趋势。但是，由于黄金既具有一般商品资产，又具有金融资产的双重属性的特征所决定，黄金依然是金融资产的组成部分，特别是在爆发国际金融危机时，黄金资产的金融属性则更凸现无疑。由此而决定，以黄金为交易对象的金融工具，仍然构成了国际黄金市场的组成部分。所以,本章内容的基本逻辑是,首先阐述黄金与金融资产的联系,其次介绍国际黄金市场的主要交易工具。

重要概念

国际黄金市场　　黄金现货交易　　黄金期货交易
香港本地伦敦金市场　　国际黄金交易中心

同步测练与解析

一、名词解释

黄金券　　香港本地伦敦金市场

二、简答题

1. 分析黄金价格和美元价格的关系。
2. 伦敦黄金交易中心有什么主要特点?

三、单项选择

1. 黄金金融资产的属性,主要体现在(　　)。
   A. 黄金是国际石油交易的计价货币
   B. 在爆发国际金融危机时,黄金常常会成为最后的支付手段与储藏手段
   C. 黄金的非货币化趋势
   D. 黄金具有双重属性
2. 在国际黄金市场上,在周六也可进行黄金交易的地方是(　　)。
   A. 伦敦黄金交易中心　　B. 苏黎世黄金交易中心
   C. 纽约黄金交易中心　　D. 香港黄金交易中心

【参考答案】

一、名词解释

黄金券:是黄金的凭证,持有人可随时向发行银行兑换黄金或与其等价的货币。

香港本地伦敦金市场:是以伦敦交易方式进行的黄金交易,即由设在香港的伦敦、瑞士黄金交易商,在非伦敦黄金交易的时间内,将金价折算成伦敦报价的形式,而进行的黄金现货交易。它是一个由具有金商地位的银行与经纪人及客户之间,通过电信手段进行交易的无形市场。

二、简答题

1. 美元仍是目前国际清算支付以及储备中使用最多的货币,其国际外汇市场交易中所

占比例最大，而黄金的价格通常是用美元表示的。所以，当美元汇价出现波动时，国际黄金市场上的黄金价格就会相应地出现波动。当美元汇价出现疲软时，往往会引起大量抛售美元抢购黄金的风潮，从而导致黄金价格的大幅度上涨，也就吸引了投资人投资黄金。反之，当美元汇价"坚挺"时，黄金价格一般都处于比较平稳或稳中略有下降的趋势。

2. 伦敦黄金交易中心的主要特点有：

(1) 市场的交易主要由 5 大成员(2 家清算银行、2 家经纪公司和 1 家黄金加工企业)，也称金商所控制。

(2) 由 5 大金商控制着市场的交易价格，并且，其价格成为衡量世界黄金价格的指标之一。

(3) 以现货交易为主，是国际黄金市场最大的现货交易中心。

三、单项选择

1. B　　2. D

综合测练与解析

综合测练与解析(一)

一、判断题(正确的写 A,错误的写 B)

1. 欧洲货币市场上的金融中心被称为离岸金融中心。(　　)

2. 场内交易又称为证券交易所交易。(　　)

3. 欧洲银行同业拆借交易的起点较低,一般在 100 万美元以下。(　　)

4. 牵头行是银团贷款在执行过程中的核心。(　　)

5. 经营性租赁可获得表外融资的效果。(　　)

6. 在国际债券市场上发行债券属于间接融资。(　　)

7. 交叉上市会增强现有股票的流动性。(　　)

8. 经纪人对出口商提供信贷,加强了他们对出口商的联系和控制。(　　)

9. 目前,套汇交易主要以三角套汇为主。(　　)

10. 组对法可以消除全部风险。(　　)

二、单项选择题

1. 下列选项中属于无形国际金融市场的是(　　)。

A. 美国纽约股票交易所　　B. 英国伦敦股票交易所

C. 日本东京股票交易所　　D. 美国 NASDAQ 股票交易市场

2. 集中世界各地的欧洲货币国际游资,贷给本地区的资金需求者的离岸金融中心称为(　　)。

A. 功能性中心　　B. 名义中心

C. 收放中心　　D. 基金中心

3. 关于银行同业拆借的特点,下列选项中叙述正确的是(　　)。

A. 最短期限是 1 个月

B. 交易对象主要是以中央银行的存款准备金这种即时可用资金为主

C. 每笔交易数额都很小

D. 交易手续很复杂

4. 关于非全额清偿的融资租赁,下列选项中叙述正确的是(　　)。
A. 又称为投资租赁
B. 最终收益小于租赁利率
C. 最终收益大于租赁利率
D. 出租人只有租赁物件的法律所有权

5. 在美国发行的外国债券称为(　　)。
A. 扬基债券
B. 武士债券
C. 猛虎债券
D. 伦布朗债券

6. GDR 是指(　　)。
A. 境外借壳上市
B. 境外买壳上市
C. 美国股票存托凭证
D. 全球股票存托凭证

7. 下列选项中,不属于国际贸易短期融资的是(　　)。
A. 保付代理
B. 打包放款
C. 出口信贷
D. 承兑汇票贴现

8. 保付代理和福费庭的共同点是(　　)。
A. 都是产生于大型成套设备的国际贸易中
B. 票据都需大金融公司认可,担保行担保
C. 都是无追索权的融资
D. 都是国际贸易短期融资

9. 在择期外汇交易时,下列说法正确的是(　　)。
A. 当远期外汇升水时,银行按最接近择期期限到期时的远期汇率作为买入汇率
B. 当远期外汇升水时,银行按最接近择期期限到期时的远期汇率作为卖出汇率
C. 当远期外汇贴水时,银行按最接近择期期限到期时的远期汇率作为卖出汇率
D. 当远期外汇贴水时,银行按最接近择期开始时的远期汇率作为买入汇率

10. 下列情况中,具有双重货币的外汇交易风险的是(　　)。
A. 企业只有外币的流入
B. 企业只有外币的流出
C. 企业流入的外币与流出的外币币种、金额及时间相同
D. 在同一期间内,企业有一种外币流出,另一种外币流入

三、多项选择题

1. 在贷款协议生效后,根据借款人何时和怎样取得贷款资金,以及在贷款协议到期后借款人可否重新执行该贷款协议,国际商业银行贷款可分为(　　)。
A. 定期贷款
B. 固定利率贷款
C. 辛迪加贷款
D. 循环信贷
E. 可展期信贷

2. 下列选项中,属于出口商对进口商提供信贷的有(　　)。

A. 预付款
B. 开立账户信贷
C. 票据信贷
D. 打包放款
E. 出口押汇

3. 在债券公募发行方式下，从证券销售的角度，分为三种具体的发行方法（　　）。
A. 募集发行
B. 出售发行
C. 定向发行
D. 直接发行
E. 投标发行

4. 交叉上市的优势有（　　）。
A. 增强现有股票的流动性
B. 减小由于母国股票市场流动性较低所造成的股票在母国市场的错误定价，从而达到提高股票价格，获得溢价收益的利益
C. 可在东道国市场为母公司再上市所发行的新股提供一个流动性更高的二级市场
D. 有利于母公司以股票置换方式实施海外企业并购战略
E. 减小了信息披露要求的负担

5. 套利投资者对抵补套利进行可行性分析时，采纳的一般原则是（　　）。
A. 如果利率差大于较高利率货币的贴水幅度，那么应将资金由利率低的国家调往利率高的国家
B. 如果利率差大于较高利率货币的贴水幅度，那么应将资金由利率高的国家调往利率低的国家
C. 如果利率差等于较高利率货币的贴水幅度，则不会进行抵补套利
D. 如果具有较高利率的货币升水，那么应将资金由利率低的国家调往利率高的国家
E. 如果利率差小于较高利率货币的贴水幅度，则应将资金由利率高的国家调往利率低的国家

四、简答题

1. 什么是经营性租赁？为什么它可以获得表外融资的效果？
2. 美元外国债券和欧洲美元债券有什么区别和联系？

五、计算题

1. 某贷款协议金额为5 000万美元，7月5日生效，规定承担期为4个月(即到11月4日止)，同时还规定，贷款银行从协议生效后的第二个月起，开始对借款人收取承担费，承担费率为0.30%，该借款人提款情况如下：7月10日，提1 000万美元；7月25日，提1 000万美元；8月31日，提2 000万美元。计算借款人应支付的承担费。

2. 假设我国中国银行某日公布的美元与人民币的汇率为100美元＝780.29元，783.41元，774.03元。某出口商有5 000美元现钞，请计算，该出口商到银行兑换时，可得到多少人民币？

【参考答案】

一、判断题

1. A　2. A　3. B　4. B　5. A　6. B　7. A　8. A　9. B　10. B

二、单项选择题

1. D　2. D　3. B　4. A　5. A　6. D　7. C　8. C　9. B　10. D

三、多项选择题

1. ADE　2. BC　3. ABE　4. ABCD　5. ACDE

四、简答题

1. 经营性租赁也称为非全额清偿的融资租赁。指出租人从承租人那里收回的租金，不足以弥补其为承租人垫付的全部支出。但是出租人通过对租赁物件的预留残值来弥补之间的差额并赚取收益。经营性租赁可以获得表外融资的效果，因为租赁和其他许多国家关于租赁会计的制度中，都规定经营性租赁的资产应该确认在出租人的资产负债表上。这样，根据同一资产不重复确认的原则，承租人就不再在其资产负债表的资产方确认该租赁资产，同时，也不在其负债方确认负债。所以，对承租人实现了表外融资的效果。

2. 美元外国债券是指除加拿大以外的外国筹资人在美国债券市场上发行的以美元标价的债券，也称扬基债券。而欧洲美元债券则是指一种具体的、以美元标价的欧洲债券。即除美国以外的其他国家在除美国以外的其他国家债券市场上发行的以美元标价的债券。二者的联系在于都是以美元标价，并且发行人都是除美国以外的其他国家。二者的区别在于发行市场不同，美元外国债券在美国市场发行，而欧洲美元债券在非美国市场上发行。另外，由于标价货币与发行市场的关系不同，使得美国债券发行的监管部门——美国债券交易委员会对发行人和投资人的管理也不相同。美国债券交易委员会对外国筹资人在美国发行美元债券的管理十分严格，而对于欧洲美元债券而言，由于其并不是在美国本土发行，所以，美国债券交易委员会不可能去干预别国的债券市场。此时，美国债券交易委员会只对欧洲美元债券的美国投资人加以限制，不允许美国承销商将其承销的、没有在美国注册的欧洲美元债券，在首次发行时，卖给美国的投资人。

五、计算题

1. 第一间隔期应交纳的承担费（从 8 月 5 日到 8 月 30 日）＝3 000万×26/360×0.30%＝6 500美元。第二间隔期应交纳的承担费（从 8 月 31 日到 11 月 4 日）＝1 000万×66/360×0.30%＝5 500美元。共需交纳承担费6 500美元＋5 500美元＝12 000美元。

2. 出口商到银行以外币现钞换本币，银行买入外币现钞，应采用现钞价买入价进行计算。现钞买入价为 100 美元＝774.03 元。所以能兑换的人民币为5 000美元×774.03 元/100 美元＝38 701.5元。

综合测练与解析(二)

一、判断题(正确的写 A,错误的写 B)

1. 欧洲货币市场是境外货币市场的总称。(　　)
2. 贴现市场属于国际资本市场。(　　)
3. CDs 的利率低于同期普通定期存款。(　　)
4. 离岸租赁是国际租赁市场上增长最快,对国际租赁业务的发展起主要推动作用的租赁形式,又称为间接对外租赁。(　　)
5. 保理组织提供的是商业信用。(　　)
6. 在固定利率债券情况下,债券发行人预期未来时间内利率将升高,则应尽可能缩短债券期限。(　　)
7. GDR 与 ADR 的不同之处仅是上市地点的选择范围更广。(　　)
8. 无抵补套利中,套利者不进行掉期交易。(　　)
9. 企业运用 BSI 法和 LSI 法时,从本质上改变了经济主体的资金流动计划。(　　)
10. 石油价格上涨时,黄金价格下降。(　　)

二、单项选择题

1. 关于欧洲银行下列表述正确的选项是(　　)。
   A. 即位于欧洲各金融中心的银行
   B. 欧洲银行的资产负债构成与商业银行相同
   C. 有对于中央银行的资产与负债
   D. 欧洲银行主要分布于具有不同特征的欧洲货币中心,又称为离岸金融中心
2. 关于银行同业拆借的特点说法正确的是(　　)。
   A. 最短期限是 1 个月
   B. 交易对象主要是以中央银行的存款准备金这种即时可用资金为主
   C. 每笔交易数额都很小
   D. 交易手续很复杂
3. 下列选项中,不属于金融衍生市场交易方式的是(　　)。
   A. 期权　　B. 期货
   C. 回购　　D. 互换
4. 在贷款的担保中,分为物的担保和人的担保,下列属于人的担保的是(　　)。
   A. 抵押　　B. 保证书
   C. 留置　　D. 质押

5. 下列属于对进口商提供信贷的形式是(　　)。

A. 开立账户信贷　　B. 票据信贷

C. 预付货款　　D. 承兑信用

6. 关于打包放款表述有误的选项是(　　)。

A. 在亚洲的一些发展中国家存在

B. 又称装船前信贷

C. 银行依据出口商收到的国外进口商的订货凭证发放打包放款

D. 等同于出口押汇

7. 国际上最通用的一种衡量债券收益率的方法是(　　)。

A. 名义收益率　　B. 即期收益率

C. 到期收益率　　D. 息票收益率

8. IPO 是指(　　)。

A. 交叉上市发行　　B. 初次上市发行

C. 主板上市发行　　D. 二板上市发行

9. 关于 LSI 法的运用,下列选项正确的是(　　)。

A. 企业若有外汇应付款,通过提前收汇,运用即期外汇交易将其兑换成本币,然后用本币进行投资来消除外汇交易风险

B. 企业若有外汇应收款,要先借入本币,按照即期汇率兑换成支付货币,然后提前支付货款

C. 通常说来,运用 LSI 法时,若是提前收款,可向对方要相应的折扣

D. 通常说来,运用 LSI 法时,若是提前付款,可向对方要相应的折扣

10. 各国金库储存的大量黄金采取的形式是(　　)。

A. 金条　　B. 金币

C. 大金锭　　D. 黄金券

三、多项选择题

1. 衍生金融资产的四种类型是(　　)。

A. 建立在外汇汇率基础上的衍生金融资产

B. 建立在利率基础上的衍生金融资产

C. 建立在股票指数基础上的衍生金融资产

D. 建立在黄金价格变动基础上的衍生金融资产

E. 建立在房产价格变动基础上的衍生金融资产

2. 国际商业银行银团贷款中,代理行的职能有(　　)。

A. 在贷款协议签订之前,是银团贷款的组织者

B. 贷款协议生效条件的审查人

C. 直接与借款人发生联系的贷款货币提供与偿还的结算中介人

D. 贷款使用情况的监督者

E. 发生违约事件时的处理者

3. 出口信贷的弊端有（　　）。

A. 不利于扩大出口信贷提供国的资本货物输出

B. 不利于扩大出口信贷接收国的资金融通

C. 不利于政府干预经济生活

D. 加重出口国的财政负担

E. 使进口商购买商品采购的范围受到限制

4. 关于零息债券说法正确的选项有（　　）。

A. 形式上没有债券利息

B. 实质上没有债券利息

C. 不是按票面额发行

D. 在日本的二级市场上债券到期时债券价格上升的收益不用缴税

E. 到期时发行人按面值偿还

5. 欧洲 CDs 的发行方式有（　　）。

A. 直接发行　　B. 分档发行

C. 可循环发行　　D. 折价发行

E. 溢价发行

四、简答题

1. 欧洲货币市场的商业银行中长期贷款多采用什么方式？为什么？

2. 传统的国际股票市场与欧洲股票市场有什么区别？

五、计算题

1. 已知租赁设备购置成本为 1 000 000 美元，租期为 3 年，租金每年均等后付，租赁利率为 8%，设备最后残值为100 000美元，用年金法求每期租金。

2. 在英国外汇市场上，在掉期率法表示下，某外汇银行公布的英镑与美元的即期汇率如下：英镑/美元1.892 0，1.896 0；3 个月掉期率 100～150，求英镑对美元 3 个月的远期汇率。

【参考答案】

一、判断题

1. A　2. B　3. B　4. A　5. B　6. B　7. A　8. A　9. B　10. B

二、单项选择题

1. D　2. B　3. C　4. B　5. D　6. D　7. C　8. B　9. D　10. C

三、多项选择

1. ABCD　　2. BCDE　　3. DE　　4. ACDE　　5. ABC

四、简答题

1. 目前，国际商业银行的中长期贷款，尤其是欧洲货币市场的商业银行中长期贷款，多采用银团贷款的方式。银团贷款是指在一笔贷款交易中，由本国或其他几国的数家、甚至数十家银行组成贷款银团，共同向另一国的政府、银行或企业等借款人提供的长期巨额贷款。之所以采用银团贷款，原因有：

(1)银团贷款由于是多个银行组成的贷款人，分散了风险。

(2)多个银行组成的贷款人使得其资金来源丰富。

(3)银行希望参与银团贷款，与更多的借款人建立起业务联系，提高银行的知名度，发展更多的潜在客户，并带动银行其他业务的扩大。

2. 传统的国际股票市场与欧洲股票市场都是本国企业在海外发行股票的行为，二者的区别在于：

(1)发行市场的范围不同。前者仅在一个国家的股票市场上发行，而后者是同时在几个国家的股票市场上发行。

(2)发行规模的不同。通常，传统的国际股票的发行要受到一国股票市场容量的制约。而欧洲股票市场因其可同时在几个国家的股票市场上发行股票，所以其一次融资规模，根据发行人的需要而可大可小，根据过去的实践，从1 000万到 130 亿美元的融资不等。

(3)流动性的不同。欧洲股票的流动性更高，因其全球发行而可获得全球的流动性。

五、计算题

1. 根据公式

$$R=P\frac{i(1+i)^n}{(1+i)^n-1}$$

其中，$P=1\ 000\ 000-100\ 000=900\ 000$ 美元，$n=3$，$i=8\%$

代入解得 $R=349\ 230.16$ 美元

所以每期租金为 349 230.16 美元。

2. 掉期率第一栏点数小于第二栏点数。所以英镑/美元实际汇率为：

$$1.892\,0+0.010\,0=1.902\,0,\quad 1.896\,0+0.015\,0=1.911\,0$$

即　英镑/美元　1.902 0，1.911 0

综合测练与解析(三)

一、判断题(正确的写A,错误的写B)

1. 香港金融中心属于分离性金融中心。(　　)
2. 买卖证券时,出售者向购买者承诺一定期限后按额定的价格如数购回该证券的交易,称之为逆回购。(　　)
3. 循环信贷中借款人实际使用银行贷款总额必须在最大信用限额之下。(　　)
4. 转租人是原始出租人的海外子公司时,通过转租人开展租赁业务是原始出租人占领子公司所在国市场的一种有效手段。(　　)
5. 发行国际债券选择货币时一般应选择硬币作为面值货币。(　　)
6. 欧洲债券不论对借款人还是投资人来说,都比外国债券更具优势。(　　)
7. 场外交易中,通用于股票买卖双方直接交易股票的股票价格决定方式叫报价买卖法。(　　)
8. 项目信用限额也称为购物篮信用,是满足进口商购买出口商国消费品的资金需要。(　　)
9. 美国对英镑采用间接标价法,对其他货币采用直接标价法。(　　)
10. 多种货币组合法可避免在使用单一货币计价时因汇率的突然骤变导致不利的一方遭受重大损失。(　　)

二、单项选择题

1. 欧洲 CDs 的利率和同期普通定期存款相比(　　)。
   A. 相等　　B. 更低　　C. 更高　　D. 不定
2. LIBOR 是指(　　)。
   A. 纽约银行同业拆放利率　　B. 伦敦银行同业拆放利率
   C. 北京银行同业拆放利率　　D. 香港银行同业拆放利率
3. 日本公司在英国市场上发行的以美元标价的债券为(　　)。
   A. 武士债券　　B. 猛虎债券　　C. 扬基债券　　D. 欧洲债券
4. 香港创业板市场上市要求企业只需有(　　)经营活跃记录。
   A. 一年　　B. 二年　　C. 三年　　D. 半年
5. 最早使用混合信贷的国家是(　　)。
   A. 法国　　B. 美国　　C. 英国　　D. 中国
6. 银行在提供福费庭服务时通常报的三种费用不包括(　　)。
   A. 贴现费　　B. 承担费　　C. 附加利息　　D. 投标费

7. 买方信贷中，通过进口商银行提供给进口商贷款时，在进出口商签订现汇贸易合同之后，进口商要支付一定比例的现汇订金，一般为货价的(　　)。

A. 10%　　B. 15%　　C. 25%　　D. 75%

8. 即期外汇交易是指外汇交易双方在买卖成交以后，在(　　)个营业日内办理交割的外汇业务。

A. 1　　B. 2　　C. 3　　D. 5

9. 关于套利下列说法正确的是(　　)。

A. 根据套利活动中是否进行掉期交易，套利可分为无抵补套利和抵补套利

B. 无抵补套利又称单纯套利

C. 无抵补套利者在套利过程中不承担汇率变动风险

D. 抵补套利投资者将在套利过程中进行掉期交易

10. 平衡法是指(　　)。

A. 通过在同一时期内创造一个与存在风险相同货币、相同金额、不同期限的反方向资金流动

B. 通过在同一时期内创造一个与存在风险相同货币、相同金额、相同期限的反方向资金流动

C. 通过在同一时期内创造一个与存在风险相同货币、相同金额、相同期限的同方向资金流动

D. 通过在同一时期内创造一个与存在风险不同货币、相同金额、相同期限的反方向资金流动

三、多项选择题

1. 欧洲货币银行间同业拆借主要存在着以下风险(　　)。

A. 信用风险　　B. 市场风险

C. 国别风险　　D. 外汇风险

E. 流动性风险

2. 按照国际证券市场交易功能的不同，国际证券市场分为两个组成部分(　　)。

A. 有形市场　　B. 无形市场

C. 发行市场　　D. 流通市场

E. 贴现市场

3. 根据贷款银团组织形式的不同，银团贷款包括(　　)两种主要形式。

A. 固定利率贷款　　B. 浮动利率贷款

C. 辛迪加贷款　　D. 联合贷款

E. 可展期贷款

4. 出口信贷的主要形式有(   )。

A. 买方信贷　　B. 卖方信贷
C. 混合信贷　　D. 福费庭
E. 信用安排限额

5. 平衡法与组对法比较,下列选项叙述正确的有(   )。

A. 组对法灵活性大,易于采用　　B. 平衡法可消除全部外汇交易风险
C. 组对法可消除全部外汇风险　　D. 平衡法有很大局限性
E. 若选用组对法组对货币不当,还有可能产生双重货币风险

四、简答题

1. 衡量债券的收益率的指标主要有哪些形式？分别有什么意义？
2. 外汇市场上,现钞买入价和买入汇率大小关系如何？为什么？

五、计算题

1. 设已知中国银行报汇:1 美元=人民币 7.926 5/8.076 5 元

1 美元=1.676 3/1.708 2 新加坡元

求 1 新加坡元等于多少人民币？

2. 假设某美国政府国债的息票年利率是 10%,每年付息两次,分别是每年 1 月 10 日和 7 月 10 日(按照实际天数/实际天数法,2000 年为闰年),从 2000 年 1 月 10 日到 2000 年 8 月 10 日,该投资人的实际收益率是多少？

【参考答案】

一、判断题

1. B　2. B　3. B　4. A　5. B　6. A　7. B　8. B　9. B　10. A

二、单项选择题

1. C　2. B　3. D　4. B　5. A　6. C　7. B　8. B　9. C　10. B

三、多项选择题

1. ABCDE　2. CD　3. CD　4. ABCDE　5. ABDE

四、简答题

1. 衡量债券的收益率的指标主要有三种形式:名义收益率、即期收益率、到期收益率。

名义收益率亦称息票收益率,即债券本身所规定的息票的票面利率,主要是在用来确定债券的息票收入水平,包括计算二级市场流通过程中所应支付利息时,才有意义。

即期收益率是购买债券时债券的年利息收入与该债券当时的市场价格之比的年率,即期收益率=(债券的年利息收入/该债券当时的市场价格)×100%。与名义收益率相比,即期收益率体现了债券收益率的计算中实际投资成本的情况,因此,更贴近二级市场的现实。但是,即期收益率的计算,仍然只是考虑了息票的利息收入是构成债券增值的一个因素,而

没有考虑到债券流通过程中可能产生的资本损益，因此，这仍只是一个简略的估算收益率。

到期收益率是指投资人从购买债券起，且保持至债券到期时的实际收益总额与购买债券时的投资额（也就是债券的购买价格）之比的年率。实际上是投资人的实际收益率，亦即债券的收益对其成本之比的年率。到期收益率是国际上最通用的一个衡量债券收益率的方法。

2. 现钞买入价是外汇银行买入外币现钞时所依据的价格。通常，外汇银行规定的现钞买入价低于外汇买入价。现钞买入价低于外汇买入汇率的原因在于：外汇银行在购入外币支付凭证后，通过航邮划账，可很快地存入国外银行，开始生息，调拨动用。而外汇银行买进外国钞票后，要经过一定的时间，积累到一定数额之后，才能将其运送并存入外国银行以供调拨使用。于是，外汇银行在储运之前买进的外币现钞，银行就要承担滞库期间的利息损失。同时，在将外币现钞运送并存入外国银行的过程中还要发生运费和保险费等支出。于是，银行要将这些损失及费用转嫁给出卖外币现钞的客户，所以银行买入外币现钞的价格就低于买入外汇支付凭证的价格。

五、计算题

1. 7.920 5/1.708 2＝4.640 3　　8.076 5/1.676 3＝4.818 1

所以1新加坡元＝人民币4.640 3/4.818 1元

2. 7月10日付息一次，为5％，7月10日到8月10日为31天，所以为5％＋5％×(31/184)＝5.842％

实际利率为5.842％。

参考文献

1. C Shapiro. Multinational Financial Management [M]. 8th ed. John Wiley & Sons (Asia) Pte Ltd,2006.

2. D K Eiteman,A I Stonehill,M H Moffett. Multinational Business Finance[M]. 8th ed. Addison-Wesley Publishing Company,1998.

3. M V Eng,F A Lees,L J Mauer. Global Finance[M]. 2nd ed. Addison-Wesley Publishing Company,1998.

4. 陈铿.国际银行概论[M].厦门:厦门大学出版社,1990.

5. 朱琦,罗叔儒.国际金融实务[M].上海:上海交通大学出版社,1990.

6. 刘舒年.国际工程融资与外汇[M].北京:中国建筑工业出版社,1997.

7. 史燕平.融资租赁及其宏观经济效应[M].北京:对外经济贸易大学出版社,2004.

8. 何国华.国际金融市场[M].武汉:武汉大学出版社,2001.

9. 王继祖.国际金融市场[M].天津:南开大学出版社,1994.

10. [美]理查德·M.列维奇.国际金融市场[M].北京:机械工业出版社,2003.

11. [意]库茨奥.黄金问题[M].北京:中国对外经济贸易出版社,1998.

12. 陈元等.国际金融百科全书[M].北京:中国财政经济出版社,1994.

13. 世界经济百科全书.北京:中国大百科全书出版社,1987.